Erwachsen hat ein s zu viel

Rolf Arnold

Erwachsen hat ein s zu viel

Ein systemischer Selbstversuch

Rolf Arnold
Waldshut-Tiengen, Deutschland

ISBN 978-3-658-51532-4   ISBN 978-3-658-51533-1   (eBook)
https://doi.org/10.1007/978-3-658-51533-1

Die Deutsche Nationalbibliothek verzeichnet diese Publikation in der Deutschen Nationalbibliografie; detaillierte bibliografische Daten sind im Internet über https://portal.dnb.de abrufbar.

Springer ist ein Imprint der eingetragenen Gesellschaft Springer Fachmedien Wiesbaden GmbH und ist ein Teil von Springer Nature.
Die Anschrift der Gesellschaft ist: Abraham-Lincoln-Str. 46, 65189 Wiesbaden, Germany

Wenn Sie dieses Produkt entsorgen, geben Sie das Papier bitte zum Recycling.

Vorwort

*„Nur der wissende Mensch
ist ein freier Mensch!"
(Erich Fromm)*

Vor Jahren schenkte mir meine Tochter ein Büchlein mit dem Titel „Papa, erzähl doch mal!". Dieses Büchlein war eine Art dicker Fragebogen, den man handschriftlich ausfüllen und dann seinen Kindern zurückgeben konnte. Gefragt wurde u. a. „Welches war Dein Lieblingsspielzeug?" oder „Was unternahmst Du am liebsten?" – Fragen, die ich überwiegend überhaupt nicht beantworten konnte oder wollte, weil sie mir an den wesentlichen Themen, Erfahrungen und Einsichten meines Lebens vorbeizugehen schienen. Fragen, zu denen ich etwas hätte sagen können und wollen, sind: „Was hat Dich das Leben gelehrt?" oder wegen mir auch: „Wer bist Du und warum?" oder „Konntest Du Dich ändern, oder musstest Du so bleiben, wie Du warst?" oder auch „Wer willst Du noch werden und wie?"

Als ich 70 Jahre alt wurde, beschloss ich, zu diesen Fragen etwas zu schreiben – verbunden mit der Hoffnung, dass mein eigenes Stolpern, meine Erfahrungen, Reflexionen mir selbst und anderen dabei helfen könnten, mich zumindest so weit zu verstehen, wie ich mich selbst entwirren konnte: in voller Aufrichtigkeit, mit angestrengtem Denken, in sich (ver)dichtender Authentizität behutsam tastend – so mutig und ehrlich, wie ich dies mir selbst gegenüber in der Lage bin zu tun.

Deshalb gehe ich bei meinem pädagogischen Selbstversuch so zu Werke, wie mir dies möglich ist. Dabei entsteht streckenweise sicherlich auch ein weiterer gelehrter Text, aber wohl erstmalig auch ein Text, der seine Bezüge und Anschauungsbasis explizit in meinem eigenen (Er)Leben findet. Ich hatte das Glück, einen Beruf ausüben zu dürfen, der es mir erleichterte, mich selbst zum Thema zu machen: als erwachsender bzw. alternder Mensch, d. h. als ein soziales Wesen, mit einer Biografie und einer Identitäts- und Kompetenzentwicklung, die sich über Entwicklungsstufen und durch Krisen vollzog – angeregt und begleitet durch signifikante Personen, denen ich vieles verdanke.

Diese Bewegung ist kein Ausdruck eines Kreisens um sich selbst, sondern verdankt sich meinem beruflichen Thema als Wissenschaftler: *Die Bildung Erwachsener* – ein Thema, bei dem man gar nicht vermeiden kann, es persönlich zu nehmen, sind wir doch gewollt oder ungewollt selbst das – empirische – Beispiel par excellence für das, was es „vermeintlich"[1] bloß im Außen zu beobachten und zu untersuchen gilt. Noch bin ich nicht angekommen, sondern immer noch unterwegs und ich glaube an die Zeilen von Hermann Hesse, der in seinem Gedicht „Stufen" vermutet, dass „vielleicht auch noch die Todesstunde uns neuen Räumen jung entgegensenden (wird)" – welch eine schöne Hoffnung.

Von meinem jahrzehntelangen Bekannten, spätem Freund und Gesprächspartner, Pfarrer Wolfgang Doll (1942–2024), von dem wir uns am 13.7.2024 im Rahmen eines bewegenden Trauergottesdienstes in der Kaiserslauterer Friedenskirche im Uni-Wohn-Viertel verabschiedeten, stammt ein Satz, der sinngemäß besagt, dass am Ende einer lebenslangen Suche keine Antwort auf uns warte, wohl aber eine Umarmung (vgl. Arnold/ Erhardt/ Stief 2022) – eine ebenfalls hoffnungsvolle, starke Formulierung, die vielleicht am treffendsten ausdrückt, worum es in der Suchbewegung unseres Lebens gehen kann, gehen sollte. Für Wolfgang Doll verbarg sich hinter dieser Metapher eine religiöse Gewissheit, bei mir selbst verstärkte sie die Vor-

---

[1] Erwachsenenbildungswissenschaftler:innen blicken auf ihren Gegenstand auch aus den eigenen Formen ihres Erwachsenwerdens – oft selbst noch unterwegs, eine Ausdrucksform ungewollt zum Maßstab erhebend, die noch unfertig sowie durchwirkt und überladen von Ansprüchen und Antreibern ist, die der Klärung harren.

stellung, dass wir es wohl selbst sein können, die da „umarmen": unser Leben, die vielen Menschen, die uns dabei begegnet sind, die wenigen ganz besonderen Menschen, mit denen wir uns in Liebe verbanden, die Menschen, die uns verpassten oder die wir verpassten und die ganze Zeit, die wir auf der Erde zubringen durften, um das Lebendige in uns zu entfalten – welch ein unglaubliches Geschenk, welch große Gelegenheit.

Mir ist bewusst, dass der folgende Text keine bloße Erzählung oder gar Rechtfertigung der Suchbewegungen meines eigenen Lebens ist. Er ist auch Reflexion, gewissermaßen eine Studie in eigener Sache. Dabei verfalle ich immer wieder in den Stil einer wissenschaftlichen Erörterung, den ich nicht vermeiden kann, aber auch nicht will. Mein ganzes Leben lang habe ich mich um die Präzision der Begriffe und des Begreifens bemüht – wissend, dass dabei lediglich Sprachgebrauch sich erklärt, oft auch zu bloßen Sprachspielen entgleitet, sich zu Narrativen formiert und doch häufig nicht *die* Einsicht auszudrücken vermag, um deren Erklärung es gerade geht. Diese Undeutlichkeit habe ich mich zu überwinden bemüht – ich wollte das Fortwirken der Erlebnisse erfassen, die mich geprägt und bewegt haben und bis heute durchwirken. Deshalb vermischte ich Reflexion mit biografischer Illustration (kursiv Geschriebenes) – mit einer Einschränkung: ganz persönliche Erlebnisse oder gar die Benennung derer, die da gemeint sind, habe ich weitgehend vermieden oder bloß entfremdet oder andeutungsweise in diese Betrachtungen einfließen lassen.

Herausgekommen ist dabei mehr als eine Autobiografie. Es ist ein erwachsenenpädagogischer Selbstversuch, dessen empirische Basis, wie gesagt, mein eigenes Erleben, Deuten und Suchen darstellt. Dabei ist mir vieles über mich selbst klarer geworden. Dieses zu dokumentieren, auszuloten und zu erläutern, ist die Substanz dieses Versuches, der schließlich auch zu einer *Theorie des Bewusstwerdens* geriet. Dieser Versuch beschreibt eine Selbstaufklärung, deren Schritte und Formen letztlich auch andere dazu einladen können, den Blick hinter die verborgene Logik des eigenen Stolperns zu wagen. Dahinter kann sich eine weite innere Landschaft auftun, die uns schließlich auch dazu verhilft, sich entschlossener den Möglichkeiten des Lebendigen zuzuwenden und die Zeit, die uns auf dieser Erde vergönnt ist, zur Vertiefung unseres Ausdrucks zu nutzen und uns dem Leben als letzter Gelegenheit täglich neu zuzuwenden.

Was sonst noch zu sagen wäre, schreibt der Dichter Erich Fried (1921–1988) in folgendem Gedicht:

Bevor ich sterbe

Noch einmal sprechen
von der Wärme des Lebens
damit doch einige wissen:
Es ist nicht warm
aber es könnte es sein

Bevor ich sterbe
noch einmal sprechen
von Liebe
damit doch einige sagen:
Das gab es
Das muss es geben

Noch einmal sprechen
vom Glück der Hoffnung auf Glück:
damit doch einige fragen:
Was war das
Wann kommt es wieder?
(Erich Fried)[2]

Waldshut   Rolf Arnold
                                                        den 15.11.2025

---

[2] Fried, E.: Gründe. Gesammelte Gedichte. Berlin 1989 (Wagenbach), S. 29

Inhaltsverzeichnis

Über den Autor

Rolf Arnold Univ.-Prof. em. Dr. Dr.h.c., von 1990 bis 2019 Inhaber des Lehrstuhls für Berufs- und Erwachsenenpädagogik und bis 2021 Seniorprofessor an der heutigen Rheinland pfälzischen Technischen Universität (RPTU), Campus Kaiserslautern, Gründer und Wissenschaftlicher Direktor des dortigen „Distance and Independent Studies Center" (DISC) und von 2003 bis 2023 Sprecher des „Virtuellen Campus Rheinland-Pfalz" (VCRP). Seit 2020 lebt er als Organisations- und Führungskräfte-Berater und Trainer sowie Schriftsteller an der Schweizer Grenze.

1

Einleitung: Ein Selbstversuch

> Die Pädagogik ist eine Lebenslauf-
> und Veränderungswissenschaft.
> Sie fragt nach den Formen der
> Identitäts- und Kompetenzentwicklung:
> den erlebten, den verpassten
> und den (noch) möglichen.
> (Rolf Arnold)

Der hier vorliegende Text ist ein Selbstversuch. Dieser nimmt die Erklärungsansätze der systemischen Konzepte und Forschungen der letzten Jahrzehnte persönlich, indem er die eigene Entwicklung nicht bloß erzählt, sondern auch deren Bedingungen und Möglichkeiten analytisch rekonstruiert. Es geht diesem Selbstversuch somit an keiner Stelle um eine Rechtfertigung dessen, was geschehen ist, sondern allein um dessen möglichst nüchterne Betrachtung und Ausdeutung. Ausgangspunkt ist die These, dass Menschen sich nicht aussuchen, wer sie haben werden können – zumindest gilt dies für die Bedingungen des Aufwachsens und der frühen Persönlichkeitsentwicklung. Ab einem gewissen Zeitpunkt

R. Arnold, *Erwachsen hat ein s zu viel*, https://doi.org/10.1007/978-3-658-51533-1_1

greifen bei vielen Menschen autonome Entscheidungen, die ihren Lebenslauf ausrichten und sie eine eigene Richtung einschlagen lassen. Doch auch diese Autonomie ist nicht vollständig, sie folgt zumeist der Pfadabhängigkeit des bisherigen Erlebens, selbst dort, wo man sich von den tiefen Spuren des Erlebten abgrenzt und fürderhin alles ganz anders zu machen hofft.

In vielem sind und bleiben wir wie unsere Eltern. Wir folgen ihren Mustern selbst in den Fragen, in denen uns dies nicht bewusst oder gar lieb ist. Es ist dann nicht die Richtung, sondern die Art unserer Bewegung, in der wir ihnen in subtiler Treue verbunden bleiben und ihr Leben auch dadurch ehren. Dies scheint nicht allein unvermeidbar zu sein, es ist ganz offensichtlich auch für die eigene Seelenentwicklung von Vorteil.

> *Bindung wird von Konsonanz getragen, nicht von Dissonanz.*

In dem Grundakkord unserer Persönlichkeit schwingen nicht allein die Lebensmelodien unserer Eltern, sondern wohl auch epigenetische Motive fort. In diesen scheinen auch unverarbeitete Themen, Traumata, kollektive Milieu- oder Lebenswelterfahrungen mitzuklingen und den Resonanzboden unserer eigenen Melodie des Lebens zu bilden. Epigenetik, Eltern, Lebenswelt und frühes Erleben statten uns mit *den* Formen aus, in die hinein wir unser Leben zu gestalten vermögen. Menschen leben zugleich nicht bloß jede(r) für sich einen eigenen Lebenslauf, sie wirken auch an etwas gemeinsam sie Überwölbendem und sie Durchdringendem ungewollt mit, von dem sie nicht genau zu sagen wissen, was es ist:

- Ist es die Gattungsgeschichte,
- die geheimnisvolle Evolution sowie
- übernommene kulturelle oder gar nationale Eigentümlichkeiten, deren Ziel und Zweck sowie Epochenabhängigkeit (vgl. Rotthaus 2021) uns verborgen bleiben, oder
- ist es einfach nur das, was wir Leben nennen und als solches permanent mit hervorbringen, interpretieren und mitgestalten?

Ein pädagogischer Selbstversuch ist von dem Bemühen getragen, alle diese unterschiedlichen Gesichtspunkte mitzudenken, wenn man sich reflektierend der eigenen Biografie zuwendet, um sich seines eigentlichen Selbst – in seinen zwangsläufigen, gestalteten und noch möglichen Ausdrucksformen – bewusst(er) zu werden. Die Leitfragen eines solchen Versuchs lauten:

- Wie „musste" ich zu dem- oder derjenigen werden, der oder die ich geworden bin? Was hat mich geprägt und bewegt? *(Die Frage nach den Kontexten und deren „Erbe")*
- Wer hätte ich – eigentlich – werden sollen, werden können, werden wollen? *(Die Frage nach dem eigentlichen Selbst)*
- Wie kann ich – noch – werden, der oder die ich bin oder sein will? *(Die Frage nach dem möglichen Selbst)*

Nicht alle Menschen haben oder nutzen die Gelegenheiten, sich diesen Fragen systematisch zuzuwenden und zu widmen. Zu ungewohnt ist in unserer Kultur und Gesellschaft noch immer der selbstreflexive Blick des Bewusstwerdens. Zudem fehlen weitgehend die Formen, um eine wirkliche Selbstdistanzierung einzuleiten und sich an dieser abzuarbeiten, um zu einer autonomeren Auswahl und Ausrichtung der noch bleibenden Schritte zu gelangen. Ein solcher Selbstversuch kann im günstigsten Fall zu einer Selbsttransformation führen, die uns durch das unwegsame Gelände der ungeklärten und wohl auch unklärbaren Fragen der Philosophie führt, an deren Anfang der Spruch von Angelus Silesius (1624–1677)[1] steht:

> *„Ich bin, ich weiß nicht wer.*
> *Ich komme, weiß nicht woher.*
> *Ich gehe, weiß nicht wohin.*
> *Mich wundert, dass ich so fröhlich bin".*
> *(Silesius 1905)*

---

[1] Angelus Silesius war ein berühmter Theologe, Mystiker und Arzt im Barock. Mit seinen Epigrammen zählt er heute zu einem der bedeutendsten Vertreter dieser Epoche.

Dieser Spruch steckt den Rahmen einer biographischen Selbstreflexion ab. Auch die von Immanuel Kant (1724–1804) formulierten Grundfragen der Philosophie[2] weisen in die Richtung einer solchen Bewusstwerdung. Sie lauten:

- *Was kann ich wissen?*
  Dieser Frage geht es um das, was ich sicher wissen kann bzw. das, was „wahr" bzw. „wahrhaftig" ist. Dieses ist mehr als das, was wir erinnern, oder das, was uns der Fall zu sein scheint. Selbst dann, wenn „die Wahrheit die Erfindung eines Lügners (ist)" (von Foerster/Pörksen 2022), oder Erinnerungen uns kaum als exakte Fotografien des Gewesenen aufscheinen, sondern stets auch durch Dissonanzreduktion und Verdrängung verzerrt und nicht selten verfälscht werden, geht es um das Bemühen um Evidenzen, um zu verstehen, was wirkt bzw. gewirkt hat. Es ist die Frage nach dem, was uns – so, wie wir haben werden können – bewirkt hat und heute immer noch – meist subtil – unser Denken, Fühlen und Handeln prägt.
- *Was soll ich tun?*
  Diese Frage ist die Frage nach den Kriterien für unsere Entscheidungen im Umgang mit uns selbst und der Welt. Es ist die Frage nach Ethik und Moral – wissend, dass die Fähigkeit zum Guten den Menschen nicht in die Wiege gelegt wurde, als Anspruch und Möglichkeit aber immer im Raum steht. Das Gute trifft dort auf seine Feinde, wo Opportunismus, Verblendung oder kollektive Nötigung das eigene Überleben oder auch bloß den eigenen Vorteil gefährden. An dieser Stelle neigt der Mensch viel zu häufig dazu, das Eigene schamvoll zu schützen und wegzusehen, wenn inhumane Praxis andere trifft oder er gar selbst im Interesse eines durchschaubaren Eigennutzes unmoralisch handelt. Die deutsche Geschichte ist auch eine Geschichte der Scham vor der „eigenen" – kollektiven – opportunistischen Unmoral.

---

[2] Diese Grundfragen finden sich bereits in Immanuel Kants „Kritik der reinen Vernunft" (von 1781).

- *Was darf ich hoffen?*
  Diese Frage konfrontiert uns mit unseren Vorstellungen darüber, was sein wird, sein kann und sein sollte. Menschen wollen in Frieden und ohne Hunger sowie frei von Krankheit, Heimatlosigkeit und Bedrohung leben. Sie hoffen, dass ihnen und denen, die sie lieben, ein solches sicheres und erfülltes Leben möglich sein wird. Verdrängt wird dabei die unabweisbare Tatsache, dass wir alle sterben und einander verlieren werden. Nüchtern betrachtet dürfen wir nur auf den Tod hoffen. Er ist „der große Philosoph" (Hürter 2013), weshalb auch jede einzelne Biografie sich nur von ihm her verstehen und ermessen lässt. Auch der biografische Selbstversuch gewinnt durch *„Die aufklärende Kraft der Vergänglichkeit"* seine eigentliche Substanz (vgl. Arnold 2025).
- *Was ist der Mensch?*
  Was für eine Frage! Eine Antwort auf diese Frage kann bloß das Ergebnis einer Durchdringung der drei vorangestellten Fragen sein. Der Mensch – so könnte man als orientierende These feststellen – ist das reflexionsfähige Tier, das zu dem, was es wissen, sollen oder hoffen kann, durch das eigene Leben Stellung nimmt. Mag sein, dass sich dabei durch diese Stellungnahme das Leben bzw. die Evolution selbst reflektieren, obgleich wir dies nicht wissen, sondern bloß unterstellen können. Denn eigentlich geschieht bei der Reflexion des Menschseins nichts anderes, als dass ein weiterer Text entsteht – ein Text, dem wir einen Wirklichkeitsbezug unterstellen, nachdem wir andere Texte geprüft, genutzt und verworfen haben – aber immerhin ein Text, bei dem wir die alleinige Autorenschaft innezuhaben meinen.

Diese Kant'schen großen Fragen sind Ausdruck eines aufgeklärten – selbstreflexiven – Blickes auf die Welt und sich selbst. Sie sind umfassend: erschöpfend. Sämtliche Philosophien drehen sich um diese Fragen, auch so manche Biographien oder Selbstaufschreibungen. Alles, was erreichbar zu sein scheint, ist, im Bewusstsein dieser großen Fragen zu leben, ohne vorschnell in eine Antwort zu „springen" und dabei selbst wiederum zu einer Typik zu verkommen: zum Existenzialisten, Christen, Buddhisten, Sozialisten oder Spiritualisten, um nur einige der möglichen Ab- und Eingrenzungen zu erwähnen.

> *Nur das schwebende Verweilen in der Unbeantwortbarkeit der großen Fragen scheint uns zu einer Bewusstheit zu führen, die mehr über uns selbst auszusagen vermag als eine Einreihung in die ausgetretenen und stark bevölkerten Wege anderer, die vor der Antwortlosigkeit fliehen und sich überlieferten Konzepten bereitwillig anschließen – vielleicht, weil sie nicht verstanden haben, dass am Ende eines suchenden Lebens keine Antwort, sondern bloß eine „Umarmung" auf uns wartet, wie der bereits eingangs zitierte Satz von Wolfgang Doll besagt (vgl. Arnold u.a. 2022).*

Viele fliehen vor der Freiheit in Illusionen, wie Erich Fromm (1900–1980) dies wiederholt ausführlich dargelegt hat (vgl. Fromm 1941), statt sich voller Liebe und beständigem Staunen über das tägliche Wunder des Lebens und der Lebendigkeit beidem selbst in humaner Verantwortung zu widmen, in aller Bescheidenheit ständig neue Lösungen zu versuchen und die Zahl der eigenen Lebensmöglichkeiten zu erhöhen (sensu Heinz von Foerster) – ohne die alles verfälschende Anmaßung, „verstanden" zu haben und – vermeintlich – bereits zu „wissen".

Für das im vorliegenden Text verfolgte Anliegen stiftete der „soziologische Selbstversuch" von Pierre Bourdieu (1930–2002) Anregung und Orientierung. Er regte mich selbst dazu an, auch meine eigenen biographischen Aufzeichnungen nicht bloß als persönliche Erzählung, sondern auch als systematische Analyse – gewissermaßen: in eigener Sache – zu gestalten, nicht bloß zu berichten, sondern auch zu reflektieren – vor dem Hintergrund des möglichen und nötigen Erkenntnisstandes von Philosophie, Psychologie und Sozialwissenschaften. In seinem Selbstversuch ging es Bourdieu darum, „zunächst das Feld zu verstehen, mit dem und gegen das man sich entwickelte" (Bourdieu 2016, S. 11). Auch Bourdieu greift bei seinem Selbstversuch „auf Bruchstücke der Selbstobjektivierung" zurück, die – wie er sagt -

> *„(ich) entlang meines Weges, während meiner ganzen Forschungstätigkeit zurückgelassen habe und die ich hier zu vertiefen und zu ordnen versuche" (ebd.).*

Auch der hier vorgelegte Selbstversuch kann nicht von der Tatsache abstrahieren, dass sich dessen Autor sein ganzes Forscherleben lang mit den vielfältigen Formen und Ausdrucksweisen des „Er-Wachsens" und des Erwachsenseins in der postmodernen, aber im Kern immer noch Nachkriegs-Gesellschaft der Bundesrepublik Deutschland befasst hat. Die Ergebnisse dieses Forscherlebens sind umfangreich an anderen Stellen dokumentiert, weshalb es auch in dem vorliegenden Text *nicht* darum gehen wird, diesen Texten einen weiteren hinzuzufügen.

Ziel meines eigenen biografischen Selbstversuchs ist es vielmehr – wie bereits einleitend zugegeben –, mich mir selbst und vielleicht auch den mir nahen, vertrauten und interessierten Menschen verständlich zu machen – auch durchaus mit dem Hintergedanken, ihnen etwas ganz Persönliches zu hinterlassen, etwas, das als Aufarbeitung und verstehender Rückblick in meinem achten Lebensjahrzehnt entstand: Einblicke in die Grundfesten meines Denkens, Fühlens und Gestaltens, mit denen ich mich stolpernd durch mein Leben bewegt habe, in denen ich mich im Rückblick nicht bloß selbst erkenne, sondern mich auch auflösen und dereinst verabschieden kann.

Meine biografische Selbstreflexion dokumentiert, analysiert und reflektiert eine Entwicklung, die ich mir nicht selbst verdanke, obgleich ich es selbst war, der sich dabei tastend und stolpernd durch die Jahre bewegte. Es waren die Spuren im Elternhaus, die Seelenschmerzen und unbearbeiteten Traumatisierungen (Krieg, Heimatverlust, kollektive Scham etc.), aber auch der Mut und die Aufbruchshoffnungen der Eltern und Vorfahren, die ebenso wirkten, wie die zufälligen Möglichkeiten, Gelegenheiten und Zuwendungen, die mir selbst das Leben schenkte – unerwartet und gewissermaßen selbstlos in der Gestalt von einzelnen Menschen, die an mich zu glauben begannen, als ich dies selbst noch nicht wirklich vermochte. Mit ihrer Hilfe konnte ich das diffuse Gefühl, dass das Leben nur gelingen könne, wenn man sich grenzenlos anstrenge – ständig in der Gefahr, dass man doch scheitern kann –, allmählich hinter mir lassen. Zwar kann ich nicht sicher wissen, wo diese dunkle Anfangstrübung der Ichentwicklung ihre Wurzeln[3] hat, aber vermuten kann ich es schon: Es scheint mir das kollektive Erleben der Kriegsgeneration ge-

---

[3] Philipp Felsch, Professor für Kulturgeschichte an der Humboldt-Universität in Berlin, berichtet in seiner Habermas-Biographie, dass dieser – wie viele seiner Zeitgenossen – zu einer „brutalen Aneignung" neigte und wirft die Frage auf: „Lässt sich am bibliografischen Hunger seines Oevres (gemeint: das Oeuvre von Jürgen Habermas; R.A.) nicht vielmehr die Mentalität der Wiederaufbaujahre erkennen – als habe der für die Generation Herzinfarkt so charakteristische Hang zur Überanstrengung auch auf deren Geistesarbeiter abgefärbt?" (Felsch 2024, S. 33).

wesen zu sein, die ihr eigenes Überleben bloß gestalten konnte, wenn sie das millionenfache Sterben derer ignorierte, die mit ihnen dereinst Seite an Seite geträumt, gelebt und gekämpft hatten. Diese Dementierung des eigenen Lebens durch den sinnlosen Tod der anderen trugen sie ihr ganzes Leben als letztlich unauflösbaren und unverarbeiteten Widerspruch in ihren Seelen, der sie innerlich bremste und dazu führte, dass sie sich selbst und ihren Kindern ein hoffnungsvolles Aufblühen des eigenen Lebens bloß schwer zugestehen konnten.[4]

Zum Leitmotiv des Nachkriegslebens vieler Kriegskinder und Kriegsenkel wurde zudem das ideologieresistente

> *Leben im Bewusstsein der großen Fragen, ohne leichtfüßig einer der vorbereiteten und aufgedrängten Antworten zu folgen oder in eine andere Illusion zu springen!*

Dieser Satz ist nach meiner Meinung das Ergebnis einer wirklich klärenden Bewusstwerdung. Diese führt uns zu drei weiteren Fragen, die ebenfalls keine Antwort kennen; sie justieren jedoch den Fokus, der den biografischen Selbstversuch neu zu orientieren vermag. Diese drei Fragen lauten:

- *Was ist Erkennen anderes als ein pfadabhängiges Abbilden?*
  Wir benötigen eine angewandte Erkenntnistheorie. Die Frage „Was ist Erkennen?" führt letztlich zu der banalen Einsicht, dass Erkennen uns auf das Vorhandensein und die Funktionsweisen unserer Sinnesorgane, zu denen auch das Gehirn gehört, zurückverweist – letztlich also „bloß" Ausdruck *unserer* Biologie ist (vgl. Maturana/Varela 1987). Wie diese Biologie „funktioniert", welche „Einsichten" sich uns daraus ergeben können und wieviel „Objektivität" (Evidenz) diese uns

---

[4] In der Psychotherapie ist in diesem Zusammenhang von einem „Überlebensschuldsyndrom" die Rede, das sich in intergenerationalen Beziehungen in einer Art „Gefühlserbschaft" (Freud) auswirken kann. Forschungen bestätigen, „dass traumatische Erfahrungen nur dann an die nächste Generation übermittelt werden, wenn sie von den Betroffenen nicht verarbeitet und folglich auch nicht in die Konstruktion eines lebensgeschichtlichen Sinnzusammenhangs eingebettet werden können" (Moré 2013).

tatsächlich zu erschließen vermögen, ist eine letztlich wohl ebenfalls unbeantwortbare Frage. Unstrittig ist bloß, dass alles menschengemacht und menschenverbunden ist: Das, was wir beobachten, erklären, schlussfolgern, wiederholen und entscheiden. Die anderen Lebewesen nehmen ebenso wenig Teil an unserer Welt wie das Universum.

- *Seit wann folge ich meinen Narrativen?*
  Erkennen führt zu inneren Abbildern, die sich als Gedanken in Sprache ausdrücken, mitteilen, teilen und überliefern. Die dabei entstehenden Texte (Gespräche, Geschichten, Meinungen, Bücher etc.) sind Erzählungen, d. h. nicht „real" – auch, wenn sie Geschehenes beschreiben und interpretieren. Unsere Narrative begleiten uns nicht bloß, sie steuern auch unsere selektive Aufmerksamkeit, indem sich uns bestätigt, was wir schon stets „wussten" oder gar befürchteten, und andere Lesarten dessen, was uns begegnet, oft erst gar nicht in den Fokus treten lassen. Die verborgenen Kräfte dieser Narrative bewirken, dass vieles so bleibt, wie es war, und dass wir dabei auch bisweilen Geschichten wiederholen, die überhaupt nicht zu unserer eigenen Geschichte gehören.

- *Kann ich mich neu erfinden und wenn ja: wie?*
  Die aus dem Verborgenen wirkenden Ziehkräfte unseres Denkens, Fühlens und Handelns können wir ertasten, erspüren und rekonstruieren und in Teilen auch transformieren, wenn wir verstanden haben, wie berechenbar wir uns letztlich treu bleiben. Wir haben uns nicht ausgesucht, wie wir haben werden „müssen", aber wir können aussteigen und neue Blicke auf unser Leben und die uns noch bleibenden – inneren – Möglichkeiten werfen. Mit jedem Schritt in einen neuen Deutungsraum hinein verändern sich auch das Äußere sowie das Gegenüber, und Möglichkeiten der eigenen Lebensgestaltung nehmen auch de facto zu. Dabei entfliehen wir auch mehr und mehr den biografischen Festlegungen und übernehmen endlich die Regie in dem Film, der von uns handelt.

Schon in jungen Jahren haben mich die Romane, Theaterstücke und Tagebücher des Schweizer Autors Max Frisch (1911–1991) immer wieder fasziniert. Er war ein Meister des biografischen Selbstversuches, und auch sein eigenes Leben schien er in dem ständigen Bewusstsein geführt zu haben, dass alles auch ganz anders hätte verlaufen können. Frisch stolperte von Lebensentwurf zu Lebensentwurf und war beständig auf der Suche nach einer tragenden Gewissheit, auf der er sein eigenes Leben endlich errichten konnte. Gleichzeitig sabotierte er alle sich bietenden Stabilisierungsangebote, weil er sich wohl bloß im Unauffindbaren und in der Entwurzelung selbst zuhause zu fühlen schien. Diesen Eindruck stiften zahlreiche seiner Texte.

Es dauerte einige Jahre, bis ich selbst begann, stärker zu unterscheiden zwischen dem, was mich unüberwindbar zu bestimmen scheint, und dem, was als Möglichkeit der – autonomen – Selbstbildung und Selbstbestimmung, zu der ich mich entscheiden kann, in mir ist und zum Ausdruck kommen kann: Hingabe und Verzeihen, Aufbruch und Neubeginn sowie proaktives – mutiges – Denken, Fühlen und Handeln. Ich erkannte und erlebte am eigenen Leib, dass uns die Welt nicht bloß begegnet und nötigt, sondern sich durch gezieltes Spüren und ein Imaginieren, welches unsere inneren Spuren und eigenen Muster überwindet, gestalten lässt. Alles, was uns an Lebensglück möglich ist, muss – so die Lektion – bereits im Inneren als Möglichkeit vorbereitet sein: als Hoffnung, Konstruktion oder Bewusstsein. Deshalb hängt auch unser Glück nicht allein (und wohl noch nicht einmal in erster Linie) vom Außen ab, sondern von unseren inneren Möglichkeiten, mit dem Außen umzugehen, dieses zu erschließen und zu gestalten – als Opfer, als Täter oder als Künstler bzw. als Drama, Heldenepos oder Kunstwerk.

Diese Gedanken markieren auch einen Weg, auf dem wir in neues Gelände gelangen können. Indem wir uns darin üben, immer bewusster die „bewährten" Wege des Vorwurfs, der Berechtigung, der unbewussten Wiederholungen des Vertrauten überwinden zu können, um uns mutig in den Unterschied (zum Bisherigen) voran zu tasten, verändern sich auch Beziehungen, Optionen sowie Zukunftsmöglichkeiten. Diese proaktive Form der Selbstveränderung ist nach meiner Erfahrung die einzige wirklich wirksame Form, das eigene Leben nachhaltig verändern zu können, um zu erwach(s)en. Wenn wir beständig so handeln, dass sich unsere inneren Möglichkeiten erweitern – weil wir Wiederholungen erkennen und vermeiden, uns bewusst in neuen Formen des Agierens üben, um mit einem zweiten oder dritten Blick frisch zu beobachten, was uns da tatsächlich der Fall zu sein scheint -, kann das Außen uns neu, verändert und optionsreicher erscheinen als bisher.

Diese Fokusarbeit ist mühselig und voller Rückschläge – zu klebrig sind unsere vertrauten Sicht- und Verhaltensweisen mit der Wirklichkeit, die wir beständig konstruieren, verwoben. Ein neuer Blick (auf das Alte) muss deshalb geübt, durchgehalten und allmählich habitualisiert werden, was bloß schwer gelingt, da wir dabei beständig gegen ein ganzes Bündel von eigenen Erfahrungen und Haltungen ankämpfen müssen, die tiefer verankert sind als es die feste Absicht zu einer Umkehr und Neubewertung jemals sein könnte. Es hilft deshalb bloß, eigene -bewusste – Entscheidungen zu treffen, sich der damit einhergehenden Umdeutung („Reframing") in täglicher Meditations- und Fokusarbeit zu vergewissern und immer dann, wenn wir wieder in den alten Vorwurf abgleiten oder uns dieser hinterrücks anspringt, zurück zu rudern, uns am – inneren – Riemen zu reißen und umzukehren. Algorithmen zum Zurückrudern-Üben wurden bereits ebenso entwickelt, wie Tools, mit deren Hilfe eine Umkehr angebahnt und eingeleitet werden kann. Warum sollte es nicht möglich sein, entsprechende Tools für eine bewusste, proaktive Persönlichkeitsbildung zu entwickeln?

Eine solche Infragestellungswelt ist auch die Erlebens-, Erfahrungs- und Entwicklungsbasis einer wahrhaft demokratiefähigen Identität. Unsere Eltern wuchsen selbst meist ohne eine solche innere Ausstattung heran. Mein Vater war 12, meine Mutter 9 Jahre alt, als Adolf Hitler die Macht ergriff und damit alle gesellschaftliche Vielfalt, Toleranz und Offenheit sowie fast jeglicher Einsatz für den Schutz des Fremden und Nicht-Deutschen weitgehend erstarben. Ihnen begegneten bereits in ihrem frühen Leben Gewissheiten, die in Stein gemeißelt zu sein schienen und notfalls mit Gewalt durchgesetzt werden durften, und sie lernten, zu schweigen, statt eigene Standpunkte mutig zu verteidigen. Es war eine Atmosphäre des Duckmäusertums und einer ambivalenten Selbstaufwertung, die ihnen als Resonanzrahmen ihrer eigenen Entwicklung zur Verfügung stand – eine Ausgangssituation, die wir uns heute nur schwer vorstellen können. Welches Ich kann sich entwickeln, wenn nahezu alles vorgegeben ist? Welche Zukunft darf zum Ziel werden, wenn Führer, Volk und Vaterland alles überwölben und durchdringen? Welche Menschlichkeit darf reifen, wenn man bereits seine frühe Zeit in der „Hitlerjugend" (HJ) oder beim „Bund Deutscher Mädchen" (BDM) zubrachte?

Wir können diese Kontaminierung unserer eigenen Lebenswelten durch die Elternerfahrungen sehen und spüren, neigen jedoch zugleich dazu, deren Auswirkungen zu bagatellisieren. Diese Bagatellisierung ist in die Liebe zu unseren Eltern gewissermaßen „eingenäht" und versteckt, da wir nicht auf Vater und Mutter blicken und in ihren Augen auch den Wiederglanz von Selbstaufwertung, Größenwahn und Menschenverachtung ertragen könnten. Dieser spricht aus Fotografien einer sich selbst im „Aufbruch" wähnenden Zeit, deren Ansprüchen man bereit war, alles unterzuordnen und ihnen die eigene Heimat sowie die Söhne und Väter zu „opfern". Es ist diese Opferbereitschaft, welche die wahre Quelle von allem ist, an denen unsere Väter und Mütter mitwirkten, indem sie bereits früh auf sich selbst zu verzichten lernten.

Literatur

Arnold, R.: Keine Zeit für grüne Bananen. Die aufklärende Kraft der Vergänglichkeit. Heidelberg 2025 (Carl Auer).

Arnold, R./Erhardt/Stief (Hrsg.): Glaube als Befreiungshilfe der Vernunft. Festschrift für Wolfgang Doll zum 80. Geburtstag. Pädagogische Materialien der Tu Kaiserslautern. Kaiserslautern 2022 (RPTU).

Bourdieu, P.: Ein soziologischer Selbstversuch. 5. Auflage. Frankfurt 2016 (Suhrkamp).

Felsch, P.: Der Philosoph. Habermas und wir. 2. Auflage. Frankfurt 2024 (Suhrkamp).

Fromm, E.: Escape from Freedom. New York 1941 (Owl Book).

Hürter, T.: Der Tod ist ein Philosoph. Wie mich ein Sturz vom Berg auf den Sinn des Lebens brachte. München 2013 (Piper).

Maturana, H./Varela, F.: Der Baum der Erkenntnis. Die biologischen Wurzeln menschlichen Erkennens. Bern 1987. (Huber).

Moré, A.: Die unbewusste Weitergabe von Traumata und Schuldverstrickungen an nachfolgende Generationen. In: Journal für Psychologie, 21(2013), 2, S. 1–34 (=https://www.journal-fuer-psychologie.de/index.php/jfp/article/view/268/310).

Rotthaus, W.: Wir können und müssen uns neu erfinden. Am Ende des Zeitalters des Individuums – Aufbruch in die Zukunft. Heidelberg 2021 (Carl Auer).

Silesius, A.: Cherubinischer Wandersmann. Jena/Leipzig 1905 (Eugen Diederichs).

von Foerster, H./Pörksen, B.: Wahrheit ist die Erfindung eines Lügners. Gespräche für Skeptiker. 13. Aufl. Heidelberg 2022 (Carl Auer).

2

Spurensuche

He's the one who gives his body
as a weapon of the war.
And without him
All this killing can't go on
(Donovan *1965*)

Es gibt immer Spuren vor dem Anfang. Diese reichen weit zurück. Sie haben ihre Wurzeln nicht allein im eigenen Leben, sondern im Leben der Eltern und Vorfahren. Deren Erleben und Schicksal würzte einst die Muttermilch, mit der wir unsere ersten Eindrücke in uns aufnahmen. Diese wirken in uns fort als eine Einspurung unseres Blickes auf uns selbst und die Welt. Sie statten unsere eigene Gefühlswelt mit ihren Koordinaten aus und begründen unsere Fähigkeiten, uns selbst und andere zu spüren, ohne dass wir zu erkennen vermögen, was uns geschehen ist und geprägt hat. Es sind diffuse Anfangsgefühle, denen wir unser Normalmaß verdanken, mit welchem wir uns selbst und andere vermessen und dabei oft genug verwechseln.

Wie kann man verwechseln, was nicht selbst zu seinen eigenen Bedingungen hat hervortreten können? Diese naheliegende Frage geht am eigentlichen Kern des Geschehens vorbei, da die Menschen nach ihrer Geburt sich zunächst nur in *der* Weise, wie sie in anderen Resonanz auslösen, zu spüren vermögen. Doch auch der Begriff der Resonanz beschreibt die ersten Schritte auf dem Weg zum Selbstsein nur sehr unvollkommen, ist doch jede Resonanz auch eine Botschaft oder gar Intervention dessen, der sich uns zuwendet oder sich vor uns verschließt. Unsere seelische Grundausstattung setzt sich somit aus den Botschaften derer, die früh um uns waren: unsere ersten signifikanten Bezugspersonen (meist die Eltern), zusammen.

Wenn ich über meine Anfänge nachdenke, frage ich mich: Welche Botschaften derer, bei denen ich aufwuchs, markierten meinen Horizont zu Beginn der 1950er-Jahre – nur wenige Jahre nach dem Ende des Zweiten Weltkrieges? Es war eine große Sprachlosigkeit um uns herum. Geredet wurde viel, aber wenig gesprochen, wenn man das Gespräch als den Raum eines wechselseitigen Bemühens um Verstehen und Verstandenwerden begreift. Ein Sinnbild dieses Nichtverstehens waren die Kirchenlieder und Bibelstellen, die sich uns Wort für Wort einprägten – wir konnten sie aufsagen, ohne dass diese uns etwas zu sagen vermochten. Indem wir so lernten, uns unverstandene Texte anzueignen, blieben auch wir unverstanden und wurden selbst zu solchen Texten: Mitteilungen bloß andeutend, im Geheimnisvollen erstarrend und autistisch jeden bei sich belassend. Im Rückblick wird spürbar, in welcher inneren Einsamkeit wir als Kinder und Jugendliche zu Beginn der 1950er-Jahre begannen, unseren Weg zu gehen: mechanisch, ohne das Sprechen über die Welt mit dem Sich Fühlen in der Welt wirklich verbinden zu können: Abgetrennt und ohne Selbst – eine Selbstlosigkeit der besonderen Art.

Unsere Väter und Urväter waren Soldaten, selbst dann, wenn sie nach den Kriegen noch über viele Jahrzehnte andere Berufe ausübten. Ihre prägenden Jugendjahre hatten sie in den großen Kriegen des 20. Jahrhundert erfahren, wurden körperlich verwundet und seelisch traumatisiert. Ihr Aufbruch geriet zum Zusammenbruch. Der sogenannte Wiederaufbau nach 1945 wurde von Männern und Frauen gestaltet, die ihre Seelen in den Weiten der Schlachtfelder, im Bombenhagel oder auf der Flucht aus dem, was ihnen Heimat gewesen war, gelassen hatten. Es wurde im Außen wieder aufgebaut, man blickte nach vorne. Im Inneren blieben die Trümmerwüsten bestehen.

Ist es verwunderlich, dass ihre Kinder, die im Umgang mit diesen inneren Trümmerwiesen aufwuchsen, selbst seelisch-strukturelle Besonderheiten ausbildeten, mit denen sie bisweilen mehr mit dem elterlichen Schmerz als mit ihrem eigenen, nach Entfaltung drängenden Selbst verbunden waren? Ihr eigentliches Selbst fand mit seinen suchenden Ausdrucksversuchen oft keine spürbare Resonanz und verstummte deshalb. So blieb auch ihr Aufbruch ungehört – durchwirkt, überlagert und letztlich erstickt durch das unbewältigte Erleben der Eltern.

> *Das erwachende Ich der Kriegskinder wurde dadurch ungewollt missbraucht, um die eigenen Eltern in Anbetracht ihrer Ernüchterungen auf dem Weg in eine neue Normalität zu begleiten.*

Diese Wirkungen der sozialen Erblast sind bei den Kriegskindern oder gar Kriegsenkeln gut dokumentiert. Bei diesen handelt es sich um Menschen, deren Eltern selbst an Kriegsgeschehnissen beteiligt gewesen sind, als schwerst Traumatisierte und um wichtige Reifungschancen Betrogene in das Zivilleben zurückkehrten und den Versuch wagten, ein „normales" Leben zu führen. Die meisten sprachen niemals über ihre Erlebnisse, nur ihre nähere Umgebung hatte unter den Auswirkungen dieser unverarbeiteten Geschehnisse zu leiden. Sie spürten als Kinder von ehemaligen Frontsoldaten deren emotionale Abwesenheit und Verschlossenheit, übernahmen diese nicht bloß als Modell für das eigene Vater- oder Mutterseins, sondern lernten auch ihre berechtigten kindlichen Bedürfnisse und Erwartungen als Kinder zurückzustellen.

Ihre emotionalen Traumatisierungen konnten die Eltern meist nicht bearbeiten, integrieren und überwinden; meist überließen sie dies als Entwicklungsaufgabe ihren Kindern. Deren Anfang war damit bereits durch eine seelische Hypothek belastet, die sie daran hinderte zu sich selbst vorzudringen. In zahlreichen Schilderungen sogenannter Kriegskinder wird diese intergenerationale Arbeitsteilung eindrucksvoll beschrieben. So dokumentierte u. a. die Psychologin Bettina Alberti (geb. 1960) ihre therapeutischen Erfahrungen aus der Arbeit mit Kriegskindern in dem Buch „Seelische Trümmer" (Alberti 2021). Darin schreibt sie:

> *„Nicht zu fühlen, was ist, ist einer unserer wichtigsten Überlebensmechanismen bei Bedrohung. Funktionieren, verdrängen, verleugnen, sich zurückziehen, nichts mehr zeigen von der inneren Wirklichkeit – ohne diese Fähigkeiten könnten Menschen in einer traumatischen Situation geistig und seelisch nicht überleben. Krieg ist aber eine der traumatischsten Situationen in dieser Welt, und so verschlossen diejenigen, die den Zweiten Weltkrieg erlebt hatten, oftmals ihren inneren Seelenraum. Dies wirkt transgenerational auf die nächste Generation. Die Kriegstraumatisierung und die Prägung durch die NS-Paradigmen brachte viele Eltern dieser Zeit dazu, der Seele ihrer Kinder nicht begegnen zu können, was bei diesen Selbstverleugnung, Einsamkeit und Lebensangst bewirkte. Der Bindungssehnsucht Raum zu geben und das eigene Selbst zu besetzen, ohne in Narzissmus abzudriften, ist für die Generation der in den 50er- und 60er-Jahren Geborenen vor dem Hintergrund ihrer kriegsbelasteten Familienbiografien eine kollektive Aufgabe. 'Unsere Eltern räumten die Trümmer der zerstörten Häuser mit den Händen weg – wir, die nächste Generation, sind mit dem Aufräumen der seelischen Trümmer beschäftigt', sagt eine 1959 Geborene"* (ebd., S. 10 f).

Ganz ähnliche Beschreibungen kann man in den von Annette Goos und Hauke Goos herausgegebenen Lebensberichten von Kriegskindern lesen. In ihrem Vorwort schreiben die beiden Herausgebenden:

> *„Die Generation der Kriegskinder hat nie gelernt, über ihr Inneres zu sprechen (…): Weil es sie als Subjekt mit eigenen Gefühlen und Bedürfnissen, gar nicht gibt"* (Goos/Goos 2024, S. 13).

Sie zitieren eine Therapeutin mit den Worten:

> *„Sie sind kaum geübt darin, nach innen zu schauen und zu sagen, wie es ihnen geht und was sie belastet. Das haben sie schlicht nicht gelernt. Die Vergangenheit wird einfach nur als Schwere wahrgenommen, als Last, das ist das höchste der Gefühle"* (ebd.)

Der Blick auf die emotionalen Bedingungen, in denen Kinder und Jugendliche nach dem Krieg heranwuchsen, lässt das Unfassbare verstehbar werden. Das Unfassbare waren diffuse Gefühle der Angst und Schuld sowie verstellte Zugänge zu dem tragenden Gefühl, mit den eigenen Impulsen, Bedürfnissen und Wünschen berechtigt zu sein. Manche dieser Nachwachsenden wussten nie, wie ihnen geschah und welche inneren Kräfte ihre Zuversicht und ihr Zutrauen in die eigenen Möglichkeiten lähmten. Der Familientherapeut und systemische Wissenschaftler Helm Stierlin (1926–2021) spricht von einer kollektiven „Schamabwehr" (Stierlin 2010, S. 35), die das Denken, Fühlen und Handeln der Überlebenden des Zweiten Weltkrieges sowie auch den Umgang mit ihren Kindern kennzeichnete. Eine wirkliche Aufarbeitung der eigenen Verstrickungen in Militarismus, Imperialismus und Holocaust fand nicht oder erst sehr viel später – zumindest in Ansätzen[1] – statt, doch hatten die Deutschen in den 1950er- und 1960er-Jahren

„(…) noch lange die Abgründe und Trümmer vor Augen, die ein totalitäres Regime den davon betroffenen Menschen zuzumuten vermag" (ebd.).

Dieser Anschauungsunterricht war mehr „Anschauung" als „Unterricht", da die Hintergründe der Ruinen, das geschichtliche Geschehen selbst, in der Schule meist erst spät – in der Oberstufe des Gymnasiums – aufgegriffen, aber analytisch kaum thematisiert wurden. Für die in den 1950er-Jahren Geborenen erfolgte dieser Unterricht erst in den späten 1960er-Jahren, wobei sich das Entsetzen und das Grauen des Gewesenen mit den pubertären Abgrenzungsbewegungen des Erwachsenwerdens durchmischte. Es war der Beginn einer Protestkultur, die uns Ende der 1960er-Jahre aus dem Verdrängungsmief der Eltern direkt in die Arme einer alternativen Gesellschaftsidee trieb, die andernorts und auch im Unterschied zur deutschen Mehrheitsmeinung Gestalt annahm.

---

[1] Die Ausstrahlung der Fernsehserie Holocaust am 22.1.1979 im deutschen Fernsehen führte vielerorts zu leergefegten Straßen und brachte den Deutschen wohl zum ersten Mal die Leiden der Juden im Nationalsozialismus auch emotional nahe. Viele sehen bis heute in dieser Wirkung eine Öffnung der Gesellschaft für eine Aufarbeitung der eigenen verhängnisvollen Geschichte und die nachhaltige Etablierung einer Erinnerungskultur.

Standen wir als Teenager zu Zeiten der Kubakrise im Jahre 1962, noch im gefühlten Proamerikanismus, so weichte dieser zu Zeiten des Vietnamkrieges der Amerikaner, der 1975 mit deren bedingungsloser Kapitulation endete, vollständig auf, ohne unmittelbar eine andere tragfähigen Position zu eröffnen. Wir waren diffus links und folgten aber nicht selten selbst mit unseren politischen Ansichten und Bewertungen einem Rigorismus, der eine emotionale Entschiedenheit ausdrückte, die selbst in den Schwarz-Weiß-Bildern versunkener Epochen wurzelte. Damit waren wir durchaus Kinder unserer Zeit, wie u. a. das CDU-Plakat „Freiheit statt Sozialismus" im Bundestagswahlkampf 1975 zeigte. Diese Zeit war keine der Auseinandersetzung und differenzierten Analyse, sondern die Zeit einer aus dem Nationalsozialismus oder gar dem Kaiserreich fortwirkende Rigidität, aus der wir uns bloß selbst durch nüchternes Denken allmählich befreien konnten.

Während der Vorwurf des „Linksfaschismus", wie ihn Jürgen Habermas 1967 (vgl. Habermas 1968) gegenüber den sich eskalierenden Protestbewegungen der APO (=Außerparlamentarische Opposition) als Warnung ins Feld führte, von vielen als ungehörig verworfen wurde, stießen der „Demokratische Sozialismus" und die Ostpolitik, wie sie der spätere Bundeskanzler Willy Brandt (1913–1992) profilierte, auf eine deutlichere Resonanz in den Suchbewegungen derer, die sich aus der elterlichen Verdrängungskultur und ihrer diffusen Vordergründigkeit sowie bisweilen religiös durchformten Wohlanständigkeit zu befreien trachteten. Wir wiederholten — ohne dies zu bemerken — die Entnazifizierung unserer Eltern als eine Befreiung aus hegemonialem Erklärungsanspruch und einer im Kern vordemokratisch-rigorosen Einseitigkeit. Gleichzeitig verschlangen wir in dieser Zeit der Suchbewegungen die Bücher von Ho Chi Minh, Mao Zedong, Marx und Lenin ebenso, wie die von Sartre und Camus, griffen aber auch zu den programmatischen Texten von Erhard Eppler (1926–2019), dem späteren Entwicklungshilfeminister, oder Peter Glotz (1939–2005), dem heimlichen Vordenker der SPD auf ihrem Weg zum demokratischen Sozialismus. Insbesondere das Buch von Peter Glotz hinterließ bei mir durch seine kaum zu übertreffende Klarheit und seinen nüchternen Evidenzbezug deutliche Spuren (vgl. Glotz 1975).

> **Wie wir sind und wie wir denken, fühlen und handeln, können wir nur begrenzt selbst entscheiden. Es gibt keinen Punkt Null.**

Die Fähigkeit zur reflexiven Selbstwahrnehmung erreichen wir vielmehr meist erst, wenn unser Leben sich bereits in vollem Lauf befindet – wenn überhaupt. Wir haben zu keinem Zeitpunkt die Wahl, wie wir die Welt spüren und verstehen wollen, vielmehr sind wir geprägt durch die Ängste, Entschlossenheiten und Lebensweisheiten, welche uns früh eingeflüstert wurden. Diese prägen die Grundmuster unseres Selbst, d. h. unserer typischen Formen mit neuartigen, offenen oder gar unbekannten oder ängstigenden Situationen umzugehen. Dieser Sachverhalt wird im Blick auf frühe Traumatisierungen besonders deutlich, er gilt aber auch für die unspektakuläreren Formen unserer Sozialisation.

„Sozialisation" – welch ein Wort? Es bezeichnet die Prozesse der Selbstwerdung in der Bezogenheit. Ohne diese Bezogenheit auf Eltern, Geschwister, Familie, Freunde oder die Gemeinschaft, in der wir heranwachsen, kann die Personwerdung nicht gelingen. Diese Einsicht ist grundlegend für sämtliche Forschungen der letzten hundert Jahre:

> *Unser Selbst entwickelt sich durch Imitation, Übernahme und eigene Suchbewegung, getragen von Beziehung und eingebettet in die Emotionalität der frühen Jahre.*

Dabei gilt: Nicht alles, was wir erleben durften, hat uns gegolten oder gar gedient. Vieles folgte der Logik anderer Biographien, deren Mustern wir ausgesetzt waren und als Normalität erlebten, weil eine andere nicht zugänglich und eine Alternative nicht verfügbar gewesen ist. Erst in der fortgeschrittenen Biographie beginnen wir zu begreifen, wie stark uns diese Muster der Herkunft geprägt haben. Sie haben uns Bilder der Normalität gestiftet, und wir konnten gar nicht anders als durch diese erlebte „Normalität" auf das zu blicken, was wir selbst erlebten. Auf diese Weise lebte die Vergangenheit unserer Eltern in uns fort, und wir wurden Teil einer über Jahrzehnte, wenn nicht gar Jahrhunderte sich erstreckenden Kontinuität.

Mein Großvater Richard war als Soldat im ersten Weltkrieg den Stellungskämpfen, Materialschlachten und Gaseinsätzen ausgesetzt. Jahre später erblindete er plötzlich und unerwartet – eine Spätfolge des Kontaktes mit Kampfgas. Eines Abends – es muss Anfang der 1920er-Jahre gewesen sein –

saß er lesend im Wohnzimmer und fragte seine Frau: „Warum hast Du denn das Licht ausgeschaltet?" Sie hatte das Licht nicht ausgeschaltet. Er war von jetzt auf nachher erblindet. Mein Vater wuchs bei einem Vater auf, der nicht mehr sehen und ihn auch nicht in die Augen sehen konnte. Es war vielmehr sein Sohn, der ihm im Alltag half, ihn begleitete und ihm beschrieb, was sein Vater selbst nicht mehr sehen konnte – eine Vaterlosigkeit der besonderen Art, und zugleich zeigt diese Geschichte, dass mein Vater selbst ein Kriegskind gewesen ist.

Das Ergebnis solcher sozialen Kettenreaktionen waren nicht bloß Kinder, deren Eltern durch den Krieg um wichtige Dimensionen einer gesunden Selbstentwicklung und eines authentischen Selbstausdrucks beraubt worden waren, vielmehr konnten sie selbst die Bezogenheit zu ihren eigenen Kindern, den Kriegsenkeln, in einer bloß eingeschränkten Form leben. Ihnen waren die Bilder einer wirklichen Vater- oder Mutterschaft vorenthalten worden.

In dem von Michael Schneider und Joachim Süss herausgegebenen Buch „Nebelkinder", mit dem programmatischen Untertitel „Kriegsenkel treten aus dem Traumaschatten der Geschichte" (Schneider/Süss 2015) finden sich zahlreiche Dokumente einer in dieser Weise behinderten Anfangssituation des Lebens. Merle Hilbik (geb.1969) beschreibt z. B. in diesem Reader das verschlossene Verhalten ihrer Eltern mit der Einschätzung,

> *„(...) dass sie die Erinnerungen so tief in sich vergraben haben, dass sie sich vielleicht nicht einmal bewusst waren, dass da überhaupt etwas war, Der Krieg war eine staubige Akte, die sie in einer Kiste im Keller deponiert und vergessen hatten" (ebd., S. 47).*

Ähnlich ist es z. B. für die Überlebenden des Holocaust mehr oder weniger typisch, dass es ihnen schlecht geht, wie Angela Baumgart beschreibt. Diese Menschen

> *„(...) inszenieren Probleme in der Gegenwart, die eigentlich mit der Vergangenheit ihrer Eltern oder Großeltern zu tun haben. Durch diese selbst inszenierten Schwierigkeiten geht es ihnen annähernd genauso schlecht. Und*

wenn es ihnen ausnahmsweise mal gut geht, ist dies mit Schuldgefühlen verbunden.

Bei mir ist es ähnlich. Wenn es mir schlecht geht, fühle ich mich meiner Mutter und meinen Omas nahe. Es gib kaum einen glücklicheren Normalzustand für mich und keinen sichereren Ort, an dem ich mich geborgen fühle" (Baumgart 2015, S. 82).

Solche Blicke sind ungewöhnlich. Sie setzen das Augenblickliche in Beziehung zu dem Vergangenen und unterstellen eine Kontinuität des subjektiv als normal Empfundenen, die sich über Generationsgrenzen erstreckt. Populär ist diese Sicht der Dinge nicht, wohl aber erklärungsstark. Sie sprengt den in den Sozialwissenschaften verbreiteten Blick auf das einzelne Individuum und setzt dieses in den Kontext der im sehr persönlichen Kontakt überlieferten Gewissheiten. Diese werden emotional eingespurt; das kleine Kind erlebt die Welt seiner Eltern – es *ist* geradezu die Welt seiner Eltern! In dieser entwickelt es nicht allein sein eigenes Weltbild, es übernimmt auch verstehende Funktionen, lange bevor die Kräfte der Selbstdistanzierung und Reflexion einsetzen können. Und auch diese Kräfte führen nur selten zu der Autonomie, die wir so gerne unterstellen, vielmehr folgen wir in aller Regel einer schier unauflöslichen Verwobenheit mit den frühen Loyalitäten, zu denen wir emotional verführt wurden, ohne diese inneren Prägungen zu durchschauen. Nicht wenige finden sich im Erwachsenenalter dann immer wieder in Lebenslagen wieder, die sie von einem Unglück zum anderen führen – ohne zu begreifen, dass es gerade diese eigene biographische Kontinuität ist, durch die sie die Verbundenheit, Treue und Liebe zu den Kriegs-Generationen, denen sie entstammen, ausdrücken.

Für eine wirkliche Reifung der Persönlichkeit ist es deshalb unerlässlich, sich in einer rückblickenden Bewegung mit dem Schicksal der eigenen Eltern und Großeltern verstehend zu befassen. Nur in einer solchen aufdeckenden Bewegung können wir dem, was uns aus der Tiefe heraus mitbestimmt und orientiert wirklich näherkommen. Dabei geht es nicht darum, sich in einfachen Ursachenerklärungen oder gar Schuldzuweisungen zu ergehen. Vielmehr ist es das Ziel einer solchen Rückbesinnung, uns zu dem Quell-Code unserer eigenen Prägungen vorzutasten. Dabei werden wir fündig, wenn uns der Doppelschritt einer *Reifung durch ein selbsteinschließendes Tiefenverstehen* gelingt. Dieser Doppel-schritt umfasst die beiden Bewegungen:

- *„Meine Gewissheit ist nicht deine Gewissheit!"*
  Sie ist vielmehr Ergebnis und Ausdruck meiner Lebensbewegung. In dieser wurden mir Erklärungen eingeflüstert, die sich tief *in* mir zum tragenden Fundament meines Selbst und meines Ausdrucks verdichtet haben. Ich bin so, wie ich habe werden können! Diese Basis meines Selbst kann ich nicht ganz aufgeben, ohne mich zu verlieren, weshalb etwas in mir dazu neigt, mich immer wieder in Lagen zu (ver)führen, die ich ähnlich spüren kann, um mich „sicher" zu fühlen. Aber indem mir diese Zusammenhänge deutlich werden, öffne ich mich gegenüber der grundlegenden Einsicht, dass die Welt nicht bloß so ist, wie ich sie spüre und verstehe. „Es könnte auch ganz anders sein!" – dieser Satz ist der Schlüssel, der mir den Zugang zu meiner inneren und auch äuße-ren Vielfalt öffnet.
- *„Ich darf auch anders sein!"*
  Nur wir selbst können uns dazu einladen, neue Ausdrucksformen von uns selbst zum Leben zu erwecken, indem wir in uns hineinlauschen und auch unsere Umgebung mit ihren eigentlichen Möglichkeiten achtsamer zu spüren beginnen. „Muss ich zu dem Stellung nehmen, was mir da gerade der Fall zu sein scheint? Inwieweit würde mich diese Stellungnahme festlegen und mir ein anderes – frisches – Erleben die-ser Situation verstellen? Könnte ich experimentell mit dieser Äuße-rung, Situation oder Stimmung umgehen?" Diese Fragen rücken eine Vielfalt anderer Formen des Lebens in den Blick, denen wir uns im Alltag gerne verschließen. Damit sorgen wir aber auch – ungewollt – selbst dafür, dass alles so bleiben kann, wie wir es kennen, befürchten oder brauchen (Abb. 2.1).

Indem wir uns auf diese Doppelbewegung eines *selbsteinschließenden Ver-stehens* einlassen, kann sich alles verändern: Wir können ganz allmählich unser Selbst transformieren und aus bekannten Reaktionsmustern heraustasten, indem wir allzu Bekanntes zu vermeiden üben und uns immer wieder fragen: „Was rufen diese neue Lage, die damit einher-

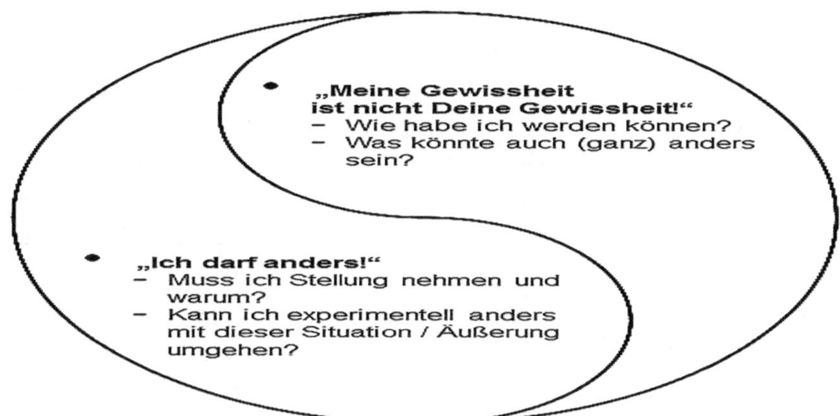

Abb. 2.1 Yin-Yang eines selbsteinschließenden Verstehens

gehende Stimmung in mir sowie mein spontaner Reaktionsimpuls mir über mich selbst (und meine Erblast) in Erinnerung?"

Als *Erblast* bezeichne ich dabei die Summe der Strukturbesonderheiten, die mein Denken, mein Fühlen und mein Handeln seit jeher bestimmen. Diese habe ich mir nicht selbst geschaffen, sie sind vielmehr die innere Seite meiner Lebenswelt, nämlich meine Innenwelt – gewissermaßen die innere und verinnerlichte Seite der äußeren Gegebenheiten meines Aufwachsens. Es sind die Themen, Stimmungen, Redensarten sowie Gefühlswelten, in denen ich Beziehung und Bezogenheit erleben durfte. Auch meine eigene Beziehungsfähigkeit oder Beziehungslosigkeit hat in diesem Amalgam aus frühen Erfahrungen und Erleben seine tiefen Wurzeln. Diese bilden die Haut, aus der wir kaum entschlüpfen können. Wenn wir uns berechtigt fühlen und Recht haben wollen, spricht aus uns diese Erlebensgewissheit und wir deuten die Lage so, wie wir strukturell ähnliche Lagen auszuhalten gelernt haben.

Mit den Jahren veränderte sich für viele Kriegskinder und Kriegsenkel der Blick auf die Eltern. In den Focus trat auch die starke Resilienz, die aus ihrem Bemühen um einen Neuanfang nach 1945, der wohl kaum anders gelingen konnte als durch eine Verdrängung der Schrecken der Vergangenheit, sprach. Diese hatten sie nicht nur erduldet, sondern sahen sich gezwungen, in Armee und Gesellschaft „mitzumachen" – ein neutrales Verbum, das ohne Vorwurf daherzukommen scheint, aber doch als solcher empfunden wurde. Je mehr wir selbst den Weg in die Erwachsenenrolle fanden und gestalteten, desto deutlicher verstummte der leise Vorwurf gegen die Eltern, der das kollektive Bewusstsein der Nachwachsenden in den 1960er- und 1970er-Jahren bestimmte. Viele begannen zu verstehen, dass sie sich selbst als Zwanzigjährige vielleicht auch nicht dem Widerstand angeschlossen hätten, sondern ebenfalls darum bemüht gewesen wären, ihr Leben in den Nischen des Totalitären mehr oder weniger sicher sowie ungestört und bequem einzurichten, ohne aktiv „mitzumachen".

Meine Mutter erzählte mir, dass eine Schulfreundin sie aufforderte, auf ihrem Nachhauseweg einmal in der S-Bahn sitzen zu bleiben und bis zur Endstation mitzufahren. Dies war in Posen, wohin zahlreiche Lettlanddeutsche 1939 umgesiedelt wurden. Sie befolgte den Rat und fuhr an einem KZ vorbei, an dessen Zäunen sie die ausgemergelten, von Hunger und Entbehrung gezeichneten Insassen sah. Bestürzt fuhr sie nach Hause und erzählte dies ihrem Vater, der daraufhin sagte: „Sprich niemals mit irgendjemanden darüber, was Du gesehen hast, und vergiss das Ganze!" Und mein Vater erzählte, dass ihn als junger Soldat in Polen – er war selbst 19 Jahre alt – ein älterer Jude ganz aufgeregt angesprochen habe, da seine Familie die Aufforderung erhalten hatte, sich am nächsten Tag mit kleinem Gepäck am Güterbahnhof einzufinden, um mit unbekanntem Ziel „weggebracht" zu werden. Mein Vater habe ihn guten Gewissens beruhigt, dass es wahrscheinlich bloß darum gehe, Zivilisten aus der Kampfzone zu evakuieren – er konnte sich ganz offensichtlich zum damaligen Zeitpunkt wirklich nicht vorstellen, was die jüdischen Familien nach ihrem Abtransport erwartete.

Jahre nach dem Tod meines Vaters (im Jahre 2005) fand ich im Nachlass meiner Mutter auch Aufzeichnungen, die mein Vater 2003 – zwei Jahre vor seinem Tod – abgeschlossen haben musste. In diesen beschreibt er seine große Verbitterung nach dem Krieg, als er erkennen musste, für welche verbrecherischen Absichten seine Generation hatte herhalten müssen. Er berichtet dabei auch, dass ihm als ganz jungem Mann glaubhaft eingeredet wurde, dass Deutschland von seinen Nachbarn bedroht werde und entschlossen verteidigt werden müsse – eine „selbstlose" Inanspruchnahme durch eine überwältigenden „Mission", die alle zarten Versuche einer proaktiven und selbstbestimmten Gestaltung des eigenen Lebens überwucherte und im

Keim erstickte. Oft frage ich mich, was und wie mein Vater hätte werden wollen, wenn er dieser Überwältigung nicht zu Beginn seines Eigenen ausgesetzt worden wäre. Geht mich diese Frage etwas an? Ja, denn in mir selbst und zahlreichen Angehörigen meiner Generation wirkt diese Überwältigung des Eigenen durch etwas Totalitäres subtil und unverstanden fort – hat es doch einen Kraftquell weitgehend zum Versiegen gebracht, aus dem auch wir, die Nachwachsenden, uns hätten nähren wollen.

Die Eltern sprachen nicht über das, was sie in den Jahren des Nationalsozialismus und des Zweiten Weltkrieges (1939–1945) selbst erleben, erdulden und erleiden mussten. Insbesondere aus dem Krieg heimgekehrte Väter waren meist emotional gebrochen. Ungewissheit, Massensterben und die kollektive Scham nach dem Erkennen der Gräueltaten in deutschem Namen hatten ihre innere Lebenskraft geschwächt. Man kann als Nachgeborener kaum nachvollziehen, wie man sein Leben entschlossen gestalten kann, wenn man auch innerlich bei null neu startet. Die „Stunde null" beschrieb auch diese kollektiv-psychologische Ausgangslage unserer Eltern: Sie versuchten, neu zu starten und machten dabei mit ihrer Verdrängung des Erlebten und mit ihrem Schweigen über das Böse ungewollt sich selbst sowie ihren Kindern etwas vor. Viele dieser Kinder starteten nicht bei null, sondern bei minus 10 – nicht wissend, was ihren Lebensmut abbremste und sie ungewollt zu Spezialisten im Verdrängen von Trauer und Traurigkeit werden ließ.

Ein unbekannter Dichter hat dieses Schweigen in bislang unveröffentlichten Versen in die Worte gefasst:

Das Schweigen der Väter

Seit mehr als siebzig Jahren schon
schweigt ihr vor dem Unsagbaren
und uns schwere Träume droh'n,
um das Grauen zu erfahren.

Dieses geht nicht einfach fort,
es legt sich auf und zwischen uns,
findet auch so manchen Ort
um zu dunkeln uns're Stund'.

An diesem ward ihr selbst beteiligt,
nicht gewollt, auch selbst bedroht,
hattet ihr es viel zu eilig,
zu vergessen – noch verroht.

Warum konntet ihr nicht sprechen,
nicht erzählen, was geschah
auch erklären die Verbrechen,
die zu dulden Mitschuld war.

Eure Schuld ließet ihr offen,
nicht wissend, dass dies gar nicht geht.
Vergebens eure Kinder hoffen,
dass ihr Lebensglück sich dreht.

Und sie nicht durch Schuld gelähmt
im eig'nen Leben stecken bleiben,
weil sie ständig ganz beschämt
in der Schwere sich aufreiben

Statt zu gestalten, was nur ihnen
ward an Lebenskraft verliehen
Nicht blind folgend euren Schienen,
um nach Auschwitz zu entfliehen.

Dorthin, wo eure Unschuld blieb,
im Terror durchaus wohl geordnet
was der deutsche Michel trieb
als Hochmut die Moral gemordet.

Warum konntet ihr nicht sprechen,
nicht erzählen, was geschah
auch erklären die Verbrechen,
die zu dulden Mitschuld war.

Noch Jahrzehnte später wirken
Eure Taten bitter nach
Schuld verborgen in dem Nirgends
machen traurig uns und schwach.

Warum konntet ihr nicht sprechen,
nicht erzählen, was geschah
auch erklären die Verbrechen,
die zu dulden, Mitschuld war.
(N.N.)

Die Spuren des eigenen Lebens wurzeln tief. Sie weisen weit zurück und prägen unser Fühlen, Denken und Handeln – nicht vollständig, aber doch in einer subtilen Bestimmung dessen, was wir für zulässig, möglich und angemessen halten. Dabei sind es nicht allein die Schatten der Vergangenheit, sondern auch ihre Lichtverhältnisse. Je nachdem, ob das Leben unserer Vorfahren durch Sesshaftigkeit, Sicherheit und Wohlstand geprägt oder durch Verfolgung, Armut und Bedrohung gekennzeichnet gewesen ist, wird das eigene Leben eher von Vorsicht oder Zuversicht getragen. Diese epigenetischen Grundlagen des Individuellen sind in der Wissenschaft gut belegt, wenn auch nicht erklärt. Sie können die Weltsicht von Familien, Ethnien und Nationen prägen – selbst, wenn diese Wirkungen nicht zwingend in jedem einzelnen, sondern bloß als signifikanter Trend feststellbar sind. Nicht selten wird in finsteren Zeiten dieses kollektive Unbewusste angesprochen, und ehe sich die Individuen versehen, werden sie selbst von einem emotionalen Tiefenrausch mitgerissen, zu dem sie sich willentlich niemals entschieden hätten (vgl. Goldhagen 2012).

Selbst wenn wir fest entschlossen zu den Grundwerten unserer demokratischen Verfassung und der Menschenrechte stehen, scheinen nicht alle Menschen innerlich gut gewappnet zu sein gegen diese heimliche Prädisposition in ihrer Seele. Wo sind diese historisch verankert? Im zweiten oder ersten Weltkrieg? In den Auseinandersetzungen des 19., 18, oder 17. Jahrhundert? Wie wirken die kollektiven Erfahrungen der Bedrohung im 30jährigen Krieges (1618–1648), in dem ganze Landstriche entvölkert wurden, in unseren Seelen fort – auch die Erfahrung, dass es überlebenssichernder sei, sich opportunistisch auf die Seite des jeweils Stärkeren zu schlagen, statt sich selbst und die eigenen Kinder den Schlächtern der Gegenseite auszuliefern? Wo liegen die eigentlichen Wurzeln unserer inneren Vergangenheit? Und inwieweit verweisen Aggression, imperiales Gehabe und die Verknechtung sowie Ausbeutung anderer Völker nicht allein auf die Bosheit der jeweiligen Feinde, sondern wurzeln auch als lauernde Bereitschaft in unseren eigenen Genen?

Trotz Aufklärung und Humanismus brachte Europa, allem voran das Land der Dichter und Denker, unvorstellbares Grauen in die Welt. Doch auch das Leben mit der Schuld der Väter sowie die Unverzichtbarkeit von Wiedergutmachung und Versöhnung fanden Eingang in das kollektive Gedächtnis der Völker der Täter. Unsere Seelen werden nicht nur von den rücksichtslosen Weltbildern unserer Vorfahren, sondern auch von ihren Versöhnungsgesten und ihrem selbstlosen und tatkräftigen Einsatz für Würde, Toleranz und Gerechtigkeit durchwirkt und getragen. Wissen wir sicher, ob unter unseren Vorfahren nur Mitläufer oder gar auch Täter waren? Oder dürfen wir hoffen, dass es unter ihnen auch Menschen im Widerstand gab – Desserteure, Kritiker, wahre Demokraten oder mutige und kompromisslose Christen?

Wie viele Generationen benötigen wir, um das eigene Denken, Fühlen und Handeln gegenüber der inneren Gefahr des Wegsehens, Mitlaufens oder gar Beteiligtseins sicher zu wappnen? Und: Welche intergenerational wirksamen – gleichwohl unbestellten – Einspurungen unseres eigenen Denkens, Fühlens und Handelns lauern bereitwillig in uns, um anzuspringen, wenn Autokratismus, chauvinistische Selbstüberhöhungen oder aufkommende Feindbilder in Europa wieder salonfähig werden und unsere Lebenswelt sowie Lebensmöglichkeiten mitzubestimmen beginnen? Zu welchen Widerstandsformen können wir greifen, damit wir selbst, aber vor allem unsere Kinder und Enkelkinder dereinst nicht in autokratischen Gesellschaften oder gar in ständiger Kriegsgefahr oder dauerhafter Verarmung leben müssen? Sind die von T.W.Adorno (1903–1969) u. a. beschriebenen kollektiven Charaktermerkmale des Deutschen, autoritären Lösungen zuzuneigen – nach oben zu buckeln und nach unten zu treten -, mittlerweile unwirksam oder dauern sie verborgen fort, um jederzeit wieder aufzuleben? Und wie können wir vermeiden, dass die uns subtil überlieferte – teutonische – Rigidität nicht beginnt, unser eigenes Denken, Fühlen und Handeln zu bestimmen, indem wir uns innerlich bequem und mit unterkomplexen Begründungen einrichten, da doch die Kriegstreiber letztlich stets die anderen zu sein scheinen? Doch tritt nicht auch in der Art und Weise, wie wir Kriegstreibern begegnen, ansatzweise wiederum derselbe Stoff zutage, den wir nur im Gegenüber meinen bekämpfen zu sollen, nicht als lauernde Bereitschaft in uns selbst?

Klaus von Donany (geb. 1928) beschreibt in seinem letzten Buch „Nationale Interessen" (Donany 2022), wie die Fragwürdigkeit des westlichen Umgangs mit den russischen Sicherheitsinteressen, die komplexe Verstrickung nationaler Interessen auf allen Seiten – auch auf Seiten der Nato-Staaten – sich verhängnisvoll auswirkten und man immer weniger in der Lage gewesen sei, die „berechtigten" Interessen aller zu berücksichtigen. Diese Einseitigkeit begünstigte letztlich die verbrecherische Eskalation der für Russland ungelösten Sicherheitsfragen durch den Überfall auf die Ukraine im Februar 2022. Die Kämpfe finden überwiegend in ukrainischen Gebieten statt, durch die auch im zweiten Weltkrieg deutsche Panzer rollten. Und die noch lebenden Wehrmachtssoldaten werden dabei in den Nachrichten mit Ortsnamen konfrontiert, die sie zum letzten Mal im eigenen Kriegserleben, über das sie kaum reden konnten, gehört haben: Kiew, Bachmut … aber auch Rostow. Auch die Kriegskinder kennen diese Ortsnamen aus dem Nachlass ihrer Eltern und spüren, wie das aktuelle Kriegsgeschehen ihre von den Vätern übernommenen diffusen Ängste und Beklemmungen wiederbelebt.

Mein eigener Vater war im Juli 1942 im Alter von 21 Jahren bei der zweiten Eroberung von Rostow als Panzeroffizier dabei. Im August dieses Jahres wurden dort zwischen 15.000 und 18.000 Juden durch Massenerschießungen sowie Tausende von Psychiatriepatient:innen und russische Kriegsgefangene systematisch ermordet – ohne dass die deutsche Wehrmacht davon etwas mitbekam – so die offizielle Lesart. Dabei wurden am 11. Und 12. August 1942 etwa 20.000 Juden in der Schlangenschlucht (Smijewskaja Balka) erschossen. Etwa 50.000 Einwohner von Rostow, d. h. etwa ein Zehntel der Vorkriegseinwohnerzahl, wurden als Zwangsarbeiter nach Deutschland gebracht. Das Massaker in der Schlangenschlucht wurde von der Einsatzgruppe D des Sicherheitsdienstes durchgeführt, welche der 11. Arme der Wehrmacht zugeteilt war, wie man bei Wikipedia erfahren kann.[2]

---

[2] In einer Ausstellung mit dem Titel „Die Vergessenen" war bis zum 1. November 2018 in Mannheim eine Ausstellung über die „Opfer deutscher Besatzung in Rostow am Don von 1941 bis 1943" zu sehen.

Die frühen Spuren, auf denen sich die in den späten 1960er-Jahren erwachende Generation bewegte, waren Kriegsspuren. Diese führten nirgendwohin. Gleichwohl waren sie ständig präsent: Als Grundstücke, auf denen niemand mehr wohnte, als körperlich Versehrte im Straßenbild, als Familien, die unvollständig blieben und als Geschichten über Menschen, die „im Krieg geblieben sind". Die Davongekommenen hinterließen ihren Kindern ungewollt eine provisorische Welt, in der man nur schwer Heimat finden und Zukunft gestalten konnte. Verdrängte und unartikulierte Erinnerungen durchwirkten und belasteten die Seelen ihrer Kinder, die meist nicht erkennen konnten, was ihre eigene Lebensenergie bremste und sie in den Modus eines scheiternden Lebens hineinsog. Sie spürten die Scham und die Schuld wie eine kollektive Depression, die man sich nicht leisten wollte, die aber nur verschwinden konnte, wenn man sie benennen, durcharbeiten und verarbeiten konnte.

Dazu gab es keine Gelegenheiten. Und deshalb blieben den Nachwachsenden auch ihre Väter mit den sie prägenden Ernüchterungen, Kränkungen und Traumatisierungen oft emotional unzugänglich. Sie mussten in den 1960er- und 1970er-Jahren vielfach ohne den stabilisierenden Rückhalt des Väterlichen – als Kinder einer „vaterlosen Gesellschaft" – erwachsen werden – eine Formulierung, die der Psychoanalytiker Alexander Mitscherlich (1908–1982) im Titel seines 1963 erschienenen Werkes prägte (Mitscherlich 1963). Mitscherlich ging es dabei nicht um einen bedauernden Blick auf das Schwinden traditioneller Rollenbilder. Er beleuchtete vielmehr die psychoanalytisch deutlich zutage tretenden Folgen eines Aufwachsens ohne überzeugende und durch tiefe Bezogenheit gesicherte Orientierungen. Diese gab es nicht, oder es gab sie bloß als vordergründige Maßgaben eines kalten Zynismus, einer aufgesetzten Religiosität oder eines Aufbruchs in die Konsumgesellschaft. Mitscherlich legte den Finger in die Wunde, indem er die „Unfähigkeit zu trauern" (Mitscherlich/Mitscherlich 1967) als Grund für das kollektive Schweigen, Verdrängen und Vergessen in den Fokus rückte und damit sichtbar werden ließ, wie wenig orientierende Wirkung von einer solchermaßen „gelebten" Unglaubwürdigkeit im Erziehungskontakt zwar ungewollt, aber auch unvermeidbar ausgehen musste.

Diese Feststellung ist kein Vorwurf, sondern Ergebnis einer nüchternen Analyse. Es geht nicht um eine Beurteilung oder gar *Ver*urteilung der inneren Möglichkeiten der Kriegsgeneration, sondern um ein Verstehen dessen, was ihr Leben prägte, prägen musste – mit derselben historischen Kontingenz - „they didn't choose who they are!"(Lelord 2019) -, die auch unser eigenes Werden durchwirkte und uns zu denen werden ließ, die wir werden konnten: Wir – die Nachgeborenen – im Lichte einer „Gnade der späten Geburt", wie der deutsche Bundeskanzler Helmut Kohl (1930–2017) dies nannte, sie – die Überlebenden – im Schicksal eines Heranwachsens in der dunkelsten deutschen Epoche, welche ihnen Ideale aufnötigte, die nicht die ihren waren, von denen sie sich aber auch nicht zu distanzieren vermochten. Die Mitscherlichs beschrieben, wie die Kriegsgeneration nach dem Verlust dieser Ideale, kaum anders „konnte" als die eigene innere Leere dadurch zu überspielen, dass sie sich mit Haut und Haaren dem Wiederaufbau im Außen verschrieb, ohne Anregungen oder gar Hilfestellungen für ihren eigenen inneren Wiederaufbau. Es gab nach dem Krieg keine Anlaufstellen für die Behandlung posttraumatischer Belastungsstörungen, obgleich es diese in Hülle und Fülle gab. Die junge Bundesrepublik war im Kern eine posttraumatische Gesellschaft.

Es spricht viel dafür, dass die Traumata, unter denen unsere Väter nach dem Krieg litten, durch Entzugserscheinungen zusätzlich verstärkt wurden. Die deutschen Wehrmachtssoldaten trugen alle Methaphetamin bzw. das „Schlafbeseitigungsmittel" Pervitin in ihren Tornistern –Drogen, die sie zu unermüdbaren Zombies werden ließen. Norman Ohler beschreibt in seiner Studie über „Drogen im Dritten Reich" die oftmals schlachtentscheidende Aufputschwirkung dieser Drogen (Ohler 2020). Noch viele Jahre nach dem Kriegsende schreckte mein Vater schreiend aus dem nächtlichen Schlaf hoch oder fiel aus dem Bett – eine extreme Ausdrucksform posttraumatischer Belastungsstörungen ebenso, wie mögliche Nebenwirkungen eines extremen Drogenentzugs. Vielleicht waren es solche Drogenerfahrungen, die das Aushalten von Extrembelastungen ermöglichten, Aushalten zum alles überlagernden Lebensmodus werden ließen, zugleich aber zu emotionaler Ausdrucksarmut und zur Unfähigkeit zu trauern beitrugen.

In den 1960er- und 1970er-Jahren brachen die inneren Widersprüche zwischen „Wir sind wieder wer" und „Wir stehen nicht zu dem, was war" u. a. im Zusammenhang mit dem Vietnamkrieg unübersehbar auf, und eine ganze Generation begann sich gegen ihre Väter und ihre eigene innere Leere zu erheben. Irrtümlich geriet diese Bewegung „antiautoritär", obgleich das eigentlich – aktuelle – Manko nicht ein Zuviel, sondern ein Zuwenig an spürbarer Autorität war. „Autorität durch Beziehung" (von Schlippe/Omer 2016) kannten die Kriegskinder und Kriegsenkel nicht aus eigenem Erleben.

Ralf Junkerjürgen, Professor für romanische Kulturwissenschaften an der Universität Regensburg führt die mit den Karl-May-Filmen der 1960er-Jahre aufflammende Popularität von Winnetou und Old Shatterhand darauf zurück, dass – wie er schreibt – beide

> *„(…) einem neuen Bedürfnis der Deutschen entsprachen, nämlich der tiefen Sehnsucht, sich nach der historischen Katastrophe wieder als Teil der Welt betrachten zu dürfen. Winnetou und Old Shatterhand waren Reintergrations- und Normalisierungsfiguren und lieferten den filmischen und sichtbaren Beweis dafür, dass man erneut zur westlichen Völkergemeinschaft gehörte. (…) Damit nicht genug, Während sich bei Karl May letztlich alles um das `Ich´, mal als Old Shatterhand, Kara Ben Nemsi dreht, verschiebt sich der Fokus der Filme auf Winnetou und damit direkt auf den Völkermord an den Native Americans. Darf, ja muss die deutsche Winnetou-Begeisterung daher nicht auch als verschobene emotionale Auseinandersetzung mit der Shoah verstanden werden?" (Junkerjürgen 2024, S. 20),*

Wie dem auch sei, vielleicht kommt einem dieser Zusammenhang zu konstruiert vor. Was man aber gleichwohl feststellen kann, ist, dass die Figur des Winnetous einer vater- und vorbildlosen Generation eine Identifikationsfläche bot, die sie auch moralisch mit dem Denken, Fühlen und Handeln eines „Edelmenschen" – so der Gegenentwurf Karl Mays gegen den Nietzsch'schen „Übermenschen" – in Verbindung brachten. In seinem berühmten Vortrag am 22.3.1912 in Wien charakterisierte Karl May Winnetou – wie man bei Günter Scholdt nachlesen kann – als einen Edelmenschen der tatkräftig

> *„(…) für eine Welt des Friedens, der Abkehr von Ich-Sucht und Gewalt und eine Anstrengung jedes einzelnen im Sinne menschlich-christlicher Vervollkommnung" (Scholdt 2000)*

eintrete. Karl May ging es dabei

„um eine Besserung und Veredelung des Menschen" (ebd.) –

Eine Interpretationsfläche auf der die eher unglaubwürdig gewordenen religiösen Konzepte in neuer Aufmachung fortleben und Gestalt gewinnen konnten. So betrachtet konnten die „Edelmenschen" Winnetou und Old Shatterhand ihre sozialisatorische Wirkung gerade in der Generation der vaterlosen Kriegskinder wirksam entfalten.

Diese Edelmensch-Sozialisation war aber selten nachhaltig. Später flüchteten die solchermaßen sozialisierten innerlich oft selbst in eine Autoritätsverwirrtheit sowie eine Beziehungslosigkeit eigener Art. Dabei lehnten sie Autoritäten nicht unisono ab, sondern ersetzten bloß die überlieferten Autoritäten durch Gestalten, die bei genauerer Betrachtung nicht weniger totalitäre Züge aufwiesen wie die Autoritäten, von denen man sich selbst zu distanzieren trachtete. So entstand ein Autoritarismus des Antiautoritären, der sich selbst in seinen Paradoxien mehr und mehr verstrickte. Marx, Lenin, Fidel Castro, Che Guevara oder Mao Tsetung und Ho Chi Minh waren die schillernden Gestalten, von denen sich die Autoritätsverwirrten neue Orientierungen versprachen – ohne tiefe Bezogenheit, gewissermaßen durch intellektuelle Annäherung und Belesenheit, d. h. genauso emotionslos und fragil sowie Richtigkeit und Berechtigung reklamierend, wie die Autorität ohne Bezogenheit, die man in der eigenen Kinderstube erfahren hatte.

Das epigenetische Echolot bringt uns nicht bloß mit dem militärischen Erbe unserer Vorfahren in Verbindung; wir stoßen auch auf die Fortwirkungen von Vertreibung und Heimatverlust sowie Neuanfang und mutiger Gestaltung. Es sind Narrative, in denen uns Überlieferung mit der Kraft einer milieutypischen bzw. kulturellen Prägung begegnet. So entstehen Schablonen der Weltaufordnung, denen wir uns verpflichtet fühlen, ohne dass uns bewusst ist, welche Loyalitäten wir damit ausdrücken. Indem wir unseren Vätern und Vorvätern sowie Müttern und Vormüttern „treu" bleiben, erweisen wir ihnen Ehre. Sie dauern in dem fort, wie wir die Welt auch in ihrem Sinne gestalten. Es lohnt sich deshalb, nach den Narrativen in der Generationen(ab)folge zu suchen und sich mit diesen bewusst in Verbindung zu bringen. Dabei können wir fündig werden – auch, um die Spuren, denen wir ungewollt selbst folgen, nüchtern zu betrachten und uns ggf. bewusst abzuwenden. Genogramm-

sowie Aufstellungsarbeit stellen gleichzeitig wichtige systemische Instrumente dar, um das epigenetische Erbe in seiner Struktur deutlicher zu erfassen und durch Imaginationen zu verlebendigen.

Es geht aber auch anders: durch stellvertretende Trauer. Es war der Kniefall des deutschen Bundeskanzlers Willy Brandt (1913–1992) am 7.12.1970 in Warschau – er selbst war ehemaliger Widerstandskämpfer im Dritten Reich –, der deutlich symbolisierte, dass der eigene aufrechte Weg für Deutsche nur durch die Trauer über das in deutschem Namen über die Welt gebrachte Leid führen kann. Der Kniefall ist die Voraussetzung, um sich selbst wirklich aufrichten zu können – eine starke und tiefe Bewegung, die den Kriegskindern und Kriegsenkeln eine neue Spur zu weisen vermag. Willy Brandt hat mit seinem Kniefall gewissermaßen stellvertretend für eine ganze Generation getrauert und damit ein spürbares Gegengewicht gegen die Verdrängungskultur gesetzt, dessen Bedeutung für das nachwachsende Deutschland, Europa und die ganze Welt gar nicht hoch genug eingeschätzt werden kann.

Meine Schwester, die 3.5 Jahre älter ist als ich, erzählte mir, dass unsere Mutter in den Anfangsjahren in der Pfalz oft geweint habe. Und von meinem Vater weiß ich, dass er seine Frau bisweilen in einer Art Festhaltetherapie einfach halten musste, wenn sie sich traurig und verloren fühlte. War es Heimatverlust? Meine Mutter stammte aus Lettland. Sie war Lettlanddeutsche, und die Kindheit an den Stränden des Riga'schen Meerbusens war ihr Paradiesthema. Ihr Großvater, wohlhabender Besitzer einer Seifenfabrik, besaß auch mehrere Strandhäuser am lettischen Ostseestrand, wo meine Mutter mit ihren Schwestern und ihrem Bruder viele Wochen in den Sommerferien verbringen konnte. Dieses Paradies wurde ihr zu Beginn des Zweiten Weltkrieges durch die im Hitler-Stalin-Pakt vereinbarte Umsiedelung der Deutsch-Balten (Parole: „Heim ins Reich!") geraubt. Damit wurde nicht nur eine jahrhundertealte deutsche Kultur im Baltikum beendet, die Menschen mussten ihre Heimat, in deren Erde seit mehreren Generationen ihre Vorfahren beerdigt waren, hinter sich lassen. Sie wurden in die neu „germanisierten" Gebiete umgesiedelt; meine Mutter (zu diesem Zeitpunkt 16 Jahre alt) verschlug es nach Posen.

Dort wurden sie, wie sie mir erzählte, in eine Wohnung eingewiesen, die vollkommen eingerichtet und ausgestattet war. Es war die Wohnung einer jüdischen Familie, die zuvor aus ihrem Zuhause vertrieben und wahrscheinlich in ein Konzentrationslager gebracht worden war. Am ersten Abend, so erzählte mir meine Mutter, klingelte es an der Wohnungstür, und eine ältere Frau bat darum, noch etwas Wäsche holen zu dürfen, da ihre Familie diese „draußen im Lager", wie sie sagte, benötigte – die Familie, die zuvor in dieser Wohnung gelebt hatte.

Auch für meinen Vater, über dessen Vorfahren ich wenig weiß oder in Erfahrung bringen kann, war nach dem Krieg eine Rückkehr in heimatliche Gefilde kaum möglich. Seine Geburtsstadt in Sachsen war völlig zerstört, und man folgte den Jobmöglichkeiten, die sich einem boten. Man arrangierte sich mit den Gegebenheiten – ganz so, wie zuvor (unter anderem Vorzeichen) auch. Diese Anpassung zeugte zweifelsohne auch von einer erstaunlichen Resilienz – ebenso, wie auch die folgende Selfmade-Karriere meines Vaters. Der Neuanfang brachte aber auch Entwurzelung und Heimatlosigkeit mit sich. Beide Elternteile begannen ein neues Leben weit entfernt von den ihnen vertrauten Gefilden – mehrfach entwurzelt, aber entschlossen, sich neu zu verwurzeln.

Das epigenetische Echo in unseren Seelen ist vielstimmig: ein Stimmengewirr. Die meisten Stimmen – insbesondere die lauten – haben wir dereinst tatsächlich vernommen. Sie klingen in uns fort – ebenso, wie das Schweigen. Und oft sind die ungehörten Stimmen lauter als die, an deren Klang wir uns erinnern. Alle bilden den Resonanzboden, der unsere übernommenen Befürchtungen immer wieder zum Schwingen bringt. Wenn wir genau hinspüren, können wir bemerken, dass das, was da in uns tönt oder schweigt, in uns nur abgelegt wurde, uns eigentlich aber gar nicht gehört. Wie Fremdkörper durchformen uns diese Zuflüsterungen; keine ihrer Warnungen, Zuschreibungen oder Bewertungen entstammen eigenem tastendem Erleben. Und doch können wir uns immer wieder dabei ertappen, wie wir ihnen im vorauseilenden Gehorsam folgen. Dieser vielstimmige Resonanzboden ist der tragende Grund des Selbst, mit dem uns das Leben ausgestattet hat. Viele Menschen folgen den Spuren, die diese Stimmen ihnen weisen ihr ganzes Leben lang, einigen gelingt eine innere Emanzipation. Sie richten sich auf, wenden sich um und beginnen, eigene Spuren zu hinterlassen.

Dieses Aufrichten gelingt nicht in einem trotzigen Vorwurf. Wer glaubt, mit den eigenen Eltern noch irgendeine Rechnung offen zu haben, begibt sich selbst – unbewusst und ungewollt – in eine ausweglose innere Lage. Im Vorwurf bleiben wir klein und erwarten immer noch eine irgendwie geartete Geste, Zuwendung oder Richtigstellung durch diejenigen, die uns einst versorgten und aufzogen. In dieser Erwartung lebt letztlich eine kindliche Bedürftigkeit fort, die uns innerlich abhängig bleiben lässt und unser „Erwach(s)en" – im Sinne eines zu eigener Kraft Heranwachsens – lähmt. Zugleich ist der Vorwurf auch ungewollt selbstüberhöhend, da er dem Gegenüber meint sagen zu dürfen, was an seinem Verhalten zu korrigieren sei – von einer angemaßten übergeordneten Position her, die eigentlich die der Eltern der Eltern ist. Wer sich dermaßen in einer verbliebenen Kritik an seinen Eltern über diese selbst erhebt wird somit innerlich zu seinem eigenen Großvater oder zur eigenen Großmutter – eine recht verwirrende Ausgangslage für eine wirklich kraftvolle Aufrichtung in das eigene Erwach(s)en.

Es spricht zudem viel dafür, dass diese Aufrichtung bloß gelingen kann, wenn man sich an den Eltern selbst aufrichtet, indem man sich vor ihrer Lebensbewegung voller Respekt und Dankbarkeit zu „verneigen" weiß und sich dadurch mit ihrer Lebensenergie zu verbinden versteht. Diese Bewegung kann misslingen, wenn die Eltern – durch Scham gebeugt oder abgetrennt von ihren Gefühlen und ursprünglichen Aufbruchsvisionen – selbst zurückgeworfen auf der Suche nach einer neuen inneren Stabilität, versuchten, sich selbst wieder aufzurichten. Die dabei sich artikulierende Resilienz der Kriegsgeneration wurde von den Nachwachsenden selten erkannt und kaum gewürdigt. Ihre Frage „Warum konntet ihr nicht sprechen, nicht erklären, was geschah?" blieb als Vorwurf unbeantwortet und vielleicht sogar unbeantwortbar im Raum stehen und ließ die Nachwachsenden selbst in der erwähnten inneren Kindlichkeit zurück.

Noch gut erinnere ich mich an eine Situation, in der ich gegenüber meinem Vater selbst im Vorwurf verblieb und diesen damit vor den Kopf stieß. Er hatte einen „alten Kriegskameraden", so nannte er ihn, zu Besuch und stellte ihn mir vor. Mir fiel in dieser Situation nichts anderes ein als – humorvollflapsig gemeint – zu sagen: „Ach Sie sind derjenige, mit dem mein Vater den Krieg verloren hat". Mein Vater war konsterniert und sprach mich abends darauf an, wie unpassend er diese Bemerkung empfunden hatte. Auch darauf antwortete ich im Brustton der Berechtigung: „Wieso? Hättest Du ihn gerne gewonnen?" – wobei ich aus einem Gedicht von Erich Kästner zitierte: „Wenn wir den Krieg gewonnen hätten, mit Donnerhall und Sturmgebraus, dann wäre Deutschland nicht zu retten und gliche einem Irrenhaus", das mit dem Fazit endet: *„Zum Glück gewannen wir ihn nicht!"*.[3] Mein Vater schwieg daraufhin, und diese einzige Chance einer möglichen Erklärung verstrich ungenutzt.

Es war ein gedankenloser Affront, dem ich meinen Vater aussetzte, denn eigentlich hätte ich wissen können, dass dies nicht der Fall war. ER hätte den Krieg nicht gewinnen wollen. Anlässlich meiner eigenen Kriegsdienstverweigerung hatte mein Vater Jahre zuvor – durch die Behörde zur Stellungnahme aufgefordert – unterstützend und sehr deutlich erklärt, dass er selbst als Teilnehmer des Zweiten Weltkrieges den Krieg *„kennen- und zu verabscheuen gelernt"* hätte, weshalb er die Entscheidung seines Sohnes voll und ganz unterstütze. Noch gut erinnere ich mich an die tragende Kraft, die von dieser Unterstützung ausging – es war die väterliche Zustimmung zu dem eigenen Weg, die ich an dieser Stelle deutlich spürte und die mich in meiner Entscheidung stärkte.

Wer war ich denn, dass ich seine alte Kameradschaft mit der Erinnerung an die Niederlage Deutschlands, die auch irgendwie seine eigene war, glaubte diskreditieren zu dürfen? Wie lebt es sich weiter, wenn man selbst – durch die subtile und manifeste *„Gewalt der Gesellschaft"* (Eribon 2022) dazu gezwungen wurde, seine Jugend einer zutiefst inhumanen Praxis zu widmen? Wie lebt es sich weiter, wenn man auf seine eigenen Zeiten des jugendlichen Aufbruchs blickt und ernüchtert erkennen muss, wie diese einen zum unfreiwilligen Akteur eines imperialistischen Krieges hat werden lassen, an dessen Ende Millionen von Toten standen? Wie kann man sich von etwas distanzieren, das dereinst biographische Entwürfe stiftete? Wie stellte sich mein Vater 1939, 1940, 1941, 1942 … seine eigene Zukunft vor? Liebäugelte er als Offizier der Wehrmacht mit der Möglichkeit einer militärischen Karriere? Ich habe diese Fragen niemals wirklich durchdringen können, und doch berühren sie meine eigenen Wurzeln. Wir dürfen uns nicht anmaßend über unsere Eltern erheben, um klein sein zur dürfen und erwach(s)en zu können, doch dürfen wir Fragen haben, um uns an ihnen aufzurichten – zu einem zutiefst humanen Blick auf das Leben und zu einer ebensolchen Praxis!

---

[3] Das Gedicht von Erich Kästner trägt den Titel „Die andere Möglichkeit" (https://www.deutsch-elyrik.de/die-andere-moeglichkeit-1209.html).

Die Mütter und Väter, die den nach den Kriegsjahren beginnenden Babyboom (ca. 1955–1965) auslösten, waren nicht nur mental, sondern auch regional vielfach entwurzelt. Viele kehrten nicht in ihre Herkunftsregionen zurück, und 15 % immigrierten aus Teilen des früheren Deutschen Reiches (Sudetenland, Ostpreußen u. a.). „Sich neu (er)finden!" wurde für mehr als die Hälfte der Bevölkerung zu der alles überwölbenden Aufgabe. Deutschland war bereits nach dem Zweiten Weltkrieg ein Einwanderungsland: Ca. 1/6 der Bevölkerung waren heimatlos. Heimatlosigkeit erschwerte so als ein weiterer Destabilisierungsfaktor – neben der erwähnten Kriegsscham und der Trauervermeidung durch kollektive Verdrängung – die Entwicklung einer konsonanten Identität. Diese wurde vielen der Vertriebenen auch dadurch erschwert, dass sie in den Städten und Kommunen, die sie aufnahmen, nicht nur willkommen waren – es gab Ablehnung sowie offene Ausgrenzung und sogar Rassismus (vgl. Geisler 2008). Und vielleicht ist es ja auch so, dass in den heute spürbaren Ressentiments und den vielen ausländerfeindlichen Aktionen gegenüber den nicht enden wollenden Migrationsströmen, die nach Europa kommen, sich auch eine Art Retraumatisierung derer artikuliert, denen ihre eigene innere Heimatlosigkeit auch noch nach vielen Jahrzehnten im Herzen brennt.

Meine Eltern waren heimatlos, wenn auch nicht vertrieben. Sie konnten und wollten nicht in ihre Herkunftsregion zurückkehren. Für meine Mutter war diese Möglichkeit durch die erwähnte Umsiedlung der deutschstämmigen Letten „heim ins Reich" unwiederbringlich verloren, mein Vater trug sich nach meinem Eindruck wohl niemals wirklich mit dem Gedanken, in die sowjetische Besatzungszone, wo einer seiner beiden Brüder noch lebte, zurückzukehren. Er folgte den beruflichen Möglichkeiten, die sich ihm als jungem Familienvater mit Abitur und einer 6jährigen Erfahrung als Offizier boten.

Man kann darüber streiten, ob und in welchem Ausmaß das Elternhaus mit seiner jeweils speziellen Bindungsdichte und den fortwirkenden Traumatisierungen und Projektionen die Seelen- und Identitätsentwicklung der Nachwachsenden tatsächlich prägt. Bindungs- und Sozialisationsforschung gehen davon aus, dass die Ichentwicklung über die *Internalisierung* (= Verinnerlichung) von frühen Erfahrungen entscheidend geprägt – wenn auch nicht determiniert – wird. Deshalb werden wir unseren Eltern ähnlich – besonders in solchen Fällen, in denen unbewältigte Traumatisierungen sowie Beauftragungen unausgesprochen im Raum stehen. „Das Leben der Eltern ist das Buch, in dem die Kinder lesen" – so der Titel einer bekannten Veröffentlichung (Rudolf 2010), das diesen Wirkungszusammenhang in einer Romanform beschreibt.

Doch nicht alle werden innerlich zu ihren Eltern, weshalb das Prägungsbild des Sozialisationsmodells nicht als universell gültige Erklärung für jede individuelle Entwicklung herhalten kann, kennen wir doch alle Menschen, die sich trotz odervielleicht gerade wegen schwierigster Ausgangslagen zu eigenständigen und ichstarken Persönlichkeiten zu entwickeln vermochten und sich damit gewissermaßen von den Einflüssen ihrer Herkunftsfamilie innerlich abzugrenzen und loszusagen wussten.

Wahrscheinlich müssen wir uns die Wirkungszusammenhänge bei der Ichentwicklung mit Hilfe einer Normalverteilungskurve so vorstellen, dass für die meisten Menschen Anlage- und Umweltfaktoren in etwa die gleiche Wirkung haben, während es in den beiden äußeren Segmenten Menschen gibt, die weitgehend unbeeindruckt von Milieueinflüssen durch ihre Anlagen geprägt wurden oder – dies wäre der andere Sonderfall – überwertig durch das Erleben in ihren frühen Phasen weitgehend festgelegt wurden.

> *In jedem Fall kann man davon ausgehen, dass es keinen Menschen gibt, der unbeeindruckt vom äußeren Geschehen heranwächst.*

Und man kann zudem auch davon ausgehen, dass es die emotionale Bindung und Bezogenheit sind, welche die kindliche Reifung zu den jeweils eigenen Kräften fördern, während emotionale Kälte (z. B. infolge eigener Entwurzelung oder eines unbearbeiteten traumatischen Erlebens) dies eher – ungewollt – verhindert. Und oft kompensieren „signifikante Andere" (sensu Georg Herbert Mead) auf dem späteren Lebensweg einige der entbehrten – stärkenden – Erfahrungen. Es ist ein Glücksfall, wenn wir solchen Menschen begegnen.

Auch in meinem eigenen Fall ist eine mehrfache Vorsicht geboten. Ja, es spricht viel dafür, dass meine Eltern durch die Kriegszeit sehr gebeutelt, wenn nicht gar emotional angeknackst oder gar gebrochen wurden. Gleichzeitig war es ihnen – wie vielen – gelungen, sich entschlossen und resilient eine neue Lebenswelt zu erschaffen, ohne dem Verlorenen beständig nachzutrauern. Auch diese konstruktive Bewegung gehört zu dem prägenden Hintergrund meines frühen Erlebens. Heute denke ich, dass mich auch der Mut meines Vaters, weitgehend aus sich heraus eine berufliche und familiäre Perspektive zu gestalten, letztlich selbst zu einem „Selfmademan" hat werden lassen (vgl. Rohs u. a. 2023) – eine Selbstcharakterisierung, die nichts Heroenhaftes meint, sondern eine Fähigkeit in den Blick rückt, die ich wohl meinem Vater verdanke, und von der ich erst rückblickend erkannte, wie sehr sie mich gestärkt, mich aus der empfundenen Schamkultur befreit und mir zunehmend das Selbstbewusstsein gestiftet hat, auf dem richtigen Weg zu sein. Schließlich startete ich meine berufliche Entwicklung als eine Art Quereinsteiger, nicht über die üblichen Wege aus dem „Stall" einer wissenschaftlichen Koryphäe, bei der man in der tagtäglichen Kooperation mehr und mehr über sich und seine fachliche Eignung erfährt.

Im Rückblick ist dies eine Selbstbewegung, die mir ohne das mich tragende – innere – väterliche Vorbild wohl nur schwer geglückt wäre. Gleichzeitig war es eine ganz eigene Bewegung – weitgehend ohne „Geländer" (Hannah Ahrendt) und über weite Strecken „in Einsamkeit und Freiheit", wie es im akademischen Sprachgebrauch heißt, wenn man die Phase der Habilitation charakterisiert.

Man kann sich von den Spuren, die unsere Eltern in uns hinterlassen haben, nicht abwenden, ohne zu riskieren, dass diese aus dem Verborgenen heraus subtil weiterhin unser Denken, Fühlen und Handeln bestimmen. Gleichwohl kann man sich darum bemühen, ihre Echos in unseren Seelen zu erspüren, um sich von diesen zu lösen und zu den ganz eigenen Kräften vorzudringen. Erst nach dem verstehenden Durchgang durch diese Echo-Welt können wir nüchtern überprüfen, welchen Stimmen und Stimmungen wir zukünftig weiter folgen und von welchen wir uns verabschieden wollen. Erkennen hilft dabei sehr. Auch die Einblicke, welche uns die Konzepte und Modelle der angewandten Psychologie, der systemischen Beobachtertheorie sowie der Hirn- und Emotionsforschung der letzten Jahre stifteten, sind m.E. geeignet, nüchterner auf unsere Strukturbesonderheiten zu blicken. Wir haben diese „nicht bei Amazon bestellt!", wie ich oft sage. Und wir sind auch nicht verantwortlich für das, was in unseren Seelen fortwirkt. Aber:

> *Wir sind sehr wohl dafür verantwortlich, ob wir uns um unsere innere Klärung kümmern oder ob wir uns der Welt weiterhin – unreflektiert – so zumuten, wie wir – zufällig – haben werden müssen. Dies ist eine Entscheidung. Und erst mit ihr öffnen sich Türen in die Freiheit!*

Auch Meditation kann dieser Spurenklärung dienen; sie ist m. E. sogar der beste Weg einer täglichen Selbstfürsorge und autonomen Transformation. Im geübten Gewahrsein erkennen wir mehr und mehr die durchschaubar banalen Muster und Techniken, mit denen wir uns die Welt so zurechtlegen, wie wir dies gewohnt sind zu tun. Wir erkennen, wie wir uns lediglich in Abbildern bewegen und uns in „Sprachspielen" (Wittgenstein) verbarrikadieren, statt einfach nach unterschiedlichen und vielfältigeren Möglichkeiten zu tasten, mehr im Konjunktiv zu leben und uns im Verzeihen und in spürender Bezogenheit zu üben.

„Respice finem!" sagen die Lateiner, und es öffnen sich in der Tat neue Horizonte, wenn es uns gelingt, unser Leben in dem ständigen Gewahrsein der eigenen Endlichkeit immer wieder neu zu orientieren. Letztlich geht es im Kern darum, im Bewusstsein unserer Einspurungen, aber einer eigenen Spur folgend zu leben. Diese eigene Spur zeigt sich uns umso deutlicher, je bewusster wir uns mit den frühen Gewissheiten auseinandersetzen, die unser Denken, Fühlen und Handeln bestimmten, obgleich sie nicht uns gehören. Dabei geht es um eine bilanzierende Bewegung, in der wir uns bewusst zu *den* Stimmen und Stimmungen bekennen, die uns gestärkt haben und für die wir dankbar sind, aber zugleich von denen lösen, mit denen wir in einer Welt festgehalten werden, die schon lange nicht (mehr) unsere ist oder es nie war.

Blickt man auf seine Ahnenreihe zurück, so kann man einen Eindruck von den Lebenswelten, den historischen Situationen und regionalen Gegebenheiten, in denen unsere Vorfahren ihr Leben gestalteten, gewinnen. Wir kennen unsere Ahnen zwar nicht persönlich und können diese auch nicht mehr befragen, doch können wir uns in die aus ihren nüchternen Lebensdaten sprechenden Kontexte vertiefen. Fotos, Lebensberichte und

Relikte können zudem Anhaltspunkte sein, um den Atem ihrer Geschichte in unserer Seele zu spüren. Dabei geht es nicht darum, das geheimnisvolle Fortwirken irgendwelcher Familienmagie zu unterstellen, vielmehr ist das, was sich überliefert, in Kommunikation verpackt. Wie, worüber und in welchem Ton unsere Vorfahren mit ihren Kindern gesprochen oder geschwiegen haben, hat deren Ausdruck, d. h. ihre Sicht auf sich selbst und die Welt mitgeprägt. Auch ihre Sorgen, Ängste und Verzweiflung oder ihre Zuversicht und Leichtigkeit wirken auf diese Weise über ihre Kinder und Kindeskinder fort. Es sind auch die Familienstile bzw. Familienkulturen, über die sich unsere eigene Einbettung in die Gesellschaft vollzieht.

Vielleicht ist dies gemeint, wenn man von der Familie als der Keimzelle der Gesellschaft spricht und damit sogleich in den Blick rückt, dass Ichentwicklung zwar eine zutiefst private bzw. persönliche, aber auch gesellschaftlich relevante Angelegenheit ist. Wir entwickeln uns nicht in den Wirkungsfeldern einer anonymen Programmierung gesellschaftlicher Institutionen, sondern in den Verletzbarkeitswelten der Fürsorge und des Schutzes, die wir benötigen. In diesen Formen eines intimen Vertrauens formen sich die emotionalen Grundstrukturen unserer Besonderheit, und wir werden zu einem Müller, einer Maier oder einem Arnold. Unser ganzes In-der-Welt-Sein formiert sich über die Grundgefühle, mit denen wir gelernt haben, uns selbst und die Welt auszuhalten und zu gestalten. Dieses emotionale Ich ist wohl der älteste Teil unserer Persönlichkeit. In ihm scheinen sich epigenetische Überlieferungen mit denen unseres eigenen frühen Erlebens unauflösbar zu einem Kern zu verbinden, in dem unsere Lebenskräfte verwaltet werden.

Dieser epigenetischen Prägung entspringt auch meine innere Reaktion auf die Weltbedrohung durch den Ukrainekrieg seit Februar 2022, die ich – wie viele Menschen – von Anfang an mit allergrößter Sorge verfolgte: der Sorge meines Vaters. War diese aktuelle Sorge Ausdruck einer überwertigen Kriegsangst oder Ergebnis einer nüchtern-abwägenden Betrachtung? Wie dem auch sei: Man kann nicht achtsam genug sein, wie Kurt Tucholsky (1890–1935), der am 11. März 1920, ein Jahr vor der Geburt meines Vaters, in der Zeitschrift „Weltbühne“ einen Beitrag mit dem Titel „Die Dämmerung“ veröffentlichte, der mich bewegte:

„Diese Zeit hat etwas dauerhaft Gespensterhaftes. Die Leute gehen täglich ihren Geschäften nach, machen Verordnungen und durchbrechen sie, halten Feste ab und tanzen, heiraten und lesen Bücher – aber es ist alles nicht mehr wahr. (…)

(Es) rumort in der Tiefe, und der Boden schwankt leise. Wohin führt das alles? Wir versuchen, dem gänzlich Neuen mit den alten Mitteln, den alten Witzchen beizukommen. Und werden seiner nicht Herr. Es verfängt alles nicht: Humor nicht. Satire nicht: offener Kampf, Gewalt, Propaganda – die Pfeile fallen matt zu Boden. Wohin führt das alles? (…)

Töricht, die Zerfallssymptome zu leugnen. Eine Welt wankt, und ihr haltet an den alten Vorstellungen fest und wollt euch einreden, sie seien so nötig und natürlich wie die Sonne. (…)

Lange Reden und dicke Bücher schaffen es nicht mehr; ungeduldig steht etwas an dem großen Tor und klopft und klopft. Und es wird ihm wohl eines Tages aufgetan werden müssen. (…)

Das bürgerliche Zeitalter ist dahin. Was jetzt kommt weiß niemand. Manche ahnen es dumpf und werden verlacht. (…) Was sich da träge gegeneinanderschiebt, gereizt sich anknurrt und tobend aufeinander losschlägt: Im Tiefsten ist es der unüberbrückbare Gegensatz zwischen Alt und Neu, zwischen dem, was war, und dem, was sein wird. (…)

Es scheint wieder eine der Perioden gekommen zu sein, wo ganz von vorne angefangen werden wird, wo wieder der Mensch auf der Scholle steht und Gräser, Tiere und sich selbst mit grenzenlosem Erstaunen betrachtet. (…)

Wohin treiben wir? Wir lenken schon lange nicht mehr, bestimmen nicht. Ein Lügner, wer's glaubt.

Es dämmert, und wir wissen nicht, was das ist: eine Abenddämmerung oder eine Morgendämmerung".[4]

Wie werden wir den Fragen unserer Nachkommen dereinst standhalten können, wenn diese uns nach unserer gelebten Verantwortung fragen? Werden wir uns mit denselben Formulierungen herausreden oder in ein kollektives Schweigen verfallen, wie dies unsere Eltern taten, tuen „mussten", weil auch sie nicht wussten, wie sie sich dem aufkeimenden Totalitarismus entgegenstemmen sollten? Werden auch wir vor der Geschichte dereinst versagt haben? Diese Gedanken treiben mich seit den

---

[4] Die Weltbühne, 11.03.1920, Nr. 11, S. 332, Zit. nach: https://www.textlog.de/tucholsky/glossen-essays/daemmerung(Aufruf am 27.02.2026).

beginnenden geopolitischen Verschiebungen und den militärischen Auseinandersetzungen in der Ukraine und in Israel und Palästina um; jeder Morgen beginnt seitdem mit einem sorgenvollen Griff nach dem Handy, um die News zu checken. Wir beobachten die Bedrohung – hoffend, dass diese nicht unser eigenes Leben und das unserer Kinder und Enkelkinder betreffen werde. Doch reicht dies? Gibt es andere Optionen, sich auch und gerade als alternder Mensch für Demokratie und Friedensicherung, aber auch für Ausgleich, internationale Hilfe und Zusammenarbeit einzusetzen?

Literatur

Alberti, B.: Seelische Trümmer. Geboren in den 50er und 60er Jahren: Die Nachkriegsgeneration im Schatten des Kriegstraumas. 10. Überarbeitete und erweiterte Auflage. München 2021 (Kösel).

Baumgart, A.: „Schal sein, dass noch ihre Enkel und Urenkel zittern!". In: Schneider/Süss 2015, S. 53–85.

Donany, K.v.: Nationale Interessen. Orientierung für deutsche und europäische Politik in Zeiten globaler Umbrüche. München 2022 (Siedler).

Donovan: Universal Soldier. Auf: EP The Universal Soldier. London 1965 (Pye Records).

Eribon, D.: Gesellschaft als Urteil: Klassen, Identitäten, Wege. Frankfurt 2022 (Suhrkamp).

Geisler, R.: Tränen am Kornfeld. Heimatlos nach dem Zweiten Weltkrieg. Oldenburg 2008 (Schardt).

Glotz, P.: Der Weg der Sozialdemokratie. Der historische Auftrag des Reformismus. Wien 1975 (Molden).

Goldhagen, D.J.: Hitlers willige Vollstrecker. Ganz gewöhnliche Deutsche. 2. Aufl. München 2012 (Siedler).

Goos, A./Goos, H. (Hrsg.): Warum hängt daran dein Herz? Wie Erinnerungsstücke aus der Kriegszeit helfen, unsere Eltern zu verstehen. München 2024 (Spiegel).

Habermas, J.: Die Scheinrevolution und ihre Kinder. Sechs Thesen über Taktik, Ziele und Situationsanalysen der oppositionellen Jugend. In: Frankfurter Rundschau vom 5.Juni 1968 sowie in: Abendroth, W./Negt, O.: Die Linke antwortet Jürgen Habermas. Frankfurt 1968, S. 5–15.

Junkerjürgen, R.: Warum Winnetou wichtig war. Marburg 2024.

Lelord, F.: Hector und die Kunst der Zuversicht. München 2019 (Piper).

Mitscherlich, A.: Auf dem Weg zur vaterlosen Gesellschaft. München 1963.

Mitscherlich, A./Mitscherlich, M.: Die Unfähigkeit zu trauern. Grundlagen kollektiven Verhaltens. München 1967 (Piper).

Ohler, N.: Der totale Rausch. Drogen im Dritten Reich. 9. Aufl. Köln 2020 (KiWi).

Rohs, M./Schiefner-Rohs, M./Saas, H./Schön, M. (Hrsg.): Eigentlich war ich ja ein Selfmade-man. Festschrift zum 70. Geburtstag von Rolf Arnold. Baltmannsweiler 2023 (Schneider).

Rudolf, G.: Das Leben der Eltern ist das Buch, in dem die Kinder lesen. Berlin 2010 (Weissbooks).

Schneider, M./Süss, J. (Hrsg): Nebelkinder. Kriegsenkel treten aus dem Traumaschatten der Geschichte. 2. Aufl. Berlin u. a. 2015 (Europaverlag).

Scholdt, G.: 'Empor ins Reich der Edelmenschen'. Eine Menschheitsidee im Kontext der Zeit. In: https://www.karl-may-gesellschaft.de/kmg/seklit/jbkmg/2000/94.htm.

Stierlin, H.: Sinnsuche im Wandel. Herausforderungen für die Psychotherapie. Eine persönliche Bilanz. Heidelberg 2010 (Carl Auer).

von Schlippe, A./Omer, H.: Autorität durch Beziehung. Die Praxis des gewaltlosen Widerstandes in der Erziehung. 9. Aufl. Göttingen 2016 (Vanderhoeck&Ruprecht).

3

Anfänge

People don't choose
who they are!
(Lelord *2019*)
Eine Lebensgeschichte
besteht aus vielen Kontingenzen
und wenigen bewusst entschiedenen
Weichenstellungen
(Habermas *2024*, S. 27).

Das bewusste Erleben hat einen frühen Anfang. Dieser setzt sich aus Erinnerungen zusammen, von denen man später nicht mehr genau zu sagen weiß, ob diese eigene Erleben oder bloß übernommene Erzählungen ausdrücken. Diese frühen Bilder sind meist ungenau. Sie geben Stimmungen und Momentaufnahmen wieder, selten erzählen sie ganze Episoden. Diese Stimmungsbilder sind gleichwohl prägend. In ihnen wirken bereits *die* Farbtöne zusammen, mit denen wir unsere Palette früh bestückt wurde, um unsere Lebenserinnerungen zu malen. Manche Menschen verfügen dabei über viele bunte Farben, andere nur über wenige Grautöne.

R. Arnold, *Erwachsen hat ein s zu viel*, https://doi.org/10.1007/978-3-658-51533-1_3

Sie malen auch die Höhepunkte und Glücksmomente ihres Lebens mit den Farben, mit denen sie dereinst ausgestattet wurden.

Es spricht viel dafür, dass die frühen Erfahrungen eine prägende, wenn auch nicht in jedem Fall determinierende Wirkung für das spätere Leben haben. Für manche Menschen geht auch erst in ihrem späteren Leben „die Sonne auf". Dies ist aber meist bloß dann der Fall, wenn gelernte Gemütseintrübungen durchschaut, relativiert und aufgelöst werden, indem diese Menschen sich von den verinnerlichten Dämonen aus ihren Anfängen haben befreien und diese verabschieden können. Bisweilen gelingt eine solche Selbstbildung und Selbstbefreiung auch, wenn man auf einen Menschen trifft, dessen Liebe es versteht, die anderen – bislang wenig spürbaren – Seiten an einem selbst „heraus zu lieben", wie die Zürcher Psychologin Verena Kast dies so schön ausdrückte (vgl. Kast 2001, 2015). Plötzlich fühlt man sich in ein neues Licht getaucht, spürt zaghaft die bis dato ungeahnten inneren Möglichkeiten und kann beginnen – nach anfänglichem Selbstzweifel (z. B. „Wenn man mir bloß mal nicht auf die Schliche kommt!") -, sich behutsam zu transformieren statt in *den* Ausdrucksformen zu verharren, die einem in die Wiege gelegt wurden. Wo dies nicht gelingt, endet der Aufbruch in die relative Freiheit, die uns möglich wäre, bevor er begonnen hat – ein früher Tod des Selbst, bevor es geboren wurde.

Hinter jeder Resilienz, steckt häufig – nicht immer – eine längere Selbst(auf)klärung und Selbstbildung oder gar Leidenserfahrung. Insbesondere das Vertrauen in die eignen Kräfte ist nicht leicht zu haben, wenn bereits die kindliche Suche zumeist ins Leere lief oder Belobigungen aus falschen Motiven oder an Bedingungen geknüpft erteilt wurden. Die meisten Eltern lieben ihre Kinder bedingungslos, aber schon die Frage „Lieben sie diese so, wie sie sind?" oder „Lieben sie diese so, wie sie sich selbst ihre Kinder wünschen?" lässt uns erneut in eine kritische Prüfung unserer erinnerten Idealisierungen zurückfallen. Galt der freudige Blick wirklich uns, oder dienten wir bloß als Spiegel? Konnten wir uns im Blick von Vater und Mutter selbst erkennen, oder erkannten wir in ihren Augen bloß ihre eigene Sehnsucht?

Die Anfänge des eigenen Lebens sind uns meist bloß über Kindheits-Fotos und Erzählungen von Eltern oder Großeltern zugänglich. Dieser Zugang ist kein unmittelbarer, sondern ein mittelbarer: Alles, was wir auf diesem Wege hören, sind die Erinnerungen der uns nahen Personen, die deren eigene Lesarten und Kommentierungen des Gewesenen wiedergeben, aber selten einen wirklichen Zugang zu den uns eigenen Kindheitsgefühlen zu eröffnen vermögen. So entstehen die Idealisierungskollagen, auf die viele Menschen zurückblicken, wenn sie von ihrer Kindheit erzählen. Ihre eigene Erinnerung ist durch die überlieferten Lesarten selektiv, und bisweilen drückt sich in diesen Erinnerungen auch die subtile Bannbotschaft aus: „Du sollst nicht merken!" (Miller 1983). Wie immer dem auch sei:

> *Unsere Anfänge sind uns unbekannt; sie sind auch durch intensivste Erinnerungsarbeit kaum je vollständig zu rekonstruieren.*

Und doch wirkt das Erlebte in uns fort, und wir können versuchen, ihm durch intensives Nachspüren näher zu kommen. In der angewandten Psychologie ist es die Inner-Child-Theory, die uns dabei helfen kann, den verborgenen Gefühlen, die in uns wirken, auf die Spur zu kommen. Der Vorschlag ist, sich dem eigenen „inneren Kind" zuzuwenden und es in seinen ursprünglichen Bedürfnissen zu spüren. Sind es übermütige, fröhliche und spielerische sowie lebensfrohe Tendenzen, die wir tief verborgen in uns tragen, oder verhaltene, eher Depression und Selbsteinschränkung nährende Energien? Werden wir durch ein deutliches Ja zum Leben getragen, oder bremsen uns Zweifel und Sorgen? Streben wir nach vorne oder trauern wir Vergangenem und Versäumtem nach oder versinken gar in Selbstvorwürfen? In all diesen emotionalen Tendenzen wirken – so die Theorie vom inneren Kind (vgl. u. a. Stahl 2016) – frühe Einspurungen fort. Diese stiften uns die Einfärbungen, mit denen wir unser aktuelles Leben zu konstruieren bzw. auszumalen vermögen: als Fest, als ängstigende Gefährdung, als immer wieder ambivalente Rekonstellierung[1] oder als dauernden Abschied.

---

[1] Der Begriff der Rekonstellierung verweist auf die aktive Rolle, die die Menschen bei dem, was sie wahrzunehmen meinen, spielen: Sie fühlen und deuten das ihnen Begegnende mithilfe der in ihnen grundgelegten Emotions- und Deutungsmuster, interpretieren das Geschehen unvermeidbar selektiv – nicht selten mit dem Effekt, dass sich – in ihrem subjektiven Erleben – genau das wiederholt, was sie befürchtet haben.

Für eine Selbstklärung ist es deshalb hilfreich, wenn wir uns die Zeit nehmen, den Einfärbungen unseres Weltblickes nachzuspüren und frühe Stimmungen zu identifizieren, denen wir ausgesetzt gewesen sind. Dabei stoßen wir nicht auf Kausal- oder gar Schuldzusammenhänge, vielmehr können wir uns selbst näherkommen, indem wir beobachten und zu verstehen lernen, welche Situationen wir erlebt, ertragen oder gar überlebt haben. Wir können zugleich erkennen, mit welcher Resilienz wir als Kind schwierigere Lagen durchlebt haben, wie wir z. B. – bisweilen bis an die Grenzen unseres Vermögens – versucht haben, den anderen zu helfen, sie aufzuheitern und ihnen ihre Wünsche von den Augen abzulesen, und wie wir schließlich mehr und mehr in einer eigenen Bewegung erstarkten. Auch in dieser eigenen Bewegung werden wir von Kräften getragen, die sich in uns entwickeln konnten – häufig in ersten mutigen Ansätzen, im günstigen Fall unterstützt von den Reaktionen „signifikanter Anderer" (vgl. Mead 1978, S. 1878 ff). Diese begannen – in oft überraschender Weise – an uns zu glauben, als wir in unserem Selbstvertrauen selbst noch wenig gestärkt waren.

Es ist die Kraft der Resilienz, d. h. die Fähigkeit aus dem Schicksal unseres „Geworfenseins" (Heidegger 1993) in der Welt mit all ihren historischen, gesellschaftlichen und familiären Zufälligkeiten, unsere eigene Geschichte zu entwerfen und diese bewusst zu gestalten. Diese folgt keiner Vorlage, obgleich Vorbilder eine durchaus wichtige Rolle spielen. In den frühen Stadien unserer Entwicklung suchen wir diese nicht aus, auch im späteren Leben verfügen wir nicht sicher über das, was uns begegnet. Oft geraten wir in Situationen, in denen wir nicht wissen, was zu tun ist, die uns überfordern oder gar in biografische Krisen stoßen – man denke nur an den „biografischen Supergau", den der Zusammenbruch der ehemaligen DDR für viele Menschen im östlichen Deutschland darstellte. Diese Krisen sind Phasen, in denen wir das über uns Hereinbrechende bzw. Neue nicht mehr mit unseren „bewährten" Erfahrungen bewältigen können. Alles scheint nochmals „auf Anfang" gestellt. Wir gleiten in Unsicherheiten und grundlegende Selbstzweifel, die wir sicher glaubten, bereits hinter uns gelassen zu haben. Spätestens in solchen Lagen sind wir auf unsere eigenen Kräfte zurückgeworfen, und es erweist sich, wie sicher verankert unsere Resilienz tatsächlich ist.

Die frühen Suchbewegungen führen uns ganz allmählich aus der verspielten Träumerei zu ersten Gedanken und Konzepten über uns selbst und die Welt, und aus diesen frühen Geschichten zu Absichten und Vorhaben. Irgendwann neigt sich die eigene Biografie von der Kontingenz zur Konsistenz. Dies bedeutet, dass beides für unsere Anfänge wichtig ist: das kontingente – zufällige – Erleben ebenso, wie die allmählich reifende Selbstgewissheit. Damit diese Selbstfindung gelingen kann, sind Erfolge bzw. Selbstwirksamkeitserleben notwendig.

> *Menschen benötigen Resonanz, um ihre innere Konsonanz öffnen, überwinden und gestalten zu können.*

Diese beginnt mit dem erkennenden Blick der Eltern oder anderer relevanter Bezugspersonen; später schreiten wir vor dem Hintergrund privater und beruflicher Resonanzen voran. Dabei durchqueren wir auch dissonante Phasen der Zurückweisung, der Ablehnung und des Verlustes oder Scheiterns. Und in dieser Gemengelage von Resonanz und Dissonanz gestaltet sich allmählich unsere eigene Biographie. Nicht wir allein gestalten diese, sondern auch die anderen. Auch für die persönliche Geschichte gilt deshalb der von Jean Paul Sartre überlieferte Satz, dass das „Problem" der Geschichte nicht sei, das wir sie machen, sondern dass die anderen sie auch machen.

Was hätte aus uns werden können, wenn wir – wie unsere Eltern – in den 1920er-Jahren aufgewachsen wären? Oder: Welche biografischen Möglichkeiten hätten wir mit unseren inneren Kräften tatsächlich – selbst – aus uns herausleben können, wenn wir in Eritrea, Vietnam oder in der Ukraine hätten heranwachsen müssen? Solche Gedanken führen uns unweigerlich zu der Einsicht, dass wir auch unser biographisches Selbst nicht nur – und vielleicht noch nicht einmal in erster Linie – uns selbst verdanken, sondern dem historischen, kulturellen und sozioökonomischen Kontext, den wir durchleben – ein in den Kulturen, die den Individualismus und das Selbst zelebrieren (vgl. Rotthaus 2021), nicht wirklich naheliegender Gedanke.

Mein eigener Weg begann in den frühem 1950er-Jahren – 7.5 Jahre nach dem Ende des 2. Weltkrieges. Zwar schwiegen die Waffen, doch waren die

Wunden, die der Krieg den Menschen und Städten zugefügt hatte, noch nicht verheilt. Ich erinnere mich daran, dass der sonntägliche Kirchgang der Familie uns durch Straßen führte, in denen noch vereinzelte Trümmergrundstücke den Weg säumten. Die meisten Häuser waren bereits wieder aufgebaut, doch konnte man auch an den Kellergeschoßen noch die Hinweise auf die Bunker lesen, in denen die Anwohner bei Fliegerangriffen Schutz finden konnten. Solche Angriffe gab es in den letzten Kriegsjahren in Kaiserslautern viele; schließlich erkoren die Amerikaner gerade diese Stadt zu dem Ort, in dessen Nähe sie ihren großen Flughafen (Ramstein) errichten wollten. Dafür schufen sie am Stadtrand eine eigene kleine amerikanische Stadt: Vogelweh.

Die Trümmergrundstücke waren durch Plakatwände, die man auf den Kellergeschoßen errichtet hatte, optisch aufgehübscht und wohl auch gesichert. Als Kinder fanden wir aber immer Zugänge, um in ihren Geländen zu spielen. Dies war nicht ungefährlich, da bisweilen Mauerreste herabfallen und uns gefährden konnten. Mit den Jahren verschwanden solche Grundstücke aus dem Stadtbild; sie wichen dem Wiederaufbau. Erst nach dem Mauerfall sah ich solche häuserlosen Straßenzeilen wieder: in Magdeburg, am 3.10.1990, wo ich zufällig den Tag des Inkrafttretens des Einigungsvertrages erlebte. Überhaupt ist dieser Abend nicht nur in angenehmer Erinnerung. Es wurden Deutschland-Partys gefeiert, und durch die Stadt fuhren Autos, aus denen große schwarz-rot-goldene Fahnen geschwungen wurden – diese nationalistischen Ausbrüche stimmten mich nachdenklich. Irgendwie war das Nationale nicht mein Ding. Ich war im Herzen Internationalist – nicht erst nach meiner Zeit in der deutschen Entwicklungszusammenarbeit (1984–1989), aber seit dieser Zeit sehr ausgeprägt. Doch dazu später mehr.

Bleiben wir bei dem diffusen Zusammenspiel zwischen biografischer Kontingenz und biografischer Konsistenz in den Prozessen des Heranwachsens. Es wäre sicherlich zu einseitig, das Fortwirken der elterlichen Kriegsscham und deren religiöse Übermäntelung als alleinige Ursache für die gespürte Resonanzarmut in der Herkunftsfamilie zu fokussieren, obgleich diese bis in das Erwachsenenalter hinein deutlich spürbar war. Wir wussten bzw. besser: spürten nicht, wer wir waren oder sein durften. Das zusammengebrochene Herrenmenschentum der Nazi-Ära wirkte unterschwellig fort. Nur die Begründung der eigenen Auserwählung wurde verändert. Jetzt war es das gottgefällige Leben, welches uns – so die gespürte Atmosphäre – zu etwas Besonderem (im Vergleich zu den anderen Menschen) machte. Wir waren gut.

Andere, z. B. Menschen, die sich scheiden ließen oder einer anderen Glaubensrichtung folgten, waren das nicht oder zumindest „anders". Schon früh lernte ich die Lektion, dass ich nicht einfach sicher und geliebt umfangen war, weil es mich gab, sondern umso spürbarer, je mehr ich dem Bild des Guten und Besonderen sowie Erfolgreichen auch zu entsprechen wusste. Als Kind spürte ich diese Bedingtheit, bewusst wurde sie mir erst als Erwachsenem.

Menschen leben aus ihrer Erinnerung heraus. Sie sind *Erinnerungswesen*. Dies heißt nicht allein, dass Menschen sich über ihren Werdegang darstellen, und auch andere nach Bildungsabschlüssen, beruflichen Stationen und Erfahrungen bewerten und einordnen. „Erinnerungswesen" verweist auch auf den Sachverhalt, dass Wahrnehmen ganz offensichtlich ein Sich-Erinnern ist, wie ich in meinem Buch „Seit wann haben Sie das?" (Arnold 2019b) detailliert untersucht habe. Aktuelle Gegebenheiten deuten wir durch die Brille unserer Erfahrungen, und vieles, was uns im Leben widerfährt, entpuppt sich bei genauerer Betrachtung als Ausdruck einer selektiven Furcht, die subtil genau das zutage fördert, was sie so dringlich zu vermeiden sucht. So „widerfahren" uns auch viele Enttäuschungen oder Niederlagen nicht nur, wir haben diese vielmehr oft auch (mit) herbei-befürchtet, und werden z. B. tatsächlich deshalb verlassen, weil wir ja selbst noch niemals wirklich glauben konnten, dass man mit uns gerne zusammen ist.

Es ist eine letztlich tragische Verwechslung, wenn wir im jeweils aktuellen Kontext die Ursachen für die in uns schon früh angebahnten Stimmungen und Irritationen glauben finden zu können. Nur mit einiger Übung kann es gelingen, erlebte Dissonanz zum Anlass zu nehmen, um diese in der eigenen Seele zu bearbeiten und – endlich! – hinter sich zu lassen (idealerweise in tiefer Dankbarkeit gegenüber dem störenden Erleben, endlich auf das eigentliche Reifungsthema der eigenen Seele gestoßen worden zu sein). Diese innere Bewegung markiert m.E. eine zentrale Dimension dessen, worum es einer Persönlichkeitsbildung, wie sie Wilhelm von Humboldt (1776–1835) anmahnte, gehen kann (vgl. Arnold/ Brater 2026).

Meistens jedoch bleiben wir „im Irrgarten der Gefühle" (Bergh 2016) hängen, ohne dass es uns auffällt, wie wir das Heute dafür missbrauchen, dem Gestern treu bleiben zu können.

So treffen wir Entscheidungen, erleben Konflikte, trennen und verbinden uns, weil wir irrtümlich der Auffassung sind, die eigentlichen Faktoren, die unser Leben beengen, im aktuellen Außen wirksam bekämpfen zu können – nur, um dann erstaunt festzustellen, dass die alte Stimmung immer noch in uns keimt und beständig darauf lauert, auch die neuen Kontexte zu kontaminieren und zu durchformen. Die eigentlichen Vorlagen für unser Denken, Fühlen und Handeln bleiben uns meist verborgen, wenn wir uns in Abgrenzung, Vorwurf und Verzweiflung wiederfinden. Sie bleiben vorreflexiv, und es fehlen auch die Begriffe und Werkzeuge, um den Kontaminierungen des eigenen Denkens, Fühlens und Handelns nachzuspüren und diese auf den Begriff bringen zu können. Diese werden uns weder in Elternhaus und Schule noch durch die Bewusstseinskultur des gesellschaftlichen und kulturellen Umfeldes wirklich angeboten, eröffnet oder gar eingeübt. Erst, wenn wir im späteren Leben rückblickend feststellen müssen, wie sich in ganz unterschiedlichen Lebenslagen in uns ähnliche Eindrücke und Handlungsimpulse immer wieder Geltung verschafft haben, werden wir vielleicht nachdenklich und beginnen, nach neuen Möglichkeiten – jenseits der Kontaminierungen unseres Selbst – zu tasten. Dieses ernüchternde Wiederholungserleben kann die Tür zu einer Bewusstheit öffnen, die uns neu und anders, stärker bezogen als tendenziell ichsynton[2] sein lässt.

Tendenziell ichsyntone Menschen sind meist nicht in der Lage, die aktuellen Gegebenheiten ihrer jeweiligen Lebenssituationen „nüchtern" wahrzunehmen und „angemessen" auf diese zu reagieren. In das, was ihnen der Fall zu sein scheint, mischen sich subtil diffuse Gefühle, Selbstkonzepte und Ängste ein, die letztlich auch darüber bestimmen, wie „selbstwirksam" sie sich erleben und wie zuversichtlich, geborgen und berechtigt sie sich zu leben trauen. Historische Gegebenheiten, gesellschaftliche Strömungen, Milieuerfahrungen sowie Berichte, Verdrängungen

---

[2] „Ichsynton" beschreibt die Strukturbesonderheit einer Persönlichkeit, bei der jemand seine Gedanken und Gefühle als zentrale – unerschütterliche – Bestandteile seines Ichs, d. h. nicht als mögliche – ganz eigene – Orientierungs- und Bewertungsimpulse erlebt. Ichsyntone Menschen neigen deshalb dazu, eigene Gewissheiten nicht zu hinterfragen oder sich offen und flexibel zu vergewissern, ob und inwieweit die eigenen Eindrücke „angemessen" sind oder den – unterstellten – Motiven des jeweiligen Gegenübers tatsächlich entsprechen. Die eigenen Wahrnehmungs- und Beurteilungsroutinen werden von ichsyntonen Menschen nicht in den Blick genommen, ihr gestörter Blick findet vielmehr beständig Situationen im Außen, die nicht ok, also störend sind.

und Verschwiegenheiten der Eltern legen Deutungsmuster und Interpretationsfolien nahe, an denen das reifende Selbst sich emporzuranken beginnt. Dabei werden wir nicht zu den Menschen, die wir sein könnten, sondern folgen in unserem Selbstausdruck mit unterschiedlicher Intensität auch den Einflüsterungen, denen wir ausgesetzt sind. Diese prägen uns nicht so und nicht anders, sie stellen aber eine zähe Substanz dar, die uns trägt und auch zu dem- oder derjenigen werden lässt, die wir sind – getragen und gefangen in überliefertem Seelenmaterial, welches uns beständig ablenkt von dem, was ist oder gar sein könnte (vgl. Arnold 2013, 2019b).

Die Frage, inwieweit ichsyntone Persönlichkeiten sich bevorzugt in Gesellschaften und Milieus entwickeln, in denen eine kollektive Infragestellung und Unsicherheit fortwirken, ist bislang ungeklärt, aber auch unerörtert. Zudem hat sich die Psychologie seit den 1970er-Jahren weitgehend von Ganzheitskonzepten gelöst und die Frage nach dem menschlichen Bewusstsein, seiner Entstehung sowie den Möglichkeiten seiner Veränderung oder gar Erweiterung weitgehend ausgeklammert. Gleichzeitig denaturierte die Psychologie – ungewollt – zu einer Reparaturdisziplin, die nach Konzepten zur Wiedergewinnung oder Sicherung der Anpassung des Subjektes an die jeweiligen Gegebenheiten und Herausforderungen tastet, ohne sich der Frage, „was Menschsein eigentlich bedeutet" (Martin Buber) bzw. bedeuten kann, wirklich zu widmen. Ihr Konzept der seelischen Gesundheit entpuppt sich bei genauerer Betrachtung als substanzlos, da es alle vor- oder übergeordnete Bedingungsrahmen, in denen das Selbst des Menschen sich entwickeln und Tritt fassen kann, ausklammert.

Die Philosophie der letzten Jahre hat begonnen, sich der Frage nach dem Bewusstsein und nach den Möglichkeiten seiner Dekontaminierung durch die historischen, lebensweltlichen und gesellschaftlichen Durchformungen wieder zuzuwenden (vgl. Metzinger 2009, 2023). Dabei thematisiert sie weniger die seelischen Fortwirkungen der „Unfähigkeit zu trauern" (Mitscherlich/Mitscherlich 1967) und deren Folgen für die Persönlichkeitsentwicklung, vielmehr wendet sie sich der Hirn- und Emotionsforschung zu und rückt damit die berechenbaren, aber auch banalen – biologischen – Wirkungsmechanismen unseres In- und Mit-der-Welt-Seins in den Fokus. Diese können uns auffallen, und wir können uns von den Eindrücken und „berechtigten" Reaktionsweisen, die sie uns nahelegen, distanzieren – nach dem Motto:

> *„Was kann denn ich dafür, dass ich so wahrnehme, denke und fühle, wie das in mir und durch mich geschieht?"*

Gleichzeitig wendet sich die neuere Bewusstseinsphilosophie aber auch den Formen und Möglichkeiten einer Selbstbefreiung von den sich in uns zusammenfügenden Wahrnehmungen, Bildern und Beurteilungen zu. Dabei geht sie über die sprachphilosophischen Ernüchterungen hinaus, denen zufolge, wir niemals aus dem „Gefängnis der Sprache" (Ludwig Wittgenstein) entkommen können, da nur Begriffe und deren grammatikalische Ordnung uns Weltbeschreibungen liefern und Denken sowie Austausch ermöglichen, womit wir „verstehbar", aber auch berechenbar bleiben. Sie fragt nach den Möglichkeiten eines begriffslosen Gewahrseins, das es uns ermöglicht, uns jenseits der Kontaminierungen durch Lebenswelt und Gesellschaft sowie jenseits der begrenzten Kräfte unserer Sinne und außerhalb des Sprachgefängnisses[3] als bewusste Wesen zu uns selbst und der Welt zu positionieren – eine lebenslange Suchbewegung, die u. a. darin ihren Ausdruck findet, dass man sich nicht mehr alles glaubt, was man sich selbst einredet:

> *Es könnte auch ganz anders sein, und ist es wohl auch! Kontingenz und Unverfügbarkeit bestimmen uns mehr als uns bewusst ist und lieb sein kann.*

---

[3] Nicht von ungefähr landete ich 2023 bei Wilhelm von Humboldt mit seinen Ideen, denen ich in einer Studie, die ich zusammen mit Michael Brater (geb. 1944), dem Begründer der Alanus-Hochschule in Bonn und wegweisendem Ideengeber für eine andere Art der beruflichen Vorbereitung, schrieb, detailliert nachging (vgl. Arnold/Brater 2026). Dabei war es faszinierend zu verstehen, dass es Humboldt tatsächlich um eine Förderung und Herausbildung der in jedem Menschen auf ganz individuelle Weise schlummernde Kräfte, Talente und Charaktereigenschaften ging – ein Ansatz jenseits aller Nützlichkeitserwägungen, der die Frage aufkommen lässt: „Was – welcher Mensch – hätte aus mir werden können, wenn ich mich in meiner Schulzeit weniger an einem von irgendwelchen Vorstellungen gestifteten Fächer- und Inhalts-Kanon hätte abarbeiten müssen?"

Auf ein solches reflexives Verständnis von uns selbst und der Welt wurde ich in der Schulzeit auch nicht ansatzweise vorbereitet. Wilhelm von Humboldt, der Begründer der Idee des Humanistischen Gymnasiums, war mit seinen wegweisenden Ideen zur Persönlichkeitsbildung und Ich-Stärkung in dem Altsprachlichen Gymnasium, welches ich besuchte, nicht anzutreffen. Vielmehr erlebte ich als Schüler dieses Gymnasiums die ganze Fragwürdigkeit einer unzeitgemäßen Bildung, die doch allen Ernstes auf der unbewiesenen Hypothese basierte, dass das Eintauchen in die Sprache, Kultur und Welt der alten Griechen und der Römer irgendwelche bleibenden Effekte für meine eigene Persönlichkeitsbildung haben würde. Ich erlebte eine sozial hochselektive Bildungspraxis, die ihre Inhalte und Lernformen bewusst „zweckfrei" und dadurch lebensfern hielt und geradezu verachtend auf die in den Nachbargebäuden stattfindende – „zweckorientierte" - berufliche Vorbereitung von Lehrlingen bzw. Auszubildenden schaute. Im Rückblick denke ich bisweilen, dass mich vielleicht doch irgendwie meine Enttäuschung über die mir zugefügte – angeblich humanistische! – Verbildung dazu führte, selbst Bildungswissenschaftler zu werden, der sich neben der Erwachsenenbildung auch schwerpunktmäßig mit der Berufsbildung befasste – dem seit den 1980er-Jahren wirklich innovativen Bereich unseres deutschen Bildungswesens. Auf die Frage eines Interviewers anlässlich meines 70. Geburtstages, mit welchem Bildungsdenker ich gerne ein Gespräch führen würde, antwortete ich deshalb spontan:

„Mit Wilhelm von Humboldt, wenn das ginge … über seine Ausschlussthese, der zufolge jegliche (beruflich) nützliche Bildung dem eigentlichen Bildungsanspruch zuwiderlaufe. (…) Weil ich dies für einen der folgenschwersten Denkfehler in der Geschichte der Pädagogik halte, worauf bereits Herwig Blankertz u. a. verwiesen hat, ohne jedoch den Mainstream des pädagogischen Grundgedankenganges wirklich maßgeblich beeinflussen zu können" (in: Rohs u. a. 2023, S. 15).

Meine eigene Suchbewegung ins bewusste Leben begann stolpernd. Die gesellschaftlichen Veränderungen der 1968er erreichten mich als 16/17Jährigen. Die Abwendung von den religiösen Einflüsterungen waren entschieden und voller Angriffe auf Eltern, Pastoren und Obrigkeit, die alle nicht in der Lage waren, uns die tieferen spirituellen und ethischen Dimensionen des

Christentums wirklich glaubwürdig und anschlussfähig zu verdeutlichen. Zeitgleich begann ein Lesemarathon, der mich durch die Werke von Sigmund Freud, Carl Gustav Jung, Immanuel Kant und Karl Marx führte – inspiriert durch eine latente Sehnsucht, dem alles ausleuchtenden Hintergrund der Welt näher zu kommen – eine letztlich eschatologische (auf die letzten Dinge gerichtete) Infizierung, in der ich heute die Spätwirkungen meiner „Gottesvergiftung" (Moser 1980) zu erkennen meine. Es war die gleiche – latente – Illusion des Auserwähltseins, mit der wir dereinst begannen uns zu denen empor zu arbeiten, die die Grundwidersprüche zwischen Kapital und Arbeit wirklich verstanden zu haben meinten, um diese auch tatsächlich überwinden zu helfen. Diese Erhebung war eine Selbstüberhöhung, mit der wir exakt der vorbereiteten seelischen Logik folgten, die wir doch glaubten, hinter uns gelassen zu haben. Wir verirrten uns in linke Sprachspiele, persönliches Auftrumpfen sowie unausgegorene – insuläre – Theorien, die wir gar nicht einzuordnen vermochten. Mein Studium an der Freuen Universität Berlin, welches ich zum Wintersemester 1972 aufnahm, war substanzlos und ohne professionelle Orientierungshilfe, wie wir sie mittlerweile heute für Studienanfänger kennen: Schutzlos wurden wir den sogenannten „Einführungsveranstaltungen" unterschiedlichster politischen Gruppen ausgesetzt, und die Universität streikte gegen irgendeine vom Senat vorgesehene Regelung, deren Intention ich schon längst vergessen habe.

Ich fühlte mich in dieser Zeit (1972–1974) ziemlich schlecht auf eine selbständige Lebensführung vorbereitet. Sicherlich: Man konnte sich zusammenreißen, Heimweh und Desorientierung aushalten und – wie andere Mitstudierende auch – mutig voranschreiten, doch gab es da eine schwächende Kraft in Anbetracht des – völlig unstrukturierten – Unbekannten, die mich lähmte und schon nach wenigen Semestern in die vertrauten Gefilde der Pfalz zurückkehren ließ.

Dieser Bericht ist zugleich ein erschütterter Rückblick auf eine einseitig übersteigerte Lebensform, mit deren Hilfe ich die aus den epigenetischen Altlasten herrührende diffusen Ängste, Unsicherheiten ... letztlich erfolgreich übertönen konnte. Doch „übertönen" heißt nicht „sich davon befreien". Wer sein Eigentliches nur wenig spürt, der ist auch wie gemacht für die Anpassung, das Ertragen und Erdulden – im allenfalls stummen Vorwurf. Der Umgebung, die sich auf ihn einlässt, wird damit unbeabsichtigt etwas vorgemacht.

Kaum selbst eingewöhnt in das tragende Gefühl eines O.K.-Seins lässt auch der Getriebene seine Umgebung innerlich beständig zurück, statt sich voll und ganz auf sie einzulassen – eine subtil wirkende Vereinsamungsstrategie, der nicht bewusst wird, welches Ursprungsdrama da beständig re-inszeniert bzw. rekonstelliert[4] wird – ein Drama, das zwar nicht ein eigenes ist, einen aber im Kern (mit)bestimmt. Diese selbst verursachte Vereinsamung ist die Kehrseite des angetriebenen Erfolges.

Nun könnte man einwenden: „Glücklicherweise hast Du diese Zusammenhänge erst zu begreifen begonnen, nachdem die Karriere bereits vollendet war! Sieh mal, was aus Dir geworden ist!" Doch im Kern sind diese einer Ablenkung folgenden Siege nur Pyrrhus-Siege, und die Gegenfragen lauten: „Was hätte aus mir werden können, wenn ich dieser diffusen Angst zuvor hätte entschlüpfen können?" Oder: „Was hätte aus mir werden können, wenn ich mich schon viel früher dem prallen Leben und seinen Möglichkeiten der Begegnung, Beziehung und Vertiefung selbstbewusst hätte öffnen können, statt einer Lebensangst meiner Väter zu frönen?"

Wie dem auch sei: Die latent verankerte (Über-)Lebensangst und innerliche Un(ge)sicher(t)heit hat mich (und viele meiner Generation) zu einem überwertig angetriebenen Leben inspiriert, um der Depression der Vorfahren zu entkommen,[5] wobei vieles auf der Strecke geblieben ist. Der Dichter d'Lonra beschreibt in seinem Gedicht „Spät erwacht" diese seelische Verwechslung mit den Worten:

… Zu angestrengt ich mich bewege
durch dieses Leben – ungehalten,
statt dass sich eigner Mut könnt regen,
um fröhlich Leben zu gestalten.

---

[4] Dieses Wort verdanke ich dem Werk der Schweizer Psychoanalytikerin Verena Kast (vgl. Kast 2015).

[5] In ihrem viel beachteten Buch „Das Drama des begabten Kindes" (Miller 2006) beschreibt die Autorin die Grundbewegung eines Lebens, das zwischen den Alternativen der Depression einerseits und der Grandiosität andererseits mäandert – eine Analyse, welche den demokratischen Präsidentschaftskandidaten Al Gore dazu veranlasste, dieses Buch als eines seiner wichtigsten Lektüren in seinem Leben zu bezeichnen (laut einer Meldung der New York Times vom 22.5.2000).

Ich klage an, um mich zu schonen,
statt mutig mir selbst zu gestehen,
dass sich mein Leben nicht muss lohnen,
es darf auch einfach nur geschehen.

(…)
Ich lasse los, was meine Ahnen,
mir dereinst in die Wiege gaben,
und trolle mich von falschen Bahnen,
um mich niemals mehr einzugraben,

zu verstecken, was ich denk und fühl,
in einer Welt, die bloß verdrängt,
und mir ein Umfeld gibt, das kühl,
mein Herz verschließt und nicht verschenkt.

Den Weg heraus aus kaltem Alten,
der ist mir fremd, weil unvertraut.
Ich will ihn gehen, um zu gestalten,
was ich mir niemals zugetraut.

Fürcht´ nicht, dass ich den Weg verlier,
muss meine Herzenskraft nur spüren,
diese ich trage auch in mir,
sie wird mich schließlich zu mir führen.
(d'Lonra 2021, S. 11 f)

Die antreibende Energie vieler Kriegsenkel ist keine Lebensenergie, sondern in Wahrheit eine, die dem Tode zu entkommen versucht. Doch wer dem Tod entkommt, der gelangt nicht automatisch oder bloß auf Umwegen ins Leben.

Erwachsenwerden ist kein Flanieren durch einen Park der biografischen Möglichkeiten. Diese mögen zwar im Außen in einer bis dato unvorstellbaren Vielfalt vorhanden sein, doch erkennen wir diese nicht als persönliche Perspektiven, wenn sie uns innerlich fremd bleiben. Das eigene Aufwachsen und Er-Wach(s)en benötigt resonante Vorbilder in der unmittelbaren Lebenswelt, um die eigene Selbstwirksamkeit zu erleben und perspektivisch mit einem möglichen – weiteren – Weg zu verbinden. In den 1960er- und 1970er-Jahren folgte dieser eigene Weg keiner nüchternen Abwägung und Lebensplanung, sondern dem Mainstream der irgendwie nahegelegten nächsten Schritte: So mündeten niedere Bildungsabschlüsse meist automatisch in eine Berufsausbildung, wie Akademikerkinder selbst in der Regel akademische Berufe anstrebten – subtil gesteuert durch die Vorbilder im engeren lebensweltlichen Erfahrungsraum. Zwar konnte in den letzten Jahrzehnten die Durchlässigkeit der Bildungswege enorm erweitert werden, doch sind auch heute noch die soziale Herkunft und das Bildungsniveau der Eltern die eigentlichen Variablen, die den Lebenserfolg der Nachwachsenden bestimmen. Menschen „entscheiden" somit ihren Weg ins Erwachsensein nicht immer autonom, vielmehr ist dieser häufig bereits bei ihrer Geburt entschieden, und mit jeder Aufstiegsbewegung droht innere Verunsicherung und emotionale Entwurzelung.

Selbst in den Phasen der Bildungsexpansion, gelang nicht allen der nachhaltige soziale Aufstieg durch Bildung. Nicht wenige blieben auf der Strecke oder wurden durch die Aufstiegsbewegung selbst ihrem Herkunftsmilieu und damit sich selbst entfremdet, wie u. a. der erfolgreiche Roman des Franzosen Didier Eribon „Rückkehr nach Reims" (Eribon 2016) eindrucksvoll beschreibt. Die Gescheiterten kehrten letztlich in die Gefilde ihrer Herkunftsgewissheit zurück. Didier Eribon (geb. 1953) liefert in seinem Roman eine Theoriefolie zum Verständnis des Geschehens. Er nimmt letztlich die gestaltende oder eben auch einengende Kraft des „Habitus" – ein Konzept von Pierre Bourdieu (1930–2002) – in den Blick. Dieses beschreibt die große Bedeutung der zu Selbstverständlichkeiten geronnenen Formen des Denkens, Fühlens und Handelns, mit denen wir in Milieu und Lebenswelt ausgestattet werden und uns im Vertrauten zu bewegen lernen. Diese Sicherheit entgleitet uns jedoch in dem Moment, in dem wir versuchen, uns in anderen – höheren – gesellschaftlichen Milieus häuslich einzurichten.

> *Bildungsaufstieg markiert einen solchen Milieuwechsel, der nicht selten die Akteure sich fremd fühlen und orientierungslos werden lässt.*

Das Gefühl, nicht dazu zu gehören und unberechtigter-weise eine Position einnehmen zu wollen, verunsichert, beschäftigt und lähmt die Aufsteigenden in einer Weise, die diejenigen, die bereits in das gehobene Milieu hineingeboren wurden, zumeist nicht kennen. Der Bildungsaufstieg ist für diejenigen, die ihn realisieren, so gesehen ein Versprechen, das sich selbst untergräbt. Es erschwert die autonome Aufrichtung auf einem sicheren Erbe der Zugehörigkeit. Er-Wachsen bzw. Erwachsenwerden im Rahmen einer gleichzeitigen Entfremdung vom vertrauten Milieu kann – wie im Migrationskontext – einer grundlegenden Entwurzelung gleichkommen, die das Individuum „zerreißt" und „zerteilt" (Eribon 2022) – eine von den Wissenschaften weitgehend übersehene spezifische Erschwernis der Herausbildung des Erwachsenseins.

Diese biografische Verunsicherung trifft solche Menschen besonders stark, deren frühe Bezugspersonen – wie bereits skizziert – selbst tief verunsichert und enttäuscht darum bemüht waren, innerlich neu Fuß zu fassen. Die – vielfach latente – kollektive Scham der Deutschen im Nachkriegsdeutschland war eine solche Verunsicherung. Kriegskinder und Kriegsenkel wuchsen deshalb im Provisorium einer nach Berechtigung tastenden Suchbewegung heran, die in ihnen selbst die Herausbildung eines Habitus des selbstverständlichen Berechtigtseins beeinträchtigte. Solchermaßen innerlich mit eingeschränkten oder allenfalls religiös-ideologisch aufgepeppten Ersatzstoffen ausgestattet, waren sie innerlich oft bloß schlecht gewappnet, um auch noch die Entfremdungen eines Milieuaufstiegs erfolgreich zu gestalten. Als schier unüberwindbar erwies sich dieser doppelte innere Strukturbruch in solchen Fällen, in denen die gescheiterten Aufstiegshoffnungen der Eltern als Lebensaufgabe an die Kinder delegiert wurden (Motto: „Du musst schaffen, was mir verwehrt geblieben ist!").

Im Schatten einer solchen projektiven Delegation zu einem eigentlichen Selbst zu er-wachsen, ist ohne eine professionelle Begleitung kaum möglich. Es ist eine Münchhausen-Aufgabe der besonders schwierigen Art. Viele Kriegskinder und Kriegsenkel spürten, dass es bei dem Auftrag, dem sie sich verpflichtet fühlten, nicht wirklich um sie selbst ging, weshalb dieser auch keine stärkende Resonanz in ihrem Innersten zu entfalten vermochte. Es ging vielmehr um die Erfüllung eines – inneren – Versprechens, welches die Eltern sich selbst oder ihren eigenen Eltern gegeben hatten, das sie im darniederliegenden Deutschland jedoch nicht einhalten konnten. Weiteres Delegationsmaterial ergab sich aus der erwähnten „Unfähigkeit zu trauern" (Mitscherlich/Mitscherlich 1967). Es wurde verdrängt, nicht getrauert. Die versäumte Trauer wurde vererbt, wie Müller-Hagen 1988 feststellte. Er beschrieb,

„(...) wie die verleugnete und verdrängte Nazivergangenheit auf seelischer Ebene weiterwirkt – und dies bis ins dritte oder vierte Glied. Wir sind heute in der Situation, diese alte biblische Erfahrung erschreckend konkret an uns selbst kennenlernen zu können" (Müller-Hagen 1988, S. 9).

Die in den späten 1940er- und 1950er-Jahren Geborenen hatten somit innerlich nicht nur an ihrer eigenen resonanzarmen Lebenswelt zu leiden, sie mussten vielfach auch die unbearbeiteten seelischen Themen ihrer Eltern übernehmen. Diese intergenerationale Dynamik, die bereits von Sigmund Freud thematisiert wurde[6] und von den systemischen Forschungen zur „vererbten Geschichte" genauer analysiert wurde (vgl. Couvert 2021), beeinträchtigte das Erwachsenwerden der Nachkriegsgenerationen nicht unerheblich. Vielfach wuchsen die Angehörigen dieser Generationen von Schamgefühlen und diffusen Versagensängsten in ihrer Lebensenergie abgebremst heran und hatten es dadurch deutlich schwerer, eine tragfähige Vorstellung von dem zu entwickeln, worauf sie sich zubewegten. Imperialistische Anmaßung, Rassenwahn, Selbstüberhöhung und grauenvolle – ungesühnte – Verbrechen wirkten in ihren Seelen als diffuse Energien fort, weshalb es eigentlich völlig unzutreffend ist, von einer „Gnade der späten Geburt" zu sprechen.

Wie diese seelischen Strukturbesonderheiten über die Generationen hinweg weiter gereicht werden und im konkreten Fall das Lebensgefühl und die Lebensenergien der Nachwachsenden beeinträchtigen, lässt sich nicht in einer generalisierbaren Aussage beschreiben. Je nach den jeweiligen Kontextbedingungen, durch die das Leben sie führt, leiten sie die Persönlichkeitsentwicklung in die Irre und eine Wiederholung des Vergeblichen oder werfen sie auf sich selbst zurück. Es ist dieser Moment der

---

[6] In seinem Buch „Totem und Tabu" schrieb Freud 1913: „Wir dürfen annehmen, dass keine Generation imstande ist, bedeutsamere seelische Vorgänge vor der nächsten zu verbergen" (Freud 2012).

„Eigendrehung", in dem man plötzlich erkennt, dass es keine andere Möglichkeit gibt als die, selbst bei Null zu starten und in die Selbstverantwortung zu gehen.

Diese innere Bewegung gelang mir in meiner Studienzeit (1974–1979. Nach anfänglichem Neuaufflammen der eschatologischen Illusion, die uns in den 70er-Jahren dazu verführte, uns als eine Art politischer Avantgarde zu fühlen, die auch in den „Allgemeinen Studentenausschüssen" (AStA) ein politisches Mandat (z. B. Stellungnahme zu weltpolitischen Ereignissen, wie z. B. zur Militärdiktatur in Chile) wie selbstverständlich für sich beanspruchte, zog ich mich bereits 1976 bewusst stärker aus diesen Aktivitäten zurück, um mich ganz dem Studium zu widmen. Hintergrund war eine Versachlichung der Blicke auf die gesellschaftlichen und wirtschaftlichen Prozesse, zu der ganz wesentlich der – konservative – Wirtschaftspädagoge Erich Dauenhauer (1935–2016) und der – sozial-liberale – Soziologe Bernhard Schäfers (geb. 1939) sowie durchaus auch Karlheinz Ingenkamp (1925–2015) beitrugen. Die bildende Kraft des Ersteren erkannte ich erst im Rückblick; als Student war ich mit ihm und seinem Weltbild in ständiger Konfrontation. Schäfers überzeugte mich mit brillanter Argumentation und nüchterner Evidenz (z. B. in seinen Studien zur Sozialstruktur der Bundesrepublik Deutschland), an der alle ideologisch aufgeladenen Argumentationen verdampften. Es war die Zeit, in der ich auch begann, einen tiefen Respekt vor der Komplexität betriebs- und volkswirtschaftlicher sowie gesellschaftlicher Zusammenhänge zu entwickeln – auch das Eintauchen in die Gedanken von Max Weber (1864–1920), der Symbolischen Interaktionisten (Blumer, Mead, Goffman u. a.) oder der Kritischen Theorie (Adorno, Habermas, Horkheimer, Marcuse u. a.) und – Jahre später – der Systemtheorie von Niklas Luhmann (1927–1998) begann die groben Konzepte der Vergangenheit zu zersetzen und aufzulösen. Dabei schärfte sich nicht nur ganz allmählich ein eigenes wissenschaftliches Profil; die Einblicke in den interpretativen Zugang zu dem, was ist oder zu sein scheint, veränderten vielmehr auch mein eigenes Verständnis von mir selbst und der Welt und führten auch zu einer ersten Distanzierung von dem, was sich in mir selbst beständig zu Wort meldete und zu Reaktionen drängte, die oft grundsätzlich und kompromisslos, aber wenig verstehend, relativierend und zugewandt waren.

Insbesondere in der eigenen Lebenswirklichkeit lebte die alte Schwarz-Weiß-Welt unbestellt immer wieder auf. Erst allmählich konnten rigorose politische Positionen aufweichen, was mit der Zeit sogar zu der seltsamen Praxis führte, dass ich „aus Prinzip" gegen alle berechtigten Argumentationen war – selbst gegen solche, die meine eigene Einschätzung eigentlich teilten, wenn diese zu entschieden und kompromisslos oder gar mit emotionaler Verve und Engstirnigkeit vertreten wurden. Ich war gewissermaßen „aus Prinzip" gegen alle Prinzipien, obgleich ich doch selbst welche hatte, für die ich eintrat – eine Paradoxie, aus der man bloß über Begriffsschärfe, Evidenzbasierung und Selbstreflexion auszusteigen vermag.

Eine große Rolle spielte seit meiner Studienzeit der Politologe Fritz Marz (1939–2022), dem ich als Student meines zweiten Hauptfaches Politikwissenschaften begegnete. Fritz ging auf die Menschen zu, interessierte sich für die Gedanken und Argumente seiner Studierenden und lud diese auch zu sich nach Hause ein. Ich erinnere mich noch genau, wie er mich fragte, ob ich mich an einer Veröffentlichung zum Thema „Lernkontrollen im politischen Unterricht" beteiligen wolle. Damit öffnete er unbewusst einen Weg, den ich mir selbst zum damaligen Zeitpunkt noch nicht zugetraut hätte: den Weg zu einem schreibenden Wissenschaftler. „Der muss mich verwechseln!", „Wenn der mir bloß auf die Schliche kommt!" waren Befürchtungen, die mich damals – es muss etwa 1975/1976 gewesen sein – ansprangen. Und so entstand mein erstes Buch in Mitautorenschaft (mit Fritz Marz und Jost Reischmann). Ein zweites folgte 1978 – auf der Basis meiner ersten Staatexamensarbeit („Einführung in die Bildungspolitik"), und allmählich begann ich, mir zuzugestehen, dass meine Texte auch tatsächlich relevant sein könnten (obgleich sie im heutigen Rückblick anfangs noch allzu „wissend", d. h. beurteilend, abgrenzend und erklärend daherkamen).

Eine tiefe Freundschaft entwickelte sich auch zu meinem Amtsvorgänger, Joachim Münch (1919–2019), der noch viele Jahre nach seiner eigenen Emeritierung (1987) an der Universität präsent war. Es gelang uns beiden, fast die gesamte Zeit meiner eigenen Lehrstuhl-Führung eine wertschätzende und vertrauensvolle Beziehung zu gestalten. Münch war als Emeritus auch noch 25 Jahre nach seiner Pensionierung täglich an der Universität und wie selbstverständlich als ruhiger Begleiter präsent. Wir führten sogar gemeinsame Forschungs- und Publikationsprojekte durch, teilten aber auch ganz persönliche Welten und waren ständig miteinander im Gespräch. Einmal sagte er zu mir: „Weißt Du, Rolf. Mit Dir habe ich über Themen gesprochen, wie mit noch keinem anderen Menschen davor!" In seinen öffentlichen Auftritten als

Sänger sang er auch eine Vertonung des Brecht-Gedichtes „Erinnerungen an die Marie A.", die ich komponiert hatte. Dieses Gedicht rezitierte er auch bei der Beerdigung seiner Frau – es war den beiden wichtig geworden. Noch kurz vor seinem Tod feierten wir seinen 100. Geburtstag – ich hatte einen Liedermacher engagiert, der ihm einige seiner Lieder sang (darunter auch die „Marie A").

Man kann sein Weltbild nur schwer transformieren, ohne sich selbst zu transformieren. Die Art, wie wir uns die Welt vorstellen und auf ihre Vielfalt reagieren, sagt viel darüber aus, wer wir sind und wer wir – noch – werden könnten. Wenn wir dann auch mehr und mehr erkennen, wie „unverfügbar" Beziehungen, aber auch Teams, Organisationen und Gesellschaften eigentlich sind, dann können wir nicht anders als uns von den Schlichtmodellen der Kommunikation, Intervention und Veränderung zu lösen und nach neuen Formen des Umgangs zu tasten. Gleichzeitig lösen wir uns dabei von zahlreichen Illusionen, wie z. B.

- der *Illusion,* dass die älteren Generationen bzw. die kulturelle Überlieferung und das in den „Archiven" (Jaques Derrida) gespeicherte Wissen uns für eine gelingende Gestaltung unseres Lebens wirklich ausstatten können. „Man kann viel wissen und nichts können!" – so eine der Schlussfolgerungen der neueren Kompetenzforschung (vgl. Arnold/Erpenbeck 2014), die wir in dieser zugespitzten Formulierung auf den Punkt brachten. Heute – viele Jahre später – würde ich noch weiter gehen und sagen: „Wer viel weiß, kann auch viel (von sich) verstecken!"
- der *Illusion,* dass Kommunikation gelingen kann, d. h. der Überzeugung, dass wir einander verstehen können, indem wir auch die Beziehungs-, Emotions- und Inhaltsebene im Blick haben, nachfragen und metakommunizieren und letztlich auch in der Lage sind, die verzerrende Wirkung unserer eigenen Strukturbesonderheiten – beständig! – zu bedenken. Dabei lässt uns das Motto des Talmuds „Wir sehen die Welt nicht, wie sie ist, sondern wie wir sind!" immer wieder nachdenklich verstummen (und vielleicht sogar ein leises „Verzeih mir!" flüstern), und

schließlich der *Illusion,* dass Menschen in der Lage sind, sich von Evidenzen überzeugen zu lassen – ganz so, wie es das von Sir John Maynard Keynes (1883–1946) überlieferte Dictum „Wenn sich die Fakten ändern, ändere ich meine Meinung. Und Sie, was machen Sie?" beschwört.

Weder das Bildungssystem noch die vorherrschenden Formen des gesellschaftlichen Diskurses stärken wirklich die Fähigkeit der Nachwachsenden, mit diesen Desillusionierungen konstruktiv umgehen zu lernen. So torkeln die meisten Menschen unnachgiebig durch ihr Leben und klammern sich innerlich an die Leitplanken, die ihnen die „Wissensillusion", die „Kommunikationsillusion" sowie die „Evidenzillusion" bereitzustellen scheinen. Es ist letztlich ein Sicherheitsbedürfnis, welches uns diese Leitplanken immer wieder nahelegt, und in vielen Bereichen scheinen ja Wissensnutzung, Kommunikation und Evidenzbasierung auch tatsächlich zu „funktionieren".

Doch ist dies tatsächlich so?

Zwar führen uns die wissenschaftlichen Konzepte und deren technologisch Nutzung zu fortgeschrittenen Stadien der Zivilisation, Bequemlichkeit und Versorgung, doch zerstören ihre ungewollten Nebenwirkungen zugleich mittel- und langfristig unsere Lebensgrundlagen, sowie heute bereits die soziale Ausgrenzung und Ungleichheit zwischen entwickelten und unterentwickelten Regionen und Völkern. Ist der Satz „Wir sind so arm, weil ihr so reich seid!"[7] wirklich nur verkürzt, polarisierend und falsch? Auch die Frage nach dem Gelingen der Kommunikation zwischen Menschen, Gruppen und Gesellschaften führt uns einerseits zu

---

[7] Mit dieser Aussage Malick Bowens aus dem britischen Film „Der Marsch" (Regie: David Wheatley, BBC1), der bereits 1990 vorwegnahm, was wir 2016 mit der Massenimmigration erlebten, konfrontiert der charismatische Anführer der in den Norden Afrikas marschierenden und dann über das Meer nach Europa übersetzenden Massen die auf Krisenintervention bedachte UN-Flüchtlingskommissarin. Er bietet ihr auch an, an ihrer Stelle in ihr Leben nach England zurückzukehren, während sie doch bitte seine Funktion übernehmen solle. Anfang der 1990er-Jahre habe ich diesen Film meinen Studierendenden an der Universität Kaiserslautern in dem Seminar „Interkulturelle Berufsbildung" gezeigt und mit ihnen über die grundlegende Ungerechtigkeit der zufälligen regionalen Herkunft diskutiert.

den erfolgreich institutionalisierten Formen des Interessenausgleichs (UNO, Strafgerichtshof etc.), doch können wir zugleich nicht übersehen, dass Missverständnis und Konfrontation weiterhin die internationalen Beziehungen durchwirken. Alle Akteure handeln dabei auf der Grundlage des sicheren Gefühls, dass der jeweils andere sich falsch verhält – Nachfrage, Metakommunikation oder gar „Taking the role of the other" und Zurückrudern finden wenig statt, wie vielfach im Verhältnis von Paaren, Interessengruppen oder Konkurrenten sowie internationalen Krisen beobachtet werden kann. Wer unverstehbar agiert, wird abgewertet, ausgegrenzt ober „krank" geschrieben. In dieser selbstgerechten Pfadtreue des eigenen Beobachtens, Denkens und Urteilens haben auch die Evidenzen nur eine eingeschränkte Überzeugungswirkung. Menschen neigen nicht dazu, ihre bisherigen Sichtweisen, die ihnen Sicherheit gaben, wirklich hinter sich zu lassen. „Eher wende ich mich von dem störenden Gegenüber ab, als dass ich meine bewährte Sicht der Dinge wirklich aufgebe!" – so das unausgesprochene Mantra, mit dem wir uns auch oft von Evidenzen abwenden und auch gegenüber anderen Standpunkten verschließen: Traurig aber wahr! Und: Durchschaubar, berechenbar und langweilig, wenn es nicht so tragisch wäre!

Die Anfänge habe ich hinter mir gelassen. Oder haben diese mich hinter sich gelassen? Mit den Jahren wurde es in mir leiser, und die alte Sucht, Zusammenhänge endgültig verstehend auf den Punkt zu bringen, löste sich von den Illusionen einer objektivistischen Erkennbarkeit der Welt. Mehr und mehr mutierte ich zu einem neuerlich erstaunten Beobachter dessen, was da ist und sein könnte. Ich wechselte ins Multiversum. Wer einmal vom „Baum der Erkenntnis" (Maturana/Varela 1987) gegessen hat, der meidet fürderhin geistiges Fast-Food oder Einheitskost. Anfang der 1990er-Jahre erschütterte mich die Lektüre des Buches von Humberto Maturana (1928–2021), dem ich auch persönlich begegnen durfte,[8] und Francisco Varela (1946–2001) tief, zeigten die beiden chilenischen Autoren doch, wie berechenbar und ohne

---

[8] Maturana besuchte die TU Kaiserslautern ca. 2005. Im Anschluss an seinen Vortrag sprach ich ihn an; er freute sich, dass jemand ihn auf Spanisch anredete. Es entstand ein lockerer Kontakt. In 2017 schrieb er für das von mir und dem Philosophen Wolfgang Neuser herausgegebene Buch „Beobachtung des Wissens – Das Wissen des Beobachters" (Arnold/Neuser 2017) einen Beitrag.

unser bewusstes Hinzutun das Erkennen und Für-Wahr-Halten des Menschen „funktionieren". Nicht die Frage, ob seine Beobachtung wahr ist, leitet das menschliche Wahrnehmen und Denken sowie Fühlen und Handeln, sondern allenfalls die Frage, ob die jeweiligen Beobachtungen und die auch um Konsonanz bemühten Beurteilungen gangbare Wege für das eigene Weiter- und Überleben zu eröffnen vermögen oder nicht – welch ein Ernüchterungsschub für die eschatologische – oder sollte man besser sagen: anmaßende – Erkenntnissucht. Letztlich folgen unser Erkennen und Für-wahr-Halten einer heimlich opportunistischen Logik, nach Möglichkeit so bleiben zu können, wie wir geworden sind bzw. haben werden können. Es ist die Konsonanz, nicht die Resonanz, die uns innerlich leitet.

Diese Einsicht eröffnete mir in den späten 1990er-Jahren einen neuen Anfang, mich in der Welt zu spüren und mich ihr neu zu öffnen. Ich erkannte die konservative Dynamik der eigenen Seele, die mich in die ausgetretenen Bahnen meiner Ahnen sowie meiner eigenen ersten Gehversuche zurückzuführen versuchte, und spürte deutlich deren zähe sowie kleberigen Kohäsionskräfte. Es kostete mich einige Selbstreflexion, mit diesen Kräften der Vergangenheit in anderer Weise umzugehen. Fachlich ertappte ich mich immer wieder in dem paradoxen Bemühen, wie ich wiederum begann, allzu engagiert für die Richtigkeit meiner Einschätzung, dass es keine richtigen Einschätzungen gäbe, zu streiten. Wenn die Wahrnehmung ein Produkt unserer emotionalen und kognitiven Selbstorganisation ist, dann ist alles Konstruktion; auch wir selbst bzw. unsere Selbstkonzepte sind eine Konstruktion der Wirklichkeit – unserer Wirklichkeit. Diese „geben" wir so wahr,[9] wie wir es auszuhalten vermögen. Anfangen ist deshalb nicht einfach ein Neubeginn, sondern auch ein beständiges Ringen mit den Dämonen der eigenen Seele und deren überlieferten Einflüsterungen.

Erwachsen hat ein „s" zu viel! Es bezeichnet nicht mehr bloß die biographische Bewegung, mit der wir die Anfänge hinter uns lassen und aus

---

[9] Wie Gunther Schmid zeigte, führt bereits das Verbum „wahrnehmen" auf eine falsche Spur. Wir „nehmen" die Welt nicht wahr, sondern „geben" diese nach Maßgabe der in unseren Strukturbesonderheiten grundgelegten Deutungsperspektiven „wahr" (vgl. Schmid 2000) – eine Logik des Umgangs mit der Welt, die ich in meinem Buch „Wie man frisch beobachtet, um neu wahrzugeben" (Arnold 2023) vertieft ausgelotet habe.

Phasen der Vorbereitung (in Schule, Ausbildung, Studium etc.) schließlich hinaust<reten bzw. *er*-wachsen.

> *Erwachsenwerden bezeichnet vielmehr ein lebenslanges Projekt, welches von Anfang zu Anfang fortschreitet und sich dabei nicht allein von äußeren, sondern auch von inneren Einflüsterungen mehr und mehr zu befreien vermag, um dem eigentlichen Selbst zum Ausdruck zu verhelfen, sich der eigenen Konsonanz bewusst zu werden und sich der – möglichen – Resonanz immer wieder neu – absichtsvoll – zu öffnen.*

Grundlage dieser Bewegung ist zwar immer noch die von Immanuel Kant (1724–1804) vorgegebene Zielrichtung des „Sapere Aude", d. h. den „Mut" zu haben, sich des „eigenen Verstandes zu bedienen",[10] doch ist uns heute die Begrenztheit dessen, wozu uns Verstand und Vernunft allein zu führen vermögen, mehr und mehr bewusst geworden. Das „Ich denke also bin ich!" von René Descartes (1596–1650) wurde nicht erst durch die Hirn- und Emotionsforschung nachhaltig erschüttert – eine Korrektur, die u. a. in dem Buch von Antonio R. Damasio (geb. 1944) „Ich fühle, also bin ich!" (Damasio 2022) erfolgte, mit welchem dieser Forscher von der Iowa-State-University einen deutlichen Kontrapunkt gegen die Mainstream-Verengung auf die kognitive Entwicklung des Menschen setzte. Auch in der Erwachsenenbildungsforschung führten diese Arbeiten zu einer Akzentverschiebung. Man ging nicht länger davon aus, dass Menschen sich selbst und die Welt so deuten, wie es ihnen ihre biographisch erworbenen Deutungsmuster „einflüstern", sie deuten vielmehr sich selbst und die Welt auch so, „wie sie dies aushalten können" (Arnold 2025) bzw. auszuhalten gelernt haben.

Noch gut erinnere ich mich an die Debatte mit Kolleginnen und Kollegen im Zusammenhang mit der Ausarbeitung eines Forschungsmemorandums für die Erwachsenenbildungswissenschaft,[11] bei der die Frage aufkam, ob es stärker die Kognitionen oder die Emotionen seien, welche die Identitäts- und

---

[10] Ursprünglich geht „Sapere Aude!" auf den römischen Dichter Horaz (20 v.Chr.) zurück, wurde aber von Immanuel Kant später zur Beantwortung der Frage „Was ist Aufklärung?" genutzt und dadurch bekannt gemacht.

[11] Vgl. https:/die-bonn/esprid/dokumente/doc-2000/arnold00_01pfd.

Kompetenzentwicklung sowie das Lernen Erwachsener bestimmten. Der vorherrschende Trend der Debatte war: „Das wirkt 50:50 % ineinander" – eine Einschätzung, bei der ich mich fragte, was aus der Tauglichkeit unserer Konzepte und Ansätze werden würde, wenn sich durch weitere Forschungen meine eigene Vermutung bestätigen würde, dass das Verhältnis eher 20:80 % beträgt: Wir fühlen uns selbst und die Welt, bevor wir unser Erleben auf den Begriff bringen, d. h. „begreifen".

Beide Aktenzverlagerung

* von dem Erwachsenwerden als Statuspassage zum lebenslangen Er-Wach(s)en und
* von der Kognition zur Emotion bzw. zur Bewusstheit

haben das Nachdenken über die Fragen, „Was Menschsein eigentlich bedeutet?" (Martin Buber) und „Wie man wird, wer man sein kann" (Arnold 2019c) grundlegend verändert. Zahlreiche Theorien und Konzepte mussten dabei über Bord geworfen werden, um sich behutsam an das Bewusstsein heranzutasten, dass wir alle nur Beobachtende sind, aber Beobachter und Beobachterinnen, die kaum zu einer nüchternen Beobachtung in der Lage sind. Der Hirnforscher Christof Koch schreibt:

„In den letzten Jahren wurde mir klar, wie sehr meine persönlichen Stärken und Schwächen mein Leben und meine Arbeit bestimmen" (Koch 2013, S. XII).

Für Forscher und Forscherinnen bedeutet diese doppelte Akzentverschiebung, dass ihnen ihr vertrauter Gegenstand abhandenkommt. Sie müssen neu darüber nachsinnen, mit was sie sich da eigentlich, aus welchen – eigenen – Gründen und in welcher Form befassen. Was verändert sich, wenn es Erwachsenwerden gar nicht gibt[12] – zumindest nicht in der Form und mit den Konnotationen, in denen wir gewohnt waren und sind, uns diese Entwicklung vorzustellen? Und was verändert sich, wenn wir uns wirklich der Frage stellen, mit welchen Methoden wir nüchtern

---

[12] Zumindest legt der Hinweis von Erich Fromm „Die meisten Menschen sterben, bevor sie ganz geboren sind" (Fromm 1959, S. 406) einen anderen Blick auf das Erwach(s)en im Lebenslauf nahe. Erwachsensein kann dann nicht länger als eine Phase der Alterung in gesellschaftlicher Bezogenheit verstanden werden; vielmehr markiert sie Stadien der Selbstreifung.

etwas klären können, bei dem wir auch selbst Bestandteil des Themas sind? Woher kommt die eigene Bemühung um Gründlichkeit, Objektivität und Gültigkeit, und mit welcher Entschiedenheit verteidigen wir das, was wir herauszufinden meinen? Wirken sich die Art unserer Beschreibungen und unsere Distanzierungen von anderen Einschätzungen auch auf das aus, was sich uns zu zeigen vermag?

Schließlich hat das gründliche Nachdenken über die unauflösbaren Verschränkungen unseres Denkens, Fühlens und Handelns auch Rückwirkungen auf die Selbstwahrnehmung und die Selbstreflexion dessen, der sich mit den inneren Mechanismen des eigenen Gewordenseins sowie dessen Veränderbarkeit befasst. Er oder sie erkennt (betroffen),

- dass die vertrauten Formen des Ausdrucks, der Selbstbeobachtung und des Umgangs (mit sich selbst und anderen) nicht deshalb „optimal" sind bzw. zu einer letztlich realistischen Wahrnehmung führen, weil sie Gewissheit für ein Weiter-So stiften,
- dass sowohl der eigene Eindruck, wie auch der eigene Ausdruck die Person festlegen und in – nicht enden wollende – Wiederholungsschleifen und Rekonstellierungen treiben, die letztlich Gefühle der Vergeblichkeit und Langweile auslösen können, und
- dass die eigentliche Kraft der Lebendigkeit in der Umdeutung und Neudeutung dessen liegt, was – auch – möglich wäre, selbst wenn zunächst nichts dafür zu sprechen scheint.

Erwachsenwerden ist deshalb – nach allem, was wir heute über die Seelen-, Identitäts- und Kompetenzentwicklung sowie Bewusstseinsentwicklung im Lebenslauf wissen können – in erster Linie eine innere Emanzipation und eine Annäherung an eine epistemische (=erkenntnisbewusste) Haltung, die um die banalen Wirkungsmechanismen, mit deren Hilfe wir erkennen, für-wahr-halten, schlussfolgern und agieren, weiß, und entsprechend selbstreflexiv mit den eigenen Bewusstseinszuständen und den Anforderungen des Außen umzugehen versteht. „Erwach(s)en" steht für den Versuch, das eigene Selbst immer wieder „auf Anfang" zu stellen, um sich bewusst aus den überlieferten Formen des Ausdrucks bzw. Ausdrückbaren zu befreien.

Ein unerwarteter Eigennutz der Wissenschaft, der ich mich fast mein ganzes Leben lang widmete, liegt darin, dass ich deren Erkenntnisse zu den Bedingungen eines gelingenden Erwachsenwerdens auch persönlich nehmen konnte. Es ging gar nicht anders, als die Einsichten der Forschung zu der Identitäts- und Kompetenzentwicklung im Lebenslauf auch auf das eigene Leben „anzuwenden", um zu einem neuen und vertieften Verständnis dessen, was das eigene „Erwach(s)en" durchwirkt, zu gelangen. Dabei musste ich erkennen, dass auch ich mir dereinst nicht aussuchen konnte, wer ich habe werden können. Bis tief in meine Seele hinein erkannte ich mich durchdrungen von dem, was meine Eltern und wohl auch deren Vorfahren mir in die Wiege legten. Mit meinem inneren Kind lernte ich mich erst spät in systematischer und begleiteter Selbstreflexion anzufreunden – ohne Vorwurf an irgendwen, sondern bloß mit klarem Blick auf die inneren Bilder, Antreiber und Ängste, deren Substanz – wie bereits dargestellt – sich nicht ausschließlich und nicht einmal in erster Linie aus eigenem Erleben formte.

Ich erkannte, dass ich in der Linie meiner Vorfahren stehe (vgl. Couvert 2021; Schützenberger 2021) – eine liebevolle, verstehende und dankbare Bewegung, die aber zugleich eine notwendige Voraussetzung dafür darstellte, sich von diesem epigenetischen Erbe zu lösen und zu verabschieden. Erst die bewusste Aussage „Dieses Gefühl und diese Deutung hatten dereinst ihre Bedeutung; sie sind aber heute, in meinem Leben nicht mehr hilfreich!" öffnet die Türen, um sich aus dem Gefühlsdschungel des eigenen Spontanerlebens – bewusst – zu befreien und sich auf andere Wege des Denkens, Fühlens und Handelns zu begeben. Dies klingt leichter, als es de facto ist: Zu unmittelbar verbunden wirken die Routinen unserer frühen Ich-Einspurungen in uns fort, und wir neigen beständig dazu, uns in dem alten Schmerz vertraut zu fühlen. Damit wiederholen wir diesen jedoch bloß, ver-fühlen unser jeweiliges Gegenüber und sind letztlich nicht in der Lage, in unseren Beziehungen den oder die andere so zu spüren, wie diese sich selbst meinen oder zu sein wünschen. Damit verfehlen wir das Potenzial, das ein tiefes Miteinander uns stiften könnte. Neben den oft posttraumatischen Seelenverformungen unserer

Väter und Mütter umfasst das epigenetische Erbe auch deren Vorkriegs-erfahrungen und Prägungen als Kinder und Jugendliche sowie die ihrer El-tern und Vorfahren. Fragen, die dabei unbeantwortet im Raume stehen sind: Was ist aus dem Reichtum des Urgroßvaters in Riga geworden? Er hat immer-hin eine Fabrik sowie Häuser besessen, die mit der im Hitler-Stalinpakt ver-einbarten „Heim-ins-Reich"-Bewegung in andere Hände übergingen. Doch war dies ein Verlust (mit Seelenschmerzen) oder eine Transaktion (mit Aus-gleichzahlungen)? – ein für die innere Balance eines Familiensystems nicht unwichtige, im konkreten Fall aber letztlich unklärbare Frage.

Das Leben unserer Eltern wurde durch die Macht der Geschichte „auf Anfang gesetzt" – sie fingen „bei Null" an (zumindest äußerlich). Dieser Neuanfang war ein erzwungener, und er ging nicht mit einer seelischen Heilung oder gar Bewusstseinsentwicklung einher; und alle Beteiligten waren darum bemüht, aus den verbliebenen Resten des Alten, eine neue innere Heimat zu gestalten: durch die Belebung der vorgestrigen Gewiss-heiten aus Religion und Tradition, durch Vergessen und Verdrängen sowie durch den Rückzug auf Familie und Lebenswelt.

Es war ein Anfang aus Ruinen, auf denen die neue Welt errichtet wurde, ein Hinter-sich-Lassen, um zu überleben, selten oder bloß in An-sätzen ein bewusster Aufbruch oder gar Durchbruch zu Formen eines be-wussteren Lebens. Für Seelen- und Bewusstseinsentwicklung sowie ge-zielte Veränderung und Neudenken, gab es nur sehr wenig Raum in den 1950er-Jahren. Dieser begann sich erst in den 1970er-Jahren ganz all-mählich zu öffnen,[13] und erst in den 1990er-Jahren begann man in der Wissenschaft, die durchschaubaren Mechanismen von Gehirn und Ge-fühl in ihren selbstorganisierten Bewegungen differenzierter zu verste-hen. Diese folgen keinen geteilten oder mitteilbaren Kriterien von ange-messen, wahr, zulässig oder verantwortlich. Gedanken und Gefühle tre-ten vielmehr auf – emergieren – verbinden sich zu Routinen sowie Konzepten der Welt(auf)ordnung und Deutung, die nicht deshalb „rich-tig" sind, weil wir sie in uns tragen. Das – bereits mehrfach erwähnte –

---

[13] Zu erwähnen sind u. a. der Aufschwung der Psychoanalyse und die ersten Versuche, diese mit einer kritischen Gesellschaftsanalyse zu verbinden, um der subtilen Reproduktion des Autoritären in den Seelen der Vorfahren und Zeitgenossen nachzuspüren und so gewissermaßen das Übel an der Wurzel zu bekämpfen. Auch die Aktivitäten von Thimothy Leary (1920–1996) in Havard (1959–1963) zählen zu diesen innerlichen Öffnungen für Reflexion und Transformation.

treffende Diktum „People don't choose who they are!" (Lelord 2019), könnte auch ergänzt und präzisiert werden durch die Feststellung: „Sie suchen es sich auch nicht aus, wie sie ihr Denken, Fühlen und Handeln beschreiben und mit welchen Narrativen sie es ihnen und sich selbst erklären!"

Wenn wir uns heute darum bemühen, zur Bewusstheit zu erwach(s)en, dann handelt es sich dabei um eine andere Art von Anfang. Dieser ist innerlich, und er ist auch bloß schwer zu haben. Es geht dabei um ein innerliches Gewahrwerden jenseits und unabhängig von dem, was wir fühlen und was sich uns einredet. *Erwachsen durch Gewahrwerden* basiert auf der Ernüchterung, die uns befällt, wenn wir erkannt haben, dass wir auch in den subtilsten Bewegungen unseres Denkens, Fühlens und Handelns nicht immer „Herr (oder Frau)" im eigenen Haus", sondern vielmehr bevorzugt im Repeat-Modus unterwegs sind. Strukturell ähnliche Lagen verarbeiten wir mithilfe der Gefühle und Gedanken, die wir als Erinnerungen in uns tragen. Diese springen uns spontan an, und sie entfremden uns selbst in solchen Konstellationen, in denen alles anders sein könnte, und drohen, uns in die vertrauten Gefilde der alten Klagen einer unbetrauerten Vergangenheit zurückzuziehen: Wir

- fühlen dann auch Gefühle, die nicht unsere sind, sondern übernommene Gefühle aus unerledigten oder verdrängten Lagen unserer Vorfahren oder eigenen frühen Labilisierungen,
- bemerken nur selten, wie wir aus Erinnerungen heraus auf aktuelle Anfragen, Erwartungen etc. spontan reagieren und oftmals gerade dann nicht zu einem – verlangsamten – Denken, Fühlen und Handeln in der Lage sind, wenn sich uns neue Möglichkeiten (er)öffnen könnten,
- finden uns immer mal wieder in einem Gedankenkarussell wieder, das uns einem Emotionsdschungel aussetzt, wobei Gedanken Gefühle stiften und Gefühle Gedanken auslösen können, und
- tasten bis zum Ende unseres Lebens nach einem festen Boden unter den Füssen, ohne zu verstehen, dass man bloß sicher leben kann, wenn man das Provisorische, Anfängliche und Fragile der uns möglichen Formen, mit uns selbst und der Welt umzugehen und diese zu gestalten, verstanden und zu akzeptieren gelernt hat.

Wer sich demgegenüber darauf einlässt, sich in „Welten ohne Grund" (Vogd 2022) sicher einzurichten, muss sich notwendigerweise darin üben, ohne Referenzpunkt voranzuschreiten bzw. sich den Referenzpunkt der eigenen Suche immer wieder – bewusst – selbst zu konstruieren.

Die – bewusste – biographische Bewegung durch ein grundloses Sein eröffnen kein „Anything goes", sie fokussieren vielmehr auf die eigentlichen Grundpfeiler einer ethischen Lebensführung. Diese entspringt m.E., dort, wo sie das Selbstbewusstsein und Selbstbild tatsächlich durchdringen und tragen, einer individuellen Entscheidung, keinem beiläufigen Umgangserleben. In meinen Führungstrainings habe ich u. a. gute Erfahrungen mit der „Methode der adoptierten Autobiographie" (MdaA) gesammelt: Teilnehmende werden vor dem gemeinsamen Workshop dazu eingeladen, sich mit dem Leben einer bekannten Persönlichkeit, die sie beeindruckt und der sie sich innerlich verbunden fühlen, zu beschäftigen und diese gewissermaßen als Begleitung „mitzubringen" und den anderen Teilnehmenden „vorzustellen". Die Leifragen sind: Warum beeindruckt mich diese Person? Welche ihrer Sätze bzw. welche Taten nötigen mir Respekt ab? Wo bin ich ihnen ähnlich? Was würde ich gerne von Ihnen lernen, wenn das ginge?

Mit Hilfe dieser Methode kann bewusst etwas sichtbar werden, das sonst unterschwellig wirkt: Wir entwickeln unsere Haltung gegenüber der Welt und uns selbst nämlich in der Regel durch Identifikation mit Menschen, die für uns bedeutsam waren und sich uns zugehörig fühlten; bisweilen geschieht dies auch in bewusster Abgrenzung von den uns nahen Menschen. Dabei sind wir „abhängig" von dem Zufall der Zugehörigkeit und der Begegnung. Indem wir uns selbst bedeutsamen Menschen anschließen – und sei dies auch bloß gedanklich, ohne ihnen zu begegnen – treten wir absichtsvoll in einen Identifikations-Raum ein, um in diesem zu verweilen, zu lernen und zu wachsen. Wir können andere dazu einladen, uns in diesem Raum zu besuchen und verlebendigen mit diesem Schritt eine Bindung, zu der wir uns selbst entschieden haben.

In diesem Sinne habe ich mich u. a. mit Francisco Varela (1946–2001) verbunden gefühlt. Insbesondere sein „Brückenschlag zwischen wissenschaftlicher und menschlicher Erfahrung" (Varela u. a. 1992), auf den mich mein Freund und Kollege Horst Siebert (1939–2022) hingewiesen hat, haben eine große Resonanz in meinem Denken erfahren – ebenso, wie das diesem For-

scher ausdrücklich gewidmete Buch „Presence. Exploring profound Change in People, Organizations and Societies" der Veränderungsforscher aus dem MIT in Massachusetts (Senge u. a. 2004). Von Varela, dem bereits in jungen Jahren verstorbenen chilenischen Hirnforscher,[14] stammt u. a. das Prinzip der „selbsteinschließenden Reflexion", mit dem er nicht bloß einen Schritt in Richtung Bewusstseinsbildung wies – einem Thema, bei dem die Bildungsforschung und Bildungspraxis noch nicht wirklich angekommen ist: er fokussierte auch die „Zirkularität im Geist des Wissenschaftlers" (Varela u. a. 1992, S. 19 ff) und verabschiedet damit endgültig die Vorstellung,

> *„(…) dass ein unabhängig von der Welt existierendes System (gemein: die Kognition; R.A.) eine Welt repräsentiert, die unabhängig von seinen Wahrnehmungs- und Kognitionsfähigkeiten besteht" (ebd., S. 15).*

Varela wandte sich vielmehr auch radikal vom „Objektivismus" und jeglicher „Substanzmetaphysik" ab und vertrat die Auffassung, dass

> *„(…) die Kognition nur ihre eigene Geschichte der Verkörperung als Grundlage hat" (ebd., S. 16) -*

eine Auffassung, der ich auch mit dem hier vorgelegten Selbstversuch folge: Man kann Erwachsensein nicht losgelöst von den eigenen, tief eingewurzelten Erfahrungen mit dem Aufwachsen und den eigenen Anfängen bzw. mit dem eigenen Erwachen zu sich selbst und der Welt untersuchen.

In dem fünften Teil des Hauptwerkes „Der mittlere Weg der Erkenntnius" schreiben Francisco Varela u. a. zum „Gespenst der Bodenlosigkeit":

> *„Wir beginnen nun zu erkennen, dass wir nicht festen Boden, sondern eher Treibsand unter den Füßen haben. Bei unserer Analyse der unmittelbaren Erfahrung stellten wir fest, dass Kognition vor dem Hintergrund einer Welt emergiert, die zwar unsere individuellen Grenzen überschreitet, sich aber nicht von unserer Verkörperung trennen lässt. Als wir uns von dieser grundlegenden Zirkularität abwandten, um ganz den Bewegungen der Kognition zu folgen, fanden wir dort keine subjektive Grundlage, kein festes, bleibendes Ich-Selbst vor. Als wir eine objektive Grundlage suchten, trafen wir eine Welt an, die durch unsere Geschichte der strukturellen Koppelung inszeniert wird. Schließ-*

---

[14]Vgl. Zum Leben, Denken und Wirken von Francisco Varela den beeindruckenden Film „Monte Grande. Oder: Was ist das Leben?".

lich sahen wir, dass diese verschiedenen Formen der Bodenlosigkeit zu einer einzigen verschmelzen: Organismus und Umwelt sind ineinander entfaltet und entfalten sich auseinander in der grundlegenden Zirkularität, die das Leben selbst darstellt" (ebd., S. 295).

Diese Grundlegung einer neuen Kognitionstheorie brachte in mir auch einige der erkenntnistheoretischen sowie ethischen Grundlagen meines Denkens ins Wanken. Nur ganz allmählich verstand ich, dass Varela u. a. – vor dem Hintergrund buddhistischer Annahmen – einen Weg markierten, der der „Logik des Entstehens in gegenseitiger Abhängigkeit" (ebd., S. 300) folgte und das Bemühen um Gewahrsein als Ausgangspunkt aller Bemühungen um Bewusstheit verstand – ein Gewahrsein, dass sich der im Denken aufpoppenden Überlieferungen, Gewohnheiten und Archive tief bewusst ist und diese zu relativieren bzw. hinter sich zu lassen vermag. Gleichzeitig wohnt diesem Bemühen um Gewahrsein eine tiefe ethische Kraft inne, wie Varela u. a. überzeugend darlegen. Wer sich des Entstehens in gegenseitiger Abhängigkeit tief „gewahr" ist, der oder die tritt in eine Welt „der Fürsorge für jene anderen, mit denen wir die Welt inszenieren" (ebd., S. 334) ein:

„Die Straßenkämpfermentalität des ständig mißtrauischen Eigeninteresses weicht zudem dem Interesse an anderen. (…) In der Achtsamkeit/Gewahrseins-Meditation werden die bewusste Erkenntnis der Gemeinsamkeit und die Entwicklung eines unvoreingenommenen Gefühls von Wärme durch verschiedene Kontemplationspraktiken wie etwa die Erzeugung von 'liebender Güte' gefördert. Es heißt, ohne Wärme könne nicht die volle Grundlosigkeit (Shunyata) verwirklicht werden" (ebd., S. 335).

Die in dieser Einsicht aufscheinende ethische Dimension ist zugleich eine erkenntnistheoretische: Wir können uns selbst und die Welt nicht „nüchtern" als eine unabhängig von unseren Prägungen und Möglichkeiten Gestalt gewinnendes Gegebenheit konzipieren, da wir dabei durch uns selbst auf diese Gegebenheit blicken. Die von Varela u. a. in das Zentrum gerückte „selbsteinschließende Reflexion" weist uns deshalb einen Ausweg aus dieser wechselseitigen Verwobenheit von ich und Welt. Wir können diese zwar nicht entkommen, aber wir handeln anders, wenn uns diese Verwobenheit bewusst ist und wir darin geübt sind, unser Beobachten zu beobachten und das, was uns dabei auffällt, von unserem Eindruck in Abzug zu bringen.

Literatur

Arnold, R.: Keine Zeit für gründe Bananen. Die aufklärende Kraft der Vergänglichkeit. Heidelberg 2025 (Carl Auer).

Arnold, R.: Selbstbildung. Oder: Wer kann ich werden und wenn ja wie? 2. Aufl. Baltmannsweiler 2013 (Schneider).

Arnold, R.: Seit wann haben Sie das? Grundlinien eines Emotionalen Konstruktivismus. 2. Aufl. Heidelberg 2019b (Carl Auer).

Arnold, R.: Wie man wird, wer man sein kann. 29 Regeln zur Persönlichkeitsbildung. 2. Aufl. Heidelberg 2019c (Carl Auer).

Arnold, R.: Wie man frisch beobachtet, um neu wahrzugeben. 29 Regeln zur Achtsamkeit. Heidelberg 2023 (Carl Auer).

Arnold, R./Brater, M.: Persönlichkeitsbildung „nach" Humboldt. Berlin 2026 (Juventa).

Arnold, R./Erpenbeck, J.: Wissen ist keine Kompetenz. Dialoge zur Kompetenzreifung. Baltmannsweiler 2014 (Schneider).

Arnold, R./Neuser, W. (Hrsg.): Beobachtung des Wissens – das Wissen des Beobachters: Annäherungen an eine systemische Hermeneutik. Baltmannsweiler 2017 (Schneider).

Bergh, C.: Wege aus dem Irrgarten der Gefühle. Seelische Vorgänge besser verstehen – Gefühle besser steuern. 3. Aufla. Salzburg 2016 (Mackingerverlag).

Couvert, B.: Vererbte Geschichte. Wie persönliche Erfahrungen an nachfolgende Generationen weitergegeben werden. Heidelberg 2021 (Carl Auer).

Damasio, A.: Ich fühle, also bin ich. Die Entschlüsselung des Bewusstseins. Berlin 2022 (List).

d'Lonra, F.: Häutungen der Liebe. Krisenreime. München 2021 (United P.C.).

Eribon, D.: Rückkehr nach Reims. Frankfurt 2016 (Suhrkamp).

Eribon, D.: Gesellschaft als Urteil: Klassen, Identitäten, Wege. Frankfurt 2022 (Suhrkamp).

Freud, S.: Totem und Tabu. Einige Übereinstimmungen im Seelenleben der Wilden und der Neurotiker. 11. Aufl. Berlin 2012 (Fischer).

Fromm, E.: Der kreative Mensch. In: Ders.: Gesamtausgabe. Bd. IX. Stuttgart 1959 (DVA), S. 399–407.

Habermas, J.: „Es musste etwas besser werden …" Gespräche mit Stephan Müller-Dohm und Roman Yos. Frankfurt 2024 (Suhrkamp).

Heidegger, M.: Sein und Zeit. Tübingen 1993 (Max Niemeyer).

Kast, V.: Abschied von der Opferrolle. Das eigene Leben leben. Freiburg 2001 (Herder).

Kast, V.: Paare. Wie Phantasien unsere Liebesbeziehungen prägen. Stuttgart 2015 (Herder).

Koch, C.: Bewusstsein – ein neurobiologisches Rätsel. Heidelberg 2013 (Springer Spektrum).

Lelord, F.: Hector und die Kunst der Zuversicht. München 2019 (Piper).

Maturana, H./Varela, F.: Der Baum der Erkenntnis. Die biologischen Wurzeln menschlichen Erkennens. Bern 1987. (Huber).

Mead, G.H.: Geist, Identität und Gesellschaft. Frankfurt 1978 (Suhrkamp).

Metzinger, T.: Der Ego-Tunnel. Eine neue Philosophie des Selbst: Von der Hirnforschung zur Bewusstseinsethik. 7. Aufl. Berlin 2009 (Piper).

Metzinger, T.: Der Elefant und die Blinden. Auf dem Weg zu einer Kultur des Bewusstseins. Berlin 2023 (berlin verlag).

Miller, A.: Das Drama des begabten Kindes und die Suche nach dem wahren Selbst. Frankfurt 2006 (Suhrkamp).

Miller, A.: Du sollst nicht merken. Variationen über das Paradiesthema. Frankfurt 1983 (Suhrkamp).

Mitscherlich, A./Mitscherlich, M.: Die Unfähigkeit zu trauern. Grundlagen kollektiven Verhaltens. München 1967 (Piper).

Moser, T.: Gottesvergiftung. Frankfurt 1980 (Suhrkamp).

Müller-Hagen, J.: Verleugnet, verdrängt, verschwiegen: Die seelischen Auswirkungen der Nazizeit. München 1988 (Kösel).

Rohs, M./Schiefner-Rohs, M./Saas, H./Schön, M. (Hrsg.): Eigentlich war ich ja ein Selfmade-man. Festschrift zum 70. Geburtstag von Rolf Arnold. Baltmannsweiler 2023 (Schneider).

Rotthaus, W.: Wir können und müssen uns neu erfinden. Am Ende des Zeitalters des Individuums – Aufbruch in die Zukunft. Heidelberg 2021 (Carl Auer).

Schmidt, G.: „Wahrgebungen" aus der „inneren" und „äußeren" Welt des Therapeuten und ihre Nutzung für zieldienliche Therapeutische Kooperation. In: Familiendynamik, 25(2000), 2, S. 177–205.

Schützenberger, A.A.: Oh, meine Ahnen. Wie das Leben unserer Ahnen in uns wiederkehrt. 1o. Auflage. Heidelberg 2021 (Carl Auer).

Senge, P. u. a. Presence. Exploring profound Change in People, Organizations and Societies. London 2004.

Stahl, S.: Das Kind in dir muss Heimat finden. Der Schlüssel zur Lösung (fast) aller Probleme. München 2016 (Arkana).

Varela, F. u. a.: Der mittlere Weg der Erkenntnis. Der Brückenschlag zwischen wissenschaftlicher Theorie und menschlicher Erfahrung. Bern u. a. 1992.

Vogd, W.: Welten ohne Grund. Buddhismus, Sinn und Konstruktion. 2. Aufl. Heidelberg 2022 (Carl Auer).

4

Beobachten

Jede Beobachtung ist von einem Beobachter gemacht.
Ich selbst bin auch bloß ein Beobachter!
(Maturana *2001*)

Die nüchterne Feststellung, dass den Menschen bloß Beobachtungen zugänglich seien, kann den sicheren Grund des Denkens, Fühlens und Handelns grundlegend erschüttern. Zwar ist die erkenntnistheoretische Einsicht, dass der Mensch bloß das zu erkennen vermag, wofür er „Antennen" hat, nicht neu, doch wird weder unser Alltagsbewusstsein, noch unser Alltagshandeln von dieser Einsicht wirklich tief durchdrungen. Im Gegenteil:

> *Wir denken, fühlen und handeln kontrafaktisch, d. h. die bloß mittelbare Beziehung, in der wir zu der Realität stehen, ist uns nicht in jedem Moment bewusst.*

© Der/die Autor(en), exklusiv lizenziert an Springer Fachmedien Wiesbaden GmbH, ein Teil von Springer Nature 2026
R. Arnold, *Erwachsen hat ein s zu viel*, https://doi.org/10.1007/978-3-658-51533-1_4

Insbesondere unter Druck tun wir so, als ob wir eine *unmittelbare* Beziehung zur Realität hätten (und zwar jede(r) eine eigene, weshalb wir uns nicht verstehen, selbst wenn wir in unseren Beschreibungen scheinbar übereinstimmen). Ebenso wenig bezeichnen, schlussfolgern und kommunizieren wir in dem ständigen Bewusstsein, dass wir damit in ein sprachliches Rauschen eintauchen, dass schon seit langem andauert, uns Begriffe, Ausdrucksformen und in diese eingelagerte Kausalbeziehungen zuraunt, die wir zu nutzen gewohnt sind. Wir kommunizieren dabei nicht, um uns zu verstehen, sondern es kommuniziert uns, um die Gesellschaft zu erhalten, wie Niklas Luhmann (1927–1998) uns gezeigt hat. Mit seinem Hinweis entsteht ein völlig neuer Blick auf unser Denken, Fühlen und Handeln als beobachtende Menschen. Wir sind nicht länger die autonomen Individuen, die die Wirklichkeit „wahrnehmen", analysieren, verstehen und beschreiben, sondern zugleich Wesen, die von der Kommunikation für die Selbsterhaltung und damit für die Fortdauer der Gesellschaft gewissermaßen benutzt werden.

Dieser Blick auf die Kommunikation, die sich hinter dem Rücken der Akteure als kohäsive Kraft des Gesellschaftlichen artikuliert, vermag die Illusion unseres intentionalen Individualismus heftig zu erschüttern. „Wir sind die Bäume, nicht der Wald" (Arnold 2017, S. 47 ff) – so habe ich an anderer Stelle diese Lage grob umschrieben. Und: Unser Denken ist ein Abbilden, das ein sprachliches System benutzt, um seinen Themen, Bewegungen und Begründungen einen aktuellen Ausdruck zu verleihen – ausgeliefert an die Modalitäten von Begriffen und Grammatik, die es als Geländer für die eigene geistige Aktivität benutzt, eine alleinige Urheberschaft irrtümlich für sich in Anspruch nehmend. Dabei stiftet die aus den Archiven und den eigenen biografischen Festlegungen sowie den lebensweltlichen Sprachregelungen hineinschwappende Deutungsroutine eine innere Welt, die uns orientiert, um deren Substanzen wir kämpfen und deren Beschreibungen wir – so und nicht anders – für gegeben halten. Bäume können nicht heranlangen an die innere und äußere Logik des Waldes; sie vermögen weder zu spüren noch zu erkennen, was es bedeutet, Wald zu sein. Ihnen bleibt verborgen, wie dieser sie in Dienst nimmt, um als Wald zu existieren.

Ganzheitlichkeit des Denkens, Fühlens und Handelns ist ein Anspruch, der uns wenig Gewissheit eröffnet, er nimmt uns aber nahezu alle

Berechtigung, mit der wir uns und unserem Leben Orientierung stiften: aus Überliefertem, Erinnertem und uns Durchwölbendem.

> *Alles erweist sich als Wiederholung, die mit dem unmittelbar Neuen, Unerwarteten und Möglichkeitsräume Eröffnenden bloß schwer zurechtkommt.*

Beobachtende, die sich dieser unhintergehbaren Verwurzelung im Werkzeugkasten von Biologie, Sprache, Kultur und Gesellschaft bewusst sind, haben die Illusion, eigenständige Individuen zu sein, aufgegeben. Sie achten mehr auf die Indienstnahmen, denen sie ungewollt ausgesetzt sind. Ihnen ist bewusst, dass sie lediglich Texte produzieren, die bloß Abbildungen ihrer Welt zu sein vermögen, und ihnen ist als tragende Ahnung bewusst, dass sie weniger das sind und ausdrücken, was ihrem eigenen Wesen entspringt, sondern vielmehr „artig" gelernt haben, sich als Urheber einer Welt zu spüren, die sie tagtäglich mit übernommenen Werkzeugen und in vorgefundenen Laboren aus Erinnertem gestalten, um ein System, dessen Teil sie sind, am Laufen zu halten. Gesellschaft existiert durch Kommunikation, sie zerfällt, wenn diese eingestellt wird oder sich in Narrativen verirrt, die nicht mehr zu einer gemeinsamen Erzählung verbunden werden können. Dann beginnen die Menschen über den Gehalt dessen, was sie nüchtern zu beobachten meinen, zu streiten. Und sie führen Kriege um die Wahrheit – in Beziehungen, zwischen den gesellschaftlichen Milieus oder gar zwischen Gesellschaften.

Schweigende Vertiefung oder Rückzug zu sich selbst sind keine Alternativen, da wir uns selbst bloß spüren, verstehen und entwickeln, wenn wir uns in der Resonanz mit anderen bewegen können – nicht auf eine Wahrheit zu, sondern zugleich um innere Konsonanz und äußere Konsonanz bemüht. Identität entsteht aus Konsonanz, und Biografie erwächst aus dem beständigen Retuschieren der inneren Bilder dessen, was wir gewesen zu sein meinen und was wir glauben aktuell zu sein oder sein zu sollen. Doch wer sind wir *eigentlich,* wenn wir uns auch als funktionale Elemente übergeordneter Zusammenhänge entdecken, die so sind, wie sie zu sein meinen, weil genau diese Bemühungen subtil dafür sorgen, dass der übergeordnete Zusammenhang andauern und überleben kann?

Wer sind wir, wenn wir diese Funktionalisierung unseres Ichs durchschauen und immerhin versuchen können, uns jenseits dieser Einbettung neu zu entdecken? Was bleibt von uns und unseren Erzählungen, wenn wir die erwarteten Beiträge einstellen und uns konzentriert darin üben, andere Erzählungen zu generieren – Erzählungen, in denen unsere Einsicht in die Funktionszusammenhänge, denen wir unfreiwillig zu Diensten sind – zu Diensten sein müssen – einfließen? Entstehen dann andere gelehrte Texte oder arbeiten wir mit Andeutungen, Poesie oder anderen – z. B. künstlerischen – Ausdrucksformen?

Im systemischen Denken gibt es zahlreiche Versuche, sich in den „Welten ohne Grund" (Vogd 2022) neu zu orientieren und zu artikulieren. Und auch Gedichte sind oft Ausdruck eines Bemühens, mit dem vertrauten Werkzeug, hinter die strukturellen Begrenzungen des sprachlichen Ausdrucks zu gelangen – andeutungswiese, tastend und mit nichtkontaminierten Formen. Der Dichter d'Lonra schreibt:

Leben ohne Worte

*Weniger bezeichnen
wäre eine Befreiung für die Seele,
die oft nicht weiß, ob der Begriff
tatsächlich greift oder bloß verwechselt.*

*Weniger aussprechen
wäre eine Chance für Veränderung,
weil das nicht Ausgesprochene
Optionen schafft für gemeinsame Suche.*

*Weniger erklären
wäre schlau, weil wir es endlich aufgeben,
unsere Sicht der Begriffe
dem Gegenüber aufzudrängen.*

*Weniger festgelegt,
könnten wir freier atmen,*

*weil wir uns nicht in den Ketten
des einmal Gesagten verheddern würden.*

*Wäre es nicht menschlicher,
wie auch effektiver,
wenn wir schweigend
damit umzugehen lernen,
wie die Begriffe vom Gegenüber
gefüllt und gehandhabt werden?
(d'Lonra 2021, S. 22 f)*

Es erschütterte mich maßlos, als ich erkannte, wie auch ich mir in meinen Selbstentwürfen letztlich treu blieb und dabei immer wieder überlieferten Deutungen folgte, die dem mit der Muttermilch eingesogenen Reden und Beschweigen meines Elternhauses entstammten. Diese Deutungen tragen uns, obgleich sie nicht unsere sind, und doch unser Denken, Fühlen und Handeln bestimmen. Sie sind Bestandteile der Konsonanzbemühungen, um uns selbst (und anderen) unserer Identität zu versichern.

Kann man überhaupt – nüchtern – beobachten, wenn man erkannt hat, dass man dabei nicht aus sich heraus-, sondern bloß durch sich hindurch blicken kann, sich gewissermaßen selbst in das beobachtete Objekt mit hineinnimmt? Was verändert sich, wenn wir das Außen stets (auch) als Echo unseres Selbst beobachten? Dann sagt uns dieses viel über uns selbst aus. Die Frage einer solchen selbstreflexiven Beobachtung lautet: „Was ruft mir das aktuelle Geschehen über mich selbst in Erinnerung?" – eine selten gestellte, aber Möglichkeitsräume eröffnende Bewegung.

Wir beobachten anders, wenn uns bewusst bleibt, dass wir bloß Abbilder erzeugen – Abbilder, die wir zudem in Textform mitteilen und präsentieren, dabei Worte, Satzbildungen, Modi und Tempi verwendend, von denen eine selegierende Wirkung ausgeht. Schließlich können wir bloß *dem* Ausdruck verleihen, wofür wir Ausdrücke haben – alle Zwischentöne gehen dabei ebenso verloren, wie alles Unsagbare oder bloß Geahnte.

Im Ausdruck verarmt unser Eindruck und wir bewegen uns in den flachen Gewässern des Mitteilbaren und Teilbaren.

Und doch kämpfen wir verbissen auf dieser Ebene des Textlichen, versuchen bisweilen verzweifelt, zu den geteilten Archiven vorzudringen, um mit dem, was sich durch unser Leben klärte, uns und den anderen, die uns überdauern oder nach uns kommen, zu *erklären* – ein ehrgeiziges, aber vielleicht doch eher hoffnungsloses Unterfangen, muten wir uns doch ungewollt den anderen mit der Besonderheit unseres Ausdrucks auch zu. Wer liest schon, was wir hinterlassen haben? Wer wendet sich unseren Texten zu, um uns und das, was wir über das Leben herausgefunden haben, in den Gehalten, die dies seinem eigenen Leben stiften könnte, zu verstehen?

Der geisteswissenschaftliche Pädagoge Eduard Spranger (1882–1963) schrieb vor hundert Jahren, dass demjenigen, der „nicht den Mut hat, rationale Linien durch den Zusammenhang des Lebens zu ziehen, der Mut zur Wissenschaft und zum Denken (fehlt)" (Spranger 1927, S. XI) – ich meine, ihm oder ihr fehlt letztlich auch der Mut zum Leben, zum frischen Beobachten und Gestalten der eigenen Welt – jenseits der vertrauten Festlegungen und der durchschaubaren Mechanismen des eigenen Denkens, Fühlens und Handelns.

Es begann mich schon früh zu langweilen, wenn ich die Veröffentlichungen meiner Disziplin („Erwachsenenpädagogik") verfolgte und dabei nach einiger Übung immer bereits wusste, wie bestimmte Kolleginnen und Kollegen über einzelne Themen dachten und ihre Gedanken gewissermaßen beständig wiederholten, zu ähnlichen Einschätzungen und Ergebnissen gelangten und sich von immer denselben anderen Meinungen entschieden distanzierten. Noch gut erinnere ich mich an eine Sitzung der Kommission Erwachsenenbildung der Deutschen Gesellschaft für Erziehungswissenschaften (DGfE) im Spätsommer 1993 in Freiburg, auf der ich meine ersten Gedanken zu einer Konstruktivistischen Erwachsenenbildung präsentierte und einen Sturm der Entrüstung von all denen erntete, die noch immer von den universalistischen Konzepten von Aufklärung, Mündigkeit und Emanzipation durchdrungen ihre Theorien emporstemmten. Jahre später gab es kaum mehr ernstzunehmende Fachvertreter:innen, die sich nicht mit dem konstruktivistischen Argument auseinandersetzten – aber es verblieb eine Gruppe radikaler Materialisten, die bis zum heutigen Tage nicht müde werden, dieses Argument für den Untergang der Pädagogik, wenn nicht sogar des Abendlandes verantwortlich zu machen.

Auch in meinem eigenen Werk gibt es Konsonanzen in Hülle und Fülle. Es gibt aber auch die gründliche Überprüfung vertrauter Sichtweisen und eine Abwendung von früher selbst vertretenen Standpunkten. Darüber bin ich sehr froh. Und mit den Jahren kann man auch erkennen, wie das eigene Denken und seine Figuren letztlich auch aus der eigenen Lebenspraxis heraus entstehen – trotz allen Bemühens um Nüchternheit, Methodenkritik und Selbstreflexion. Auch erkennende Wesen sind fühlende Wesen, die auch beim Wissenschaffen so vorgehen, wie sie selbst gelernt haben, die Wirklichkeit auszuhalten. Empirismus geht nicht selten mit einem ausgeprägten Bemühen um Kontrolle und Berechenbarkeit einher, während qualitative Ansätze – so mein Eindruck – zumeist von Wissenschaftlerinnen und Wissenschaftlern verfolgt werden, die auch im persönlichen Umgang deutlich ausdrücken, dass sie nicht zu wissen glauben, sondern vielmehr in der Lage sind, sich emphatisch auf die Sichtweisen und Bedeutungszuschreibungen ihres jeweiligen Gegenübers zu beziehen.

Es ist kein leichtes Unterfangen, die eigenen Beobachtungen selbst zu verantworten und aus dem Mechanismus der projektiv verkürzten Ursachenzuschreibung ein für alle Male auszusteigen. Selbst, wenn das Gegenüber uns verletzt, kränkt, enttäuscht oder ärgert, liegt es in unserer alleinigen Verantwortung, darüber zu wachen, welche „bewährten" Ichzustände wir in uns auslösen lassen. Das Gegenüber kann, wenn es unsere Strukturbesonderheiten kennt und uns liebt, allenfalls darauf achten, bestimmte Empfindlichkeiten nicht zu triggern, ursächlich verantwortlich ist es weder für unseren Eindruck noch für den Ausdruck, zu dem wir greifen (Trauer, Vorwurf etc.).

> *Zwischen Eindruck und Ausdruck ist ein Raum, in dem wir innehalten und nach den irritierenden oder gar kränkenden Vorläufersituationen suchen können, deren damaliger Eindruck sich durch uns heute immer noch bei passender Gelegenheit ausdrückt.*

In diesem Moment machen wir das Gegenüber für etwas verantwortlich, an dem es dereinst nicht beteiligt gewesen ist.

Diese Einblicke in den Mechanismus der projektiv verkürzten – mithin unterkomplexen – Ursachenzuschreibung lässt aber auch jeden Vorwurf verstummen. Wir erkennen und begreifen nichts, wenn wir die Gründe für unser jeweils aktuelles Empfinden stets in dem suchen, was uns gerade aktuell widerfährt oder widerfahren ist. Obgleich wir in den allermeisten Situationen genau dies tun und deshalb bevorzugt in einer verkürzten bzw. „verzerrten" Wirklichkeit leben, entfernt uns diese Routine eher von unserer inneren Reifung. Reifen können wir nämlich nur außerhalb der Vorwurfswelt, wenn wir unseren Eindruck in die eigene Verantwortung nehmen und die Formen unseres Ausdrucks permanent überdenken. Wenn wir einmal tief verstanden haben, dass wir das Aktuelle auch bloß zu erinnern vermögen, weil sich das Bild, welches wir uns davon machen, sich nur in alt-bekannten Farbtönen darzustellen vermag, dann werden wir zurückhaltender, stiller und auch vorsichtiger. Im Idealfall kommt uns kein Vorwurf mehr über die Lippen, und wir haben Ausdrucksformen perfektioniert, die konjunktivisch, nicht indikativisch ist.

Kann man als nüchtern Beobachtender glücklich sein? Oder setzt Glück nicht notwendigerweise ein Anknüpfen an bekannten Ich-Zuständen, eine Rekonstellierung vertrauter Momente der Akzeptanz und Resonanz voraus? Diese Frage öffnet den Zugang in die relativistischen Welten des Glücksempfindens, von deren vielfältigen Ausprägungen die Psychotherapie ein Lied zu singen weiß. So rekonstelliert sich nämlich für jemanden, der seine „Geborgenheit" im Umgang mit ständiger Infragestellung und Bedrohung gelernt hat, das Vertraute bloß in solchen Lagen, in denen ihm oder ihr kein wirkliches „Ja!", sondern immer ein „Ja, aber!" begegnet. Entsprechend vorgeprägte Menschen hängen deshalb häufig in einer strukturellen Ambivalenz fest, die sie immer wieder dazu verleitet, das Eine stets im Anderen zu erwarten. Wendet sich ihnen jemand vertrauensvoll, interessiert und bedingungslos zu, so können sie dies oft bloß wirklich „aushalten", wenn sie zugleich kein gutes Haar an ihm oder ihr lassen können, oder sich bloß auf die Beziehung einlassen können, wenn sie sich zugleich noch eine andere Möglichkeit „warm" halten können. Sie fühlen sich „glücklich", weil vertraut, wenn sie das „Ja" und das „Nein" in gewohnter Weise zugleich erleben können. Die Eindeutigkeit einer bedingungslosen Zugewandtheit auszuhalten, haben sie nicht gelernt. Ihr Beziehungsmotto ist: „Es geht mir gut, wenn es mir (auch) schlecht geht" – eine erschöpfende, nur schwer „erwachende" Form des Erwachsenseins, bei dem man sich, um „glücklich" zu sein, gegen das Glück entscheiden „muss" – wie fatal!

Beobachtung benötigt den klaren bzw. klärenden Blick, um hinter die Kulissen, von wo aus wir hinterrücks gesteuert werden, zu blicken. Erwachsensein im Sinne eines Erwachtseins ist das Ergebnis eines solchen Blicks hinter die Kulissen des Offensichtlichen. Indem wir uns darin üben, entsprechend „selbsteinschließend" zu beobachten, lernen wir auf die Vermeidungsbewegungen zu achten, mit denen wir uns immer wieder in vertrautes Gelände zurückbewegen, ohne das Potenzial des Augenblicklichen wirklich zu spüren und zuzulassen.

Mit einer solchen Vermeidungsbewegung kann man sicherlich erwachsen werden und sein ganzes Leben zubringen – man bleibt gleichwohl hinter den eigenen Möglichkeiten zurück. Das Leben tritt nämlich losgelöst und unverknüpft mit unseren Erinnerungen auf uns zu. In ihm wiederholt sich dabei nur Eigenes, wenn wir es zulassen, dass unsere vertrauten Befürchtungen auch in ihm beständig Nahrung finden. Dann hören wir das Gras bloß wachsen, weil wir darin geübt sind, auf das Graswachsen zu achten – auch dann, wenn gar keines wächst. Doch bemerken wir dies in aller Regel nicht, da die vertrauten Bilder, die in uns losgetreten wurden, sich bereits zu einer fertigen Beurteilung zusammengefügt haben und wir bloß noch darum bemüht sind, die Konsonanz des vertrauten Bildes abzusichern. Der Selffullfilling-Prophecy-Mechanismus funktioniert in der Regel problemlos, und ehe wir uns versehen, meinen wir zu wissen, was jetzt gerade wieder Sache ist, und welche Gefahr da auf uns zukommt. Dann wird die Beobachtung zur Erinnerung bzw. zum Wiedererkennen, womit wir uns ganz automatisch in eine innerliche Distanz zu denen begeben, die da frisch und unbelastet auf uns zugehen.

Jede Beobachtung muss deshalb zunächst zu einer Selbstbeobachtung werden, was wiederum eine reflexive Haltung voraussetzt, die sich zunächst nicht auf das „Was?", sondern auf das „Wie?" der Beobachtung konzentriert. Nur, wenn wir uns dabei ertappen, wie wir z. B. wiederum unsere mitgebrachten Vorstellungen von *der* oder *dem* Erwachsenen bereits in der Art unserer Fokussierung transportieren, können wir diese Projektion zurücknehmen und einen „frischen Blick" wagen.

Nach der Jahrtausendwende begann die Konstruktivistische Erwachsenenpädagogik, den selbsteinschließenden Zugang zu den Themen des Lernens sowie der Identitäts- und Kompetenzentwicklung im Lebenslauf, der in dem hier vorliegenden Selbstversuch gewissermaßen auf die Spitze getrieben wird, systemisch neu zu ordnen. Dabei wuchs den – bislang weitgehend ausgeklammerten – Beobachtertheorien sowie der seit 1990 intensivierten Emotions- und Hirnforschung eine grundlegende Bedeutung zu. Diese nahm die „radikale Bewusstwerdung" im Sinne einer „strikte(n) Theorie des Subjektes" (Foucault 2024, S. 105) vorweg. Michel Foucault (1926–1984) brachte erst in seinem posthum veröffentlichten „Diskurs der Philosophie" prägnant zum Ausdruck, worum es uns bereits damals bei dem Versuch einer systemischen Neubegründung des erwachsenenpädagogischen Diskurses im Kern ging: um

„die Einbeziehung des sprechenden Subjekts im Äußeren dieses Diskurses überhaupt (das heißt von allem, was in einer Kultur zu einem bestimmten Zeitpunkt gesagt wird)" (ebd., S. 85),

wodurch

„neue Formen dieser bezeichnenden Einbeziehung (erscheinen), wobei jede von ihnen einen neuen Diskurs definiert" (ebd.).

Foucault nimmt die „Ordnung des Diskurses" in den Blick, die sich dadurch grundlegend wandelt,

„(…) dass man mehr oder weniger plötzlich beginnt, ʼneue Dingeʼ zu sagen, Begriffe und Konzepte zu verwenden, die man so noch nicht definiert hatte; man nimmt anders wahr und kann nicht mehr denken, was unlängst noch das Vertrauteste war" (ebd., S. 84).

Meine Arbeiten mit Horst Siebert (1939–2022) waren darum bemüht, nicht nur „gewohnte Sichtweisen, sondern auch die Weisen unseres Sehens selbst" (Arnold 2007, S. 75) zu hinterfragen und nach frischen Lesarten dessen, was im Erwachsenenlernen bzw. im Prozess der Erwachsenenbildung „geschieht", zu tasten. Wie gesagt, eröffneten sich dabei nicht allein neue Zugänge zur frischen Konzipierung eines Forschungsgegenstandes, vielmehr rückte auch das eigene Erwach(s)en in neuer Dringlichkeit in den Fokus.

Insbesondere der Blick auf die eigene Bewusstseinsentwicklung schärfte die Frage nach den – eigenen – epistemologischen Kompetenzen des Erwach(s)ens sowie nach den damit verbundenen Fähigkeiten, sich selbst und die Welt durch ein neues Denken, Fühlen und Handeln sowie gezielte Übungen des Gewahrseins, Rückruderns und Sich-Selbst-ins-Wort-Fallens sowie durch proaktives Deuten bzw. Imaginieren neu zu konstruieren. Erwachsensein büßte dabei vieles von seiner biografischen Terminierung und Festgelegtheit sowie „anschließenden" oder „nachholenden" Logik ein (Motto: „Was Hänschen nicht lernt, lernt Hans nimmermehr!") und ließ die genuine Potentialität biographischer Reifung deutlicher in den Blick treten (Motto: „Erwachsen ist ein Erwachen zu sich selbst und der Vielfalt der eigenen Fähigkeiten!") (vgl. Arnold 2019c).

In den aktuellen Debatten büßten die mit dem Begriff des „Erwachsens" verbundenen Konnotationen des Nachholens und Herauswachsens aus Prozessen der Vorbereitung und des Berechtigungserwerbs ihre tragende Bedeutung mehr und mehr ein. Während man noch in den 1970er-Jahren darum bemüht war, die Erwachsenenbildung als „Quartären Bereich" des Bildungswesens zu etablieren und sich damit ungewollt an den Maßstäben der Institutionalisierungen in Schule (Primar- und Sekundarbereich) und Hochschule (Tertiärbereich) orientierte, traten nun deutlicher die Nachteile eines solchen Verschulungs- und Curricularisierungsblicks auf das Lernen Erwachsener in das Bewusstsein der Bildungs- und Gesellschaftspolitik. Indem die Informalität des Erwachsenenlernens stärker in das Bewusstsein trat (Motto: „Der Mensch ist das lernfähige Tier!") konnte ein in Umrissen neu akzentuiertes Verständnis persönlicher Reifung im Lebenslauf entstehen – ohne die Kontaminierungen des Unvollständigen („Nachholen").

Literatur

Arnold, R.: Die Beobachtung des Beobachtens. Konstruktivistische Erwachsenenbildung. In: REPORT,30 (2007), 2, S. 75–82.

Arnold, R.: Es ist später, als Du denkst. Perspektiven für die Restbiografie. Bern 2017 (HEP).

Arnold, R.: Wie man wird, wer man sein kann. 29 Regeln zur Persönlichkeitsbildung. 2. Aufl. Heidelberg 2019c (Carl Auer).

Foucault, M.: Der Diskurs der Philosophie. 2. Aufl. Frankfurt 2024 (Suhrkamp).

d'Lonra, F.: Häutungen der Liebe. Krisenreime. München 2021 (United P.C.).

Maturana, H.: Was ist erkennen. Die Welt entsteht im Auge des Betrachters. München 2001 (Goldmann).

Spranger, E.: Lebensformen. Geisteswissenschaftliche Psychologie und Ethik der Persönllichkeit. 6. Aufl. Halle 1927 (Max Niemeyer).

Vogd, W.: Welten ohne Grund. Buddhismus, Sinn und Konstruktion. 2. Aufl. Heidelberg 2022 (Carl Auer).

5

Lesen, Sprechen, Schreiben

Wer sich dem Sog fremder Phantasie nie ausgesetzt hat,
kann sehr schwer eigene entwickeln
(Fritz J. Raddatz).
Bücher sind Spiegel für uns,
in denen wir nicht das sehen, was wir effektiv schon sind,
sondern das, was wir erst noch werden wollen
(Eribon *2016*, S. 107).

Das „Archiv", wie der französische Philosoph Jaques Derrida (1930–2001) es nennt (vgl. Derrida 1997), ist die Summe der publizierten und überlieferten Texte. Indem wir deren Gedanken studieren, in uns aufnehmen, selbst fortentwickeln und als „Geländer" für unser eigenes Denken nutzen, erklimmen wir Ausdrucksformen unseres Selbst, die wir in dieser Form niemals allein aus uns heraus hätten entwickeln können. Durch Lesen integrieren wir uns zugleich in einen Sprachgebrauch und betreten

---

Zit. nach DIE ZEIT Nr. 50/2023 vom 24.11.2023, S. 2.

© Der/die Autor(en), exklusiv lizenziert an Springer Fachmedien Wiesbaden GmbH, ein Teil von Springer Nature 2026
R. Arnold, *Erwachsen hat ein s zu viel*, https://doi.org/10.1007/978-3-658-51533-1_5

einen Kulturraum, den wir uns einverleiben und dabei selbst zu Kultur schaffenden Wesen werden, deren Impulse in der Fortschrift des großen Textes, an dem wir alle zusammen schreiben, fortwirken oder versickern.

Bisweilen stelle ich mir vor, wie unsere Vorfahren vor nur wenig mehr als 50.000 Jahren, also vor etwa 1600 Generationen, sich selbst und die Welt gespürt und sich in dieser orientiert haben. Nach allem, was wir wissen, verfügten die damals lebenden Menschen noch nicht über die Sprache – allenfalls über Vorformen, kannten aber sicherlich Gefühle der Angst und solche des Befreitseins von Angst. Es muss in der Menschheitsgeschichte ein alles umstürzendes Erlebnis gewesen sein,

- sich plötzlich ausdrücken zu können,
- sich selbst nachdenklich belauschen und
- den eigenen Ausdruck auch noch erklären, darlegen und als Erfahrung nicht bloß bildhaft erinnern, sondern auch mitteilen und überliefern zu können.

Dadurch erweiterte sich der Einzelmensch erst eigentlich zum *Gattungsmenschen,* zum Homo Sapiens, den einsichtigen Menschen. Es entstand eine Zwischenwelt: die Welt des Geistigen, die Welt der Geschichten, Texte und Überlieferungen. Diese „Archive" wurden zur Umwelt, in die hinein der Mensch geboren wird und an der er sich entfaltet. Die Gattungsmenschen wurden zu *Archivmenschen,* die sich in geteilten Erzählungen, Redewendungen und Ritualen in geistigen Räumen verbanden und in diesen einrichteten. Sie waren zwar weiterhin sterbliche Einzelwesen, doch konnten sie sich über die Generationen hinweg mitteilen, von den Geschichten der Alten inspirieren lassen und selbst Geschichten, Lesarten und Begründungen überliefern, mit denen wir uns heute noch auseinandersetzen.

Durch die Entstehung, die Fortdauer und die Überlieferung der Archive veränderte sich alles. Die Menschen waren nicht mehr auf die eigenen Erfahrungen mit sich und der Welt zurückgeworfen, sie konnten sich vielmehr mit den überlieferten Einsichten, Konzepten und Theorien in Verbindung bringen, sich mit diesen auseinandersetzen, sie überprüfen und dabei ihre eigenen Perspektiven verfeinern. Indem sie so nicht allein *ihren* Horizont erweiterten, sondern auch andere Sichtweisen und

Deutungen in ihr Selbst- und Weltbild integrierten, begannen sie sich aus dem Gefängnis ihrer zufälligen, aber zugemuteten Lebenswelt mehr und mehr zu befreien. Dies war der Beginn eines reflexiven Denkens, welches den Boden bisheriger Gewissheiten zu erschüttern vermag, aber auch die Tür zu neuen Möglichkeiten eines gelingenden Lebens aufstoßen kann.

Ab irgendeinem Punkt des reflexiven Denkens ist man nicht mehr auf der Suche nach Gewissheiten und nach einer objektiven Wirklichkeit, sondern beginnt vielmehr, das eigene Denken dabei zu beobachten, wie es immer wieder in die vertrauten Bahnen der Wahrnehmung zurückgleitet. Man kann diesen Sog bemerken und sich im Umkehren üben. Allmählich entsteht so eine gelassene Haltung, die *eigenen* Werten und Kriterien bei der Interpretation dessen, was uns gewiss zu sein scheint und wie wir handeln sollten, folgt.

Reflexives Denken basiert auf einer Kompetenz, sich ständig selbst ins Wort zu fallen, zu prüfen, ob es wirklich so ist, wie es einem zu sein scheint.

Reflexives Denken ist die Eintrittskarte in eine neue Bewusstseinskultur. Diese Kultur löst sich von den eingespurten Begriffen, mit denen wir Wirklichkeiten abbilden. Wer sich in ihr verankert, glaubt nicht das, was er sich selbst oder jemand anderes ihm beständig einflüstert, sondern fragt vielmehr, seit wann er diese Art des Denkens, Schlussfolgerns und Beurteilens als prägende Erfahrung in sich trägt. Er oder sie ist beständig darum bemüht, die „Anzahl der eigenen Möglichkeiten zu erweitern" (von Foerster 1993).

Als ich diese Welt der Archive betrat, war ich 17 Jahre alt. Irgendetwas hatte meine innere Welt und die vertrauten Sichtweisen grundlegend erschüttert, ich wandte mich weitgehend von allem Bisherigen – insbesondere den Deutungsangeboten von Kirche und Elternhaus – ab und stürzte mich auf die Bücher von Sigmund Freud, Carl Gustav Jung, Karl Marx, Immanuel Kant, Philosophie-Einführungen u. a. und begann diese in einer wahren Raserei zu lesen. Manches verstand ich damals nicht; meine Randbemerkungen in den Büchern, zeigen mir heute noch, wie unverständlich mir damals noch so vieles blieb. Besonders angetan hatte es mir anfangs

C.G. Jung (1875–1961). Er war mit seinen bisweilen mystischen Anleihen wohl noch am ehesten an meine bisherige Welt anschlussfähig, schien er doch zu versprechen, den Schleier der Geheimnisse ein für alle Male lüften und zu den Archetypen des Bewusstseins vorstoßen zu können. Bisweilen las ich bis zum frühen Morgen und ging danach unausgeschlafen in die Schule.

Diese Lesewut-Phase war der Beginn einer Selbstbildung (vgl. Arnold 2013), die mich seitdem all die Jahre getragen hat. Jung wurde später durch Texte von Habermas und Luhmann abgelöst. Insbesondere letzterer wurde in den 1990er-Jahren zu einem richtigen Eye-Opener. Zunächst verstand ich wenig, doch etwa ab der 200. Seite seines Buches „Soziale Systeme" (Luhmann 1984) wurde plötzlich alles logisch und nachvollziehbar, als ich begriff, dass Luhmann das uns Vertraute einfach aus einem ganz anderen Blickwinkel betrachtete und dadurch auch neue Handlungsoptionen in den Fokus treten ließ. Bereits während meines Studiums hatte ich irgendwann beschlossen, kaum noch an die Uni zu gehen, sondern eignete mir die notwendigen Kenntnisse lesend selbst an.

Mit der Zeit verknüpften sich die Bezüge, und ich begann, die unterschiedlichen Denkanstöße und Ansätze einordnen zu können. Insbesondere die erkenntnistheoretischen und forschungsmethodologischen Seminare und Beiträge verhinderten, dass ich mich einer bestimmten „Schule" anschloss. Sie legten den Grundstein für meine eigene konstruktivistische Wende in den 1990er-Jahren, die die Frage „Was kann ich wissen?" (Kant) durch die Fragen „Wie kann ich wissen?" und „Was ist Wissen anderes als ein tragendes Gefühl der Evidenz?" (vgl. Arnold 2018) ein für alle Male ersetzte. Nicht die Frage nach der Wahrheit, sondern die nach der Perspektive der eigenen Suche rückte in den Fokus — eine Blickveränderung, die insbesondere alle Versuche, wirkungssicher zu intervenieren, fragwürdig werden ließ.

Meine eigenen ersten Texte waren anfangs noch unbeholfen und für Nicht-Insider unnötig unverständlich. Sie reüssierten in der Wissenschaft, blieben in der Praxis aber zunächst weitgehend ohne Resonanz. Erst später, nach der Jahrtausendwende, wurden meine Texte lesbarer und auch praxisrelevanter. Es erschienen auch englischsprachige Übersetzungen auf dem amerikanischen Büchermarkt sowie spanische Übersetzungen in Valencia, und 2023 erschien mein Buch „Wie man lehrt, ohne zu belehren?" bei Carl Auer in 6. Auflage.

Heute erkenne ich rückblickend, dass ich keine einzige Zeile je geschrieben habe, um Resonanz in Mainstream-Themen zu erreichen. Alle meine Artikel und Bücher sind Ausdruck meines eigenen Nachdenkens. Ich schrieb, weil ich nur schreibend denken konnte.[1] *Da mir insbesondere mein Beruf als Wissenschaftler und Professor viele Anregungen und Gelegenheiten gab, um über Themen, Zusammenhänge und Wechselwirkung nachzudenken, entstanden auch zahlreiche Veröffentlichungen. Diese arbeiteten sich einerseits an „harten" Themen der Berufs- und Erwachsenenbildung ab, beinhalteten aber auch stets Fragestellungen, die man persönlich nehmen musste, um sie tatsächlich zu klären. Indem ich mich mit dem Erwachsenwerden befasste, reflektierte ich natürlich über meine eigenen Deutungs- und Emotionsmuster und kam nicht an der Frage vorbei, wie sich diese in mir so und nicht anders herausbilden konnten und meine eigene Persönlichkeit geprägt haben. Und indem ich nach gelingenden Formen der Veränderung bzw. Transformation suchte (Lernen, Bildung, Reflexion) konnte ich nur zu weiterführenden Einsichten gelangen, wenn ich diese an mir selbst, meiner eigenen – ganz persönlichen – Transformation gewissermaßen „erproben" konnte. So wurde meine Wissenschaft spürbar zu dem, was wohl bei allen Wissenschaftlern und Wissenschaftlerinnen auch der Fall ist, ohne dass sie dies aber immer bemerken oder eingestehen: „Man kann Systeme nur verstehen, wenn man zugleich darum bemüht ist, sie zu verändern!" – ein Satz des großen Kurt Lewin (1890–1947), der auch für die Systemik des Selbstverständnisses und der sich daraus ergebenden verständlichen Lebens- und Handlungsformen gilt. Und ebenso gilt, dass jede gelingende Veränderung eine Selbstveränderung ist!*

Indem ich meinen Blick auf mich und die Welt verändere, verändert sich die Welt, während alles so bleibt, wie es „ist", solange ich meinen gewohnten Sicht- und Handlungsweisen treu bleibe.

Die Veränderung von Deutungsmustern kann durch eine Erweiterung und Differenzierung des Denkens angebahnt werden. Wissenschaftliche Exaktheit und logischer Vernunftgebrauch sowie Evidenzen können eine unbändige Kraft entfalten, die das eigene Denken und Für-wahr-Halten

---

[1] Ich erinnere mich noch an ein persönliches Gespräch mit Hans Tietgens (1922–2009), dem Nestor der deutschen Erwachsenenpädagogik, zu dem ich in einem Gespräch einmal sagte: „Wissen Sie eigentlich: Ich denke bloß, wenn ich schreibe", worauf dieser fragte: „Herr Arnold, machen wir dies nicht alles so?" Dieses Gespräch fand etwa im Jahre 1989 statt – kurz vor meinem Wechsel an die Universität Kaiserslautern.

verändert. Nachhaltig gelingt dies jedoch bloß, wenn sich gleichzeitig die Muster des Fühlens, d. h. unsere „bewährten" Formen, die Welt auszuhalten, im Rahmen einer auch „innenweltbezogenen Erwachsenenbildung"[2] transformieren.

> *Die wechselseitige Vorausgesetztheit von Denken und Fühlen öffnet die Tür zur Frage der reflektierten Bewusstheit und der Bewusstseinserweiterung sowie der Persönlichkeitsentwicklung.*

Die Ausgangsthese dieses fachlichen sowie persönlichen Themas lautet: „Wir denken uns und die Welt so, wie wir fühlen, und wir fühlen uns und die Welt so (zurecht), wie wir denken!"

Diese zirkulär sich bestätigende Routine ist nicht deshalb berechtigt oder gar richtig, weil sie sich in uns so und nicht anders Ausdruck verschafft. Sie kann uns auch vor anderen Möglichkeiten verschließen und drohen, uns in Wiederholungsschleifen des Immer-Selben gefangen zu halten. Indem wir uns darin üben, diesem Repeat-Modus zu entschlüpfen, gelingt uns *kein* Durchbruch zu einer irgendwie gearteten und bislang bloß verborgenen – „objektiven" – Wahrheit. Wir öffnen uns vielmehr gegenüber den inneren Möglichkeiten, uns auf Situationen und andere Menschen in frischer Form zu beziehen. Damit lernen wir die Kunst der „Metanoia" (Umkehr) zu leben (vgl. Arnold 2023).

> *Bewusstsein – so ein erstes Ergebnis der Suche – ist eine Sehgewohnheit, die zu unserer Seinsgewohnheit wird, wenn man sich nicht der durchschaubar banalen (auch biologischen), repetitiven und wiederholenden Mechanismen unseres Alltagsbewusstseins bewusst wird und sich im Umkehren übt bzw. „entreißt".[3]*

---

[2] Mit diesem Label möchte ich darauf verweisen, dass die lebensweltbezogene Erwachsenenbildung, wie sie sich im Anschluss an Enno Schmitz (1939–1986) in den 1980er-Jahren etablierte, auch bloß einen Zwischenstand der Konzeptentwicklung markierte, seit uns die Emotions- und Gehirnforschung unabweisbar verdeutlicht haben, dass jedes Lernen zunächst ein inneres Geschehen, eine subjektive Selbstorganisation, darstellt.

[3] Michele Foucault schreibt zu dem Kant'sche „Ausgang aus selbstverschuldeter Unmündigkeit", dass dies bedeute, „dass der Mensch sich durch einen Akt der Entscheidung dem Zustand, in dem er sich befand, tatsächlich entreißt" (Foucault 2009, S. 45).

Es kommt noch etwas hinzu: Wir werden zu Menschen, indem wir unsere Umwelten ebenso „erben", wie alle anderen Wesen auf der Erde. Michael Tomasello (geb. 1950), der langjährige Direktor des Max-Planck-Instituts für Evolutionäre Anthropologie in Leipzig, hat diesen Sachverhalt in seinen evolutionstheoretischen Forschungen mit Primaten genau untersucht. Er schreibt:

„Ein Fisch erbt nicht nur Flossen, sondern auch das Wasser. Menschenkinder erben einen soziokulturellen Kontext voller Artefakte, Symbole und Institutionen, ohne den ihre einzigartigen Fähigkeiten sich nicht entwickeln könnten" (Tomasello 2024, Klappentext).

- ein Hinweis, der unsere Ausgangslage treffend beschreibt. Vor Jahren habe ich diesen Sachverhalt gespürt und – wie bereits erwähnt – mit den Worten beschrieben, dass wir – die Menschen – die Bäume, nicht der Wald seien (vgl. Arnold 2017, S. 47 ff.). Und doch sind wir zugleich Teil des Waldes; wir ermöglichen durch unser „Baumsein" überhaupt erst die Existenz des „Waldes", der uns wiederum ernährt und schützt, dienen somit in dem, was wir tagtäglich für sinnvoll halten und vermeintlich bloß für unsere eigenen Absichten tun, unfreiwillig, ungefragt und unbewusst einem übergeordnetem Zusammenhang – ähnlich, wie Niklas Luhmann darauf hinwies, dass wir kommunizieren (müssen), um den Kohäsionsstoff des Gesellschaftlichen zu gewährleisten, nicht in erster Linie, um uns selbst mitzuteilen.

Wie der Fisch dem Wasser, so tritt auch der Mensch seiner Umwelt nicht nüchtern gegenüber; er wächst vielmehr in ihr heran, wird von ihr durchdrungen und geprägt. Wir entwickeln uns zu Persönlichkeiten, die sich nicht bloß – einer eigenen Entwicklungslogik folgend – „entpuppen", sondern sich vielmehr im Rahmen der vorgefundenen Möglichkeiten durch soziale Anregungen, Sprachwelten und Archive hindurch zu denen entwickeln, die sie werden. Ihre spezifischen Umwelten sind dabei jedoch von einer anderen Substanz als das Wasser für den Fisch, in dem dieser sich entwickelt. Ihre Umwelten sind sozial konstruiert und wirken über Abbilder, d. h. Schilderungen, Redewendungen, Deutungen, Beurteilungen, Begründungsformen usw. Diese sind menschengemacht, während das Wasser des Fisches von der Natur bereitgestellt ist. In den sozialen Gewässern, durch die der Mensch sich bewegt und heranwächst, kommt er nicht bloß voran, er kommt auch zu sich selbst – zumindest zu dem, was er dafür hält, zu einem inneren Bild seiner selbst. Dieses basiert auf

* Selbstbildern und Feedbacks,
* Weltbildern und Narrativen als Vorlagen,
* Gewohnheiten und Traditionen sowie
* alternativen Wegen und Auswegen.

Der Mensch „erbt" somit seine Umwelt, er kann aber die Substanzen, aus denen diese besteht, sich ihm anbietet und eindrängt, analysieren, dekonstruieren und – spürend – aus ihnen heraustreten und ihnen entfliehen. In einer solchen distanzierten Beobachterposition scheint momenthaft eine Klarheit auf, die ihn nicht unabweisbar so und nicht anders durchdringt, mit der er sich vielmehr aus dem ihn umspülenden sozialen Geplätscher erhebt und verwundert darauf blicken lässt, wie dieses ihn immer wieder auf eine bloße Zugehörigkeit zum Geschehen zu reduzieren trachtet.

> *In diesen Momenten spürt, sieht und weiß der Mensch, dass er anderes zu sein vermag als die Summe seiner Eindrücke. Er kann die Banalität bzw. Durchschaubarkeit und Typik seiner Ichzustände erkennen – eine Erkenntnis, die ihn zumindest aus diesen herauszuführen vermag, um sich zu weiten und für andere Dimensionen des Eindrucks und Ausdrucks zu öffnen.*

Diese Möglichkeiten, seine ererbte Umwelt zu weiten, hat der Fisch nicht. Er verendet, wenn er sich aus seinem Wasser entfernt. Der Mensch hingegen kann zu sich kommen, wenn er sich aus dem dichten Erleben, welches ihn tagtäglich umspült und zu dem hat werden lassen, der er ist, zu lösen vermag – nicht vollständig und endgültig, sondern zeitweise und immer wieder. Dieses phasenweise Hinaustreten aus der ererbten Umwelt kann Möglichkeitsräume in uns aufscheinen lassen, denen wir uns zuwenden und in die wir bewusst eintreten können. Um in diese Räume zu gelangen, ist *angestrengtes Denken* hilfreich – ein Denken, das auch durchdacht hat, welchen Mechanismen es selbst folgt, indem es auf

Archive zurückgreift, Sprachgebrauch teilt, sich an den Geländern des Begrifflichen emporrankt und auch diese Bewegung selbst wiederum zum Gegenstand des Nachdenkens und Nachspürens sowie des Umkehrens und Fortschreitens werden lassen kann.

Wir können nicht an denen achtlos vorübergehen, die uns im angestrengten Denken bereits vorangeschritten sind. Es ist nicht so, dass Kant, Nietzsche, Hegel, Wittgenstein, Bateson u. a. bloß in sich gekreist sind und uns nichts zu sagen hätten. Sie bieten uns Abkürzungsmöglichkeiten an auf unserem Weg zur Klärung in eigener Sache. Angestrengtes Denken führt nicht zu einer substanziellen Klarheit, es leuchtet aber die Sackgassen aus, in die es uns hineinlockt, während wir beobachten, spürend ausloten und behutsam denken. Es nutzt die Schärfe des Begriffes und die Klarheit der Sprache – wissend, dass es sich damit bloß in einem Abbilden versucht, das nicht an die Realität zu herabzulangen vermag. Dabei meidet das angestrengte Denken bequeme Kurzschlüsse, unterkomplexe Erklärungen und Zuschreibungen sowie überlaute Aha-Erkenntnisse. Es hilft uns wahrhaft zu erkennen, indem wir das Bekennen hinter uns lassen.

> *Angestrengtes Denken gleicht einem Stolpern, keiner entschlossenen Bewegung auf dem Pfad des Erwachens. Wir entledigen uns unseres – vermeintlichen – Wissens und kommen in einer Suche an, die sich auszudrücken versucht, aber kaum mitteilen kann. Dabei vertiefen wir uns in Fragen, nicht in Antworten.*

Meine eigenen Bemühungen, angestrengt zu denken, führte mich schließlich nach vielen Jahrzehnten zur Frage des Bewusstwerdens und des Bewusstseins – ein Themenkomplex, dem ich in den vorliegenden Aufzeichnungen ein eigenes Kapitel widme. In diesem Zusammenhang ist mir etwas anderes wichtig. Es geht um den Sachverhalt, dass wir uns durch die Archive zunächst auch nur mit der Landkarte bewegen, die wir bereits in Händen halten. Wir lesen und vertiefen selektiv, nicht gründlich prüfend, abwägend und schlussfolgernd, wie es eigentlich die Aufgabe einer vernunftgeleiteten Klärung sein müsste. Dabei vertiefen wir ungewollt die Abgrenzungen zwischen uns und denen, die sich in anderer Weise – auch ihren eigenen Anfangseinspurungen treu bleibend – darum bemühen, sich selbst und die Welt zu verstehen. Wir waren – wie ich bereits schrieb – in den 1970er- und 1980er-Jahren in einem eschatologischen Taumel, d. h. in einer irgendwie auf die Klärung der großen Fragen gerichteten Bewegung, gefangen und auch streckenweise rigide in dem, was wir glaubten herausfinden zu können, bereits herausgefunden zu haben. Insbesondere diese bisweilen zutage tretende Rigidität macht mir noch heute rückblickend zu schaffen. Welche eigene Unsicherheit meldete sich in dieser Entschiedenheit zu Wort? Was war das überhaupt für ein Gebräu, diese Mischung zwischen „Ich kläre – im Unterschied zu Euch – die wirklichen Grundwidersprüche und Wirkungszusammenhänge" und „Wer das anders sieht, der lehnt nicht allein mein Denken, sondern auch mich ab"? Man kann diese Rigidität abmildern, ohne sogleich in einen Anything-Goes-Pluralismus abzugleiten, der alle Erklärungen als irgendwie gleichermaßen gültig ansieht – eine durchaus im Konstruktivismus angelegte Relativierung. Und doch gibt es in diesem auch das „verpflichtende Argument" –„un argumento para obligar", wie Maturana das ausdrückt (vgl. Maturana 1997), welches genau gegenüber der Konstruktivität des Seins keine andere Deutung zulassen kann, weil Evidenz und Logik dagegen zu stehen scheinen.

Wie auch immer: Auch ich begriff allmählich, dass es beim entschiedenen Denken stets auch um etwas Eigenes gehen kann – ein Zusammenhang, den man erkennen und unbedingt vermeiden sollte, will man nicht immer dort festhängen, wo man – innerlich – schon stets gewesen ist: bei einer als Erkennen getarnten Ichsuche bzw. einer „Selbstoffenbarung" (Schulz von Thun 1990, S. 26), einem scheinbar begründet daherkommenden Kampf um Anerkennung sowie einem sich eschatologisch aufdonnernden Eifer etc., ohne einen auch bloß ansatzweisen klärenden Zugang zu den Unsicherheitswurzeln im eigenen Ich – „immer noch rigide, aber auf einem höheren – elaborierteren – Niveau!" – zu finden.

Nur allmählich vervollständigt sich das Mosaik meiner seelischen Anfangsausstattung, mit der ich dereinst gestartet bin und auf dessen zentralen Puzzle-Steinen auch heute noch mein Selbst basiert, ob mir dies nun gefällt oder nicht. Wie jeder Mensch musste auch ich erst mühsam lernen, mich nicht länger wörtlich zu nehmen, d. h. nicht allen Impulsen, die sich in mir regten, sogleich Ausdruck zu verschaffen. Anfangs durchfluteten mich diese Impulse unbestellt und unverstanden, sie waren Ich. Später wirkten sie aus dem Verborgenem, und ich bemerkte, dass ich in bestimmten Situationen anders *dachte, fühlte und handelte als andere: meine Mitschülerinnen und Mitschüler, die Kommilitonen, die Kolleginnen. Allmählich lernte ich, mich – innerlich – zurückzunehmen und bewusst unterschiedlich zu agieren, um dem lauernden Spontan-Impuls des Denkens, Fühlens und Handelns nicht stattzugeben.*

Erst im Rückblick, nach vielen Jahren konnte ich diesem Mosaik-Teil meiner Seele mehr und mehr auf die Spur kommen. Es war die Doppel-Helix von kollektiver und sozialer Scham, die Fortdauer der unverarbeiteten Kriegsschuld einerseits und die gesellschaftliche Entwurzelung meiner Eltern andererseits. Sie gehörten – zumindest anfänglich – eigentlich nicht dazu, zumindest musste mein Vater seine Vorstellungen von beruflicher Entwicklung und sozialer Position nach dem Krieg weitgehend beerdigen und sich mit dem bescheiden, was ihm das Leben an Möglichkeiten bot – eine Nötigung der Umstände,[4] die er mit stoischer Gelassenheit hinnahm. Heute kann ich ganz deutlich spüren, wie diese Enttäuschung ihn sein ganzes Leben über mitbestimmte, selbst wenn er niemals darüber sprach oder gar klagte. Zu irgendeinem Zeitpunkt – vermutlich in den 1950er-Jahren – hatte er sich arrangiert und seine Hoffnungen auf seine Kinder verlagert, wie so viele damals.

Sicherlich: Wir können uns damit trösten, dass auch unsere Persönlichkeit Ergebnis einer „Gewalt der Gesellschaft" (sensu Eribon) ist, deren prägender Verformung wir uns nicht entziehen konnten: Kollektive Scham, verbissene Suche nach einem neuen sozialen Gewölbe (Religion), welches den bisherigen Irrweg durch Rechtglauben und „Rechthandeln" (vgl. Foucault 1976) aus den Seelen zu vertreiben verspricht, und die de facto durch einen sozialen Aufstieg erlebten Gefühle eines anfänglichen Fremdseins und Nicht-Aufgehobenseins sind Mosaik-Bausteine, die unbestellt unser Er-Wachsen prägten. Ob und inwieweit wir diesen Elementen in unserer Seele aber auch im weiteren Lebenslauf immer noch zu Diensten sind, berührt schon den Bereich einer Selbstverantwortung, der wir uns zu stellen vermögen oder eben nicht. Indem es

---

[4] Didier Eribon (geb. 1953) spricht in seiner „Autosozioanalyse" (Eribon 2022, S. 20) von dem Mechanismus einer „unterwerfenden Subjektwerdung" (ebd., S. 38) und lotet detailliert die subtilen Wirkungsmechanismen der nötigenden Gewalt der Gesellschaft aus.

uns gelingt, ihre Macht zu verringern, öffnet sich uns eine innere Leere, die wir neu füllen können: mit Elementen, die wir uns selbst aussuchen können. Dann können wir lernen,

- versöhnlich zu sein und wirklich verzeihen zu können,
- zu vertrauen und gleichzeitig „auf der Hut" zu sein,
- uns gegenüber anderen zu öffnen,
- ihnen immer wieder die Hand zu reichen,
- uns in einem anderen Menschen zu beheimaten und
- das Risiko der Liebe zu wagen,
- in Freude zu altern und
- mit sich und der Welt dereinst versöhnt zu gehen.

Lesen bildet nicht nur, es unterstützt auch die Suche nach tragfähigeren Referenzpunkten für das eigene „Erwach(s)en", nachdem die Anfangskonzepte sich aufgelöst haben.

> *Jedes wirkliche Erwachsenwerden ist ein Erwachen zu sich selbst, eine Bewusstseinsbildung, die von einem zunehmenden Gewahrsein durchdrungen ist.*

Es ist klärend, sich dabei zunächst der philosophischen, insbesondere der sprachphilosophischen, aber auch der psychologischen Ansätze zu bedienen, die das Denken, Fühlen und Handeln des Menschen zum Thema haben. Indem wir psychoanalytische Texte auf uns wirken lassen und uns auch mit den Einsichten der Emotionsforschung und der Hirnforschung vertieft befassen, können wir gar nicht anders, als uns selbst zum Forschungsprojekt zu werden – und einen Selbstversuch zu starten. Die nüchternen Fragen sind dann:

- Was hat mich so werden lassen, wie ich geworden bin?
- Welche durchschaubaren – auch banalen – Wirkungszusammenhänge meiner Seele sind für die Ausdrucksformen meines Ichs verantwortlich, mit denen ich mich mir selbst und anderen „zumute"?

- Und: Möchte ich – nachdem ich vieles verstanden habe – so bleiben, wie mich die Umstände von Lebenswelt und Gesellschaft, aber auch die epigenetischen Altlasten sowie meine inneren Mechanismen haben werden lassen, oder möchte und kann ich zu jemand anderem werden?

Es sind diese und weitere Fragen, die uns in eine tiefe Selbstreflexion zu führen vermögen. Zunächst entstehen dabei weitere Texte – Selbstgespräche, Selbstaufschreibungen oder vertrauliche Gespräche, in denen wir uns beständig in der Gefahr befinden, von einer Stereotypen zur nächsten zu taumeln.

Allmählich sickern diese Texte jedoch auch in unser Lebensgefühl ein: dieses wird poröser, weniger auf Felsen gebaut, unsicherer, dabei aber auch offener. Erst indem es uns gelingt, die Texte hinter uns zu lassen und uns dem Schwung, in den sie uns versetzt haben, voll und ganz zu überlassen, kann eine Transformation der eigenen Person – eine Selbstbildung – einsetzen, die auch aus neuen Begriffen, neue Wege erwachsen lassen kann.

Diese Bewegung mutet paradox an, nutzen wir doch die Texte eines differenzierten Verstehens, um schließlich aus diesen Texten Anregungen für die unmittelbare, von Gefühlen getragene Lebensbewegung zu entnehmen, deren Energie sich nur voll zu entfalten vermag, wenn wir darüber nicht wiederum Texte verfassen, sondern sie durchspürt in uns aufnehmen. Texte – „Archive" – verbleiben nämlich im Kognitiven, von dem wir auch noch nicht wirklich verstanden haben, was dieses ist – außer, dass es uns über die Sprache, das Denken und Sprechen sowie Kommunizieren mit den Anderen in einer geteilten Wirklichkeit verbindet bzw. zu verbinden scheint.

Auf alle Fälle belassen uns alle Formen des Denkens, Begründens und Auskunft-Erteilens im Textlichen und entfernen uns von dem Tiefen, das unsere Bewegung eigentlich steuert: die Kraft unseres emotionalen Ichs, von dem wir keine Vorstellung haben, haben können. Wir können uns ihm in Imaginationsübungen nähern oder in einer bewusstseinserweiternden Meditation tief in das Dickicht der Gefühle eintauchen, um uns dort wie in einem Museum voller Verwunderung, Erstaunen und Überraschung die Bilder anzuschauen, die sich dort finden lassen. Indem wir diese einfach auf uns wirken lassen, ohne sie zu bewerten oder sogleich kognitiv zu verarbeiten, können wir den inneren Welten, denen wir entstammen, ganz allmählich auf den Grund gehen.

Diese inneren Welten stecken voller Geschichten – eigenen und denen unserer Eltern und Vorfahren sowie unseres Kulturraumes und unserer Lebenswelten. In diesen Geschichten ankert der Blick auf die Welt, mit dem wir selbst aufwuchsen und durch den wir selbst auch gelernt haben, auf unsere Welt zu blicken, sei es voller Freude und Gestaltungskraft oder eher zögernd, abwartend und grundsätzlich ängstlich und bewahrend.

> *Selektives Erkennen, projektive Ursachenzuschreibungen und selbsterfüllende Prophezeiungen wirkten und wirken dabei ineinander und „sorgen" dafür, dass uns die Welt auch meist nur so begegnet, wie wir sie kennen oder wie wir sie befürchten und auszuhalten vermögen – eine Versteifung unserer Weltsicht, die uns unbemerkt einschränkt, lähmt und unsere Möglichkeiten erstickt.*

Das „Was hätte aus uns werden können, wenn …?" findet in uns selbst kaum Substanzen, aus denen heraus wir einen erneuten Aufbruch gestalten können, der auch ein Ausbruch werden könnte. Wir sind auf uns selbst zurückgeworfen – nur Lesen und das Sich-Versenken in andere Weltdeutungen und biographische Entwürfe können uns dann auf substanzielle Abwege (ver)führen.

Insofern hilft Lesen. Es kann zu einem Ersatz für die lange entbehrte innerliche Vielfalt werden, und es kann uns selbst öffnen, indem es uns Material für unseren eigenen Weg in die Freiheit stiftet – eine Freiheit jenseits der „bewährten" Muster, eine Freiheit, die uns tief zu erschüttern und aufzurütteln vermag und eine Freiheit, der wir uns mit bangem Herzen, aber entschlossen Schrittes zuwenden können, um – endlich – zu unseren Möglichkeiten zu erblühen.

In meinen Trainings, Workshops und Coachings mit Führungskräften habe ich in den letzten Jahren oft diesen Aufbruch zu sich selbst – zu dem eigentlichen Selbst – angestoßen und bei zahlreichen Menschen erste vorsichtige und bisweilen ängstliche Schritte begleitet. Dabei habe ich viele an dem teilhaben lassen, was ich selbst in meiner persönlichen Transformation – in meinem Selbstversuch – gelernt habe: die Un(ge)sicher(t)heit als willkom-

mene Basis auf dem Weg zu sich selbst schätzen zu lernen. Nur indem uns die Begriffe entgleiten, vertraute Selbstbilder zerbrechen und wir uns in einem anderen Licht zu sehen vermögen, können wir unserer inneren Vielfalt begegnen und zu Veränderungen voranschreiten. Das Ziel einer solchen Veränderung ist dabei keineswegs beliebig! „Zielfähig" sind letztlich bloß Bewegungen, die zu einer Erweiterung und Verbesserung unserer bisherigen Eindrucks- und Ausdrucksformen beitragen. Diese Bewegungen entstammen alle in der einen oder anderen Weise einer Dissonanzerfahrung. Durch erlebte Dissonanz (Kritik, Konflikte, Verlust, Anregung, Infragestellung und Perspektiverweiterung), mit deren Hilfe die in uns selbst persistent fortwirkende Konsonanz irritiert und verfremdet wird und sich in neuen Akkorden und Melodien ausdrücken kann, öffnet sich das Gefängnis unserer bisherigen Gewissheiten und entlässt uns in das weite Feld frischer, bislang übersehener oder gemiedener Möglichkeiten des Lebens.

Lesen, Denken und Schreiben eröffnen Auswege der besonderen Art. Sie verdichten die Geländer, an denen wir unser Spüren immer differenzierter „begreifen", d. h. zum Ausdruck bringen und damit als Text vor uns (und andere) hinstellen können. Diese Veräußerlichung ist und bleibt jedoch nur ein Abbild dessen, was sich in uns selbst regt – immer schon: unbegriffen und vielleicht auch unbegreifbar. Sprache, textliche Vorlagen und Ausdrucksmöglichkeiten geben uns aber immerhin die Möglichkeit, dieses innere Geschehen scheinbar zu „objektivieren" und zu „verdichten". Wir spüren das Konsonante nicht länger bloß in unseren Regungen und Bestrebungen, sondern können es vielmehr auch „archivieren". Dieser raffinierte Vorgang ermöglicht uns immerhin, eine gewisse innere Distanz gegenüber dem zu erzeugen, was eigentlich einem Innen entstammt, er verführt uns aber zugleich dazu, diesem Inneren eine ähnliche Äußerlichkeit zu unterstellen, wie sie das Außen in grober Gewissheit für uns hat: Ein Tisch ist auch für den anderen ein Tisch, während eine Enttäuschung nur für denjenigen diese besondere emotionale Aufladung hat, der bereits selbst in ähnlicher Weise enttäuscht wurde. Er kann einem anderen nicht die eigentliche Substanz dieser Enttäuschung „mitteilen" und bleibt mit dieser im Grunde genommen allein. Selbst, wenn der oder die andere „verstehen" kann, wie schwer die berichtete Erfahrung gewesen sein muss, kann er deren dauerhaft prägende Spuren für das eigene Ich seines Gegenübers nicht wirklich nachvollziehen.

So bleiben die epigenetischen Wahrnehmungsmuster von Kriegsteilnehmern und Kriegsenkeln für denjenigen ungefüllt, der diese nicht in sich trägt. Er kann den Berichten lauschen, aber deren alles durchwölbende Wirkungen nicht nachvollziehen. Das Grauen selbst kann er nicht begreifen, weil dieses als Trauma in die Lesarten, Erwartungen und eigenen Verhaltensweisen in strukturähnlichen Lagen ausstrahlt und die „Normalerwartungen" der Traumatisierten bestimmt. Diese machen es dann so, wie alle anderen: Sie deuten die Wirklichkeit, die ihnen begegnet, so, wie sie diese auszuhalten gelernt haben (vgl. Arnold 2005) – eine unhintergehbare – dichte – subjektive Färbung, die im Begreifen, Bezeichnen und Berichten auf der Strecke zu bleiben droht.

Diese Unhintergehbarkeit unserer Grammatik des Erlebens ist mir selbst in meinem Leben sehr oft begegnet – anfänglich unverstanden, später verwundert-vertraut, aber bei anderen immer wieder neu überraschend. Da diese Grammatik dafür sorgt, dass alles innerlich beim Alten bleiben kann, hören wir – wie bereits gesagt – das Gras selbst dort immer wieder wachsen, wo für andere gar keines ist. So wird die Lockerheit eines völligen Neubeginns von der Angst der Ungeborgenheit und einer lebensbedrohlichen Strukturlosigkeit überlagert und kann dazu führen, innerlich die Flaggen zu streichen und dem sich Öffnenden zu entfliehen. Es meldet sich dabei die elterliche Gefühlswelt des Untergangs. Diese kann so auch noch Jahrzehnte nach dem Krieg bei ihren Kindern dazu führen, dass diese sich oft nicht vollständig befreit und locker den Möglichkeiten des Lebendigen zuwenden können, sondern ihre Neuanfänge bloß aus der ängstigenden Substanz eines existentiellen Bedrohtseins heraus gestalten, was nicht selten zum Abbruch und zur Aufgabe führt. Die alte innere Grammatik muss letztlich in Geltung bleiben „dürfen". Ich habe selbst erlebt, wie diese Ambivalenz Nachfahren von Holocaust-Opfern dazu „verpflichtetet", selbst zu scheitern, um den berechtigten Gefühlen ihrer Vorfahren, die in den Gasöfen von Auschwitz blieben, gerecht zu werden. Wir sind somit in allem, was wir tun, auch der intergenerationalen Balance in uns selbst verpflichet, die sich zu Wort meldet und unser Denken, Fühlen und Handeln subtilst steuert. Von wegen „Jedem Anfang wohnt ein Zauber innen ..." (Hesse). Es gilt auch das Gegenteil: „Jedem Anfang kann eine Bedrohung innewohnen, die uns ängstigt und verwehrt zu leben" – die Bedrohung eines unbewältigten Untergehens.

Mein eigenes Leben steckt voller solcher inneren „Untergänge": Auch im Gegenüber erlebte ich als Führungskraft zahlreiche solcher – mir völlig unpassend erscheinenden – Reaktionen von anderen: der letztlich nicht ausräumbare Vorwurf „Du hast mich nicht genügend gesehen!" trotz meiner Förderung und Unterstützung – bis hin zur unverstehbaren plötzlichen Illoyalität, Anfeindung und Intrige durch Menschen, denen ich meinte, bloß in bester Absicht alle Türen geöffnet zu haben. Auch in ihnen war eine Grammatik des Fühlens am Wirken, die sie letztlich – wie erwähnt – das Gras wachsen zu hören „zwang" (z. B. „Der meint es nicht gut mit mir!"), wo gar keines wuchs.

Auch in Anbetracht dieser Wirkungszusammenhänge zwischen Innen und Außen kann es uns helfen, zu lesen und ebenso über das Denken nachzudenken, wie das Erkennen zu erkennen, ohne, dass wir uns der Kraft der skizzierten Mechanismen in unserem eigenen Leben jemals selbst vollständig zu entziehen vermögen. Doch es „behauptet" sich anders, wenn wir einmal erkannt haben, dass sich in alles, was uns der Fall zu sein scheint, die behauptende Substanz unserer Grammatik der Gefühle unentwirrbar einmischt. Uns bleibt bloß das ständige Bemühen, immer und immer wieder hinter unseren spontanen Eindruck zurückzurudern und „frisch" zu denken, zu fühlen und zu handeln – eine Sisyphos-Aufgabe.

Aber Sisyphos war – so lesen wir bei Albert Camus (1913–1960) (Camus 1950) – ein glücklicher Mensch. Er blieb nicht in der Klage „stecken", sondern lebte tapfer sein Leben: nach vorne, wissend, dass „vorne" bloß der Tod wartet. Auch Camus war letztlich Repräsentant eines trotzigen „Dennoch", wie es für den Existenzialismus der 1960er-Jahre typisch war. Sartre, Camus, de Beauvoir u. a. brachen mit den Bemühungen, das Wesen des Menschen und den Sinn seines Lebens gehaltvoll zu bestimmen und arrangierten sich mit dem Offensichtlichen: dem absurden Faktum seiner Existenz, d. h. dem „Geworfensein" des Menschen, das der dunkle Philosoph Martin Heidegger (1889–1976) in den Blick gerückt hatte. Der Existenzialismus verzichtete auf Erklärungen zu den großen Fragen und ließ die Menschen in ihrer Orientierungssuche bewusst allein: „Es gibt keinen Sinn, keine Richtung. Ihr seid dazu verdammt, Euerm Leben selbst eine Richtung zu stiften" – so lautete sein Fazit.

Dieses Fazit entfaltete für uns Nachwachsende in der zweiten Hälfte der 1960er-Jahre eine große Attraktivität, nachdem wir begonnen hatten, uns von den großen Erzählungen „Kirche", „Christentum", „Amerikanismus" sowie „Wachstum" und „Wohlstand" zu lösen. Irgendwie kam alles zusammen: Der Protest gegen die Inhumanität und Scheinheiligkeit der Verbündeten USA, Iran, Chile u. a., das Aufkommen einer Pop-Kultur mit neuen Themen und Klängen (Hair, Woodstock etc.) und unsere eigene Suche als Teenager am Beginn unserer Bewusstseinsreise, die plötzlich voller Optionen zu stecken schien. Wir konnten wählen, wir konnten uns abwenden, wir konnten uns widersetzen und wir konnten uns für die moralisch „bessere" Seite „entscheiden" – ein Luxus der Freiheit, der unseren Eltern als Teenager nicht vergönnt gewesen ist.

Schreiben ist *die* Ausdrucksform eines konsequenten, begrifflich scharfen und angestrengten Denkens. Im Schreiben entkommen wir dem Gedankensurfen, das von Eindruck zu Eindruck torkelt und sich in vertrauten Satzsequenzen und Verwechselungen zu verfangen droht. Mit der Zeit fallen uns die Wiederholungen unserer Statements und Kommentare selbst auf, und das Gefühl einer gelangweilten Vergeblichkeit leitet nicht selten ein Verstummen ein, mit dem sämtlicher Vertiefungs- und Verständigungsdrang zu erlöschen und einer zynischen Grundhaltung Platz zu machen droht. Wir verstummen dann, weil wir nichts mehr zu sagen wissen – weder uns selbst noch anderen.

In diesem Verstummen jedoch, kommen wir nicht mehr voran auf unserem Weg, zu einem eigentlichen Selbst – einem Selbst, zu dem wir uns entschieden und dessen Ausdruck wir uns abgerungen haben. Indem wir unsere Gedanken, Fragen und Versuche jedoch in Selbstaufschreibungen notieren, können wir uns dieser Eigentexte rückblickend zuwenden und diese auch daraufhin befragen, ob und inwieweit wir tatsächlich einer Eigenlinie Ausdruck verleihen oder noch immer in Ichzuständen festhängen, deren Grundmuster wir nicht uns selbst, sondern einer epigenetischen und frühen sozialen Prägung verdanken, ohne uns vielleicht jemals wirklich selbst innerlich aufgerichtet zu haben.

Literatur

Arnold, R.: Ach, die Fakten! Wider den Aufstand des schwachen Denkens. Heidelberg 2018 (Carl Auer).

Arnold, R.: Die emotionale Konstruktion der Wirklichkeit: Beiträge zu einer emotionspädagogischen Erwachsenenbildung. Baltmannsweiler 2005 (Schneider).

Arnold, R.: Es ist später, als Du denkst. Perspektiven für die Restbiografie. Bern 2017 (HEP).

Arnold, R.: Selbstbildung. Oder: Wer kann ich werden und wenn ja wie? 2. Auflage. Baltmannsweiler 2013 (Schneider).

Arnold, R.: Wie man frisch beobachtet, um neu wahrzugeben. 29 Regeln zur Achtsamkeit. Heidelberg 2023 (Carl Auer).

Camus, A.: Der Mythos des Sisyphos. Ein Versuch über das Absurde. Bad Salzig 1950 (Karl Rauch).

Derrida, J.: Dem Archiv verschrieben. Eine Freudsche Impression. Berlin 1997 (Brinkmann u. Bose).

Eribon, D.: Gesellschaft als Urteil: Klassen, Identitäten, Wege. Frankfurt 2022 (Suhrkamp).

Eribon, D.: Rückkehr nach Reims. Frankfurt 2016 (Suhrkamp).

Foucault, M.: Die Regierung des Selbst und der anderen. Vorlesung am Collége de France 1982/83. Frankfurt 2009 (Suhrkamp).

Foucault, M.: Überwachen und Strafen. Die Geburt des Gefängnisses. Frankfurt 1976 (Suhrkamp).

Luhmann, N.: Soziale Systeme. Frankfurt 1984 (Suhrkamp).

Maturana, H.: La Objetividad. Un argumento para obligar. Santiago 1997 (Dolmen Ediciones).

Schulz von Thun, F.: Miteinander reden. Bd. 1: Störungen und Klärungen. Reinbeck 1990 (rororo).

Tomasello, M.: Menschwerden. Eine Theorie der Ontogenese. Frankfurt 2024 (Suhrkamp).

von Foerster, H.: Kybernethik. Berlin 1993 (Merve).

6

Karriere als Flucht

Vor Ankommen wird gewarnt!
(Watzlawick *2009*)

Hinter vielen Karrieren steckt eine ungestillte Bedürftigkeit. Aus dieser können mächtige Antreiber entstehen, die dazu anstiften, Grenzen zu überschreiten, um alles hinter sich zu lassen. Der innere Frieden wird so beständig vertagt. Er stellt sich nie ein, sodass Weiterstreben die einzige Option zu sein scheint. Zugleich verkommt dieses Streben mehr und mehr zu einem Selbstzweck, wenn nicht gar zum eigentlichen Anliegen: „Wer strebt lebt!" lautet das verborgene Motto, dem nicht auffällt, dass es sein eigentliches Ziel schon längst aus den Augen verloren hat – dieses vielleicht noch niemals deutlich *vor* Augen hatte. Im Kern geht es um ein Fortstreben ohne ein klares Wohin. Hauptsache fort. Doch wer bloß fortstrebt, kommt niemals an. Und es gilt auch der Satz von Paul Watzlawick: „Vor Ankommen wird gewarnt!" (Watzlawick 2009), führt das substanzlose Ankommen doch häufig zu der Enttäuschung, dass die endlich, nach vielen Mühen erreichte Lage auch nicht zu halten vermag, was man sich von ihr versprochen hat.

© Der/die Autor(en), exklusiv lizenziert an Springer Fachmedien Wiesbaden GmbH, ein Teil von Springer Nature 2026
R. Arnold, *Erwachsen hat ein s zu viel*, https://doi.org/10.1007/978-3-658-51533-1_6

Deshalb müsste das vorangestellte Watzlawick-Diktum eigentlich lauten: „Vor Aufbruch wird gewarnt!" Wer allein im Aufbrechen sein Glück vermutet, sollte sich der nüchternen, aber keineswegs ohne ein tiefes Spüren klärbaren Frage zuwenden, welche Klage über den Ausgangszustand, von dem er oder sie sich lösen möchte, da fortdrängt. Oftmals ist Aufbruch nämlich bloß ein Ausweichen vor einer bedrängenden Seelenlage, die nur in dem Ursprungskontext – der als innerer Kontext fortdauert – gelöst werden kann. Für die, die diesen inneren Weg der Klärung nicht zu beschreiten wissen (oder keine Gelegenheit dazu haben), bleibt das Fortstreben eine Flucht – eine „Flucht vor der Freiheit", wie Erich Fromm schrieb (vgl. Fromm 1941). Die Freiheit, die er dabei im Blick hatte, war eine seelische Freiheit, d. h. die gelingende Verbindung mit den Kräften des Lebendigen, Zugewandten, Liebenden und Friedvollen, nicht die Klage oder gar Anklage.

Wer anklagt – ob zu Recht oder Unrecht -, bleibt innerlich einer Haltung verhaftet, die keine wirkliche Verantwortung für das eigene Leben zu übernehmen bereit ist. Irgendwie verharrt die eigene Seele dabei in einem Wartestand – darauf hoffend, dass irgendwer einem endlich die Erlaubnis oder Anerkennung erteilen möge, in die Verantwortung zu gehen und die eigenen Dinge so zu regeln, wie er oder sie das vermag.

> *Diese Hoffnung ist eine Illusion; nicht wenigen stiftet die Klage auch – unbewusst – einen Vorwand für die abgebremste eigene Lebensbewegung, für deren Feststecken man nicht in die Selbstverantwortung zu gehen „braucht", da man ja ein Opfer ist. Dies ist der heimliche Nutzen der Klage: eine Entschuldigung, die einen jedoch selbst zum Täter werden lässt, der andere zur Duldung der eigenen Besonderheit zwingt. Diese sind gehalten – sind sie an einer Beziehung interessiert -, sich gewissermaßen um die Person mit ihren Besonderheiten zu gruppieren, d. h. auf sie Rücksicht zu nehmen und alles auf sie auszurichten.*

Wer nicht zu erkennen vermag, dass diese Ermächtigung zur Verantwortungsübernahme nur als Selbstermächtigung zu haben ist, der kann leicht in die Dauerschleife einer ungerichteten Klage gleiten, die zur vorauseilenden Anklage gegen sich selbst werden kann. Dies ist auch die innere Ausgangslage vieler Kriegsenkel, deren Eltern nach dem Krieg selbst in einer Atmosphäre der Selbstzweifel und Selbstanklage aufbrachen, statt innezuhalten, zu trauern und aus dieser Trauer heraus einen neuen Zugang in die Liebe zu finden, indem es ihnen gelingt, sich selbst zu lieben – so, wie sie sind bzw. so, wie sie haben werden „müssen".

Diese Bewegung kann jedoch bloß gelingen, wenn Menschen erfreut und nachhaltig im Leben begrüßt und in ihrem Aufwachsen liebevoll begleitet werden. Überlieferte Disziplinierungskonzepte, wie „der Kinderwille muss zunächst gebrochen werden, um dann durch Erziehung neu gebildet werden zu können"[1] oder „Eisen erzieht"-Parolen haben im 19. Und 20. Jahrhundert die Seelen vieler Kinder und Jugendlicher zerbrochen und tief verängstigte Menschen hervorgebracht, die nicht gelernt hatten, ihrer eigenen Kraft und Berechtigung zu vertrauen. Deren gelernte Verunsicherung bildete nicht allein eine kollektive Resonanzfläche für Unterordnung und Autoritätsgläubigkeit, die sich leicht von gewissenlosen Machtmenschen und Sadisten nutzen ließ, sie schnürte auch den eigenen biografischen Mut der einzelnen ein. Diese erlebten nach dem „Untergang" von Autoritarismus und imperialem Größenwahn nicht allein die erwähnte kollektive Scham, sie verfügten auch kaum über eigene innere Ressourcen, um die im Entstehen begriffene Demokratie wirklich mit Leben zu erfüllen und am Leben zu halten.

Wir leben in einer Aufstiegsgesellschaft, deren Grundprinzip darin liegt, das Gelingen der eigenen Biografie danach zu bemessen, dass man – im Vergleich zur eigenen Herkunftsfamilie – eine höhere Position im System der gesellschaftlichen Ungleichheit zu erreichen vermochte. Übersehen wird dabei gerne, dass bei diesem Kampf um Status der Misserfolg der einen die Voraussetzung für den Erfolg der anderen ist. Wiederaufbau

---

[1] Zu erwähnen ist z. B. der Erziehungsratgeber von Johanna Harrer (1900–1988) mit ihren eng an die Rassenideologie und Disziplinierungsvorstellungen der Nazidiktatur angelehnten Vorschlägen (z. B. in „Die Mutter und ihr erstes Kind" oder „Mutter, erzählt von Adolf Hitler"), die auch im Nachkriegsdeutschland „in bereinigter Fassung" noch vielfach aufgelegt wurden und sich einer großen Nachfrage erfreuten. Der „Aberglaube Disziplin" (Arnold 2007) wirkt(e) bis in unsere Tage fort.

und wirtschaftlicher Erfolg seit den 1950er-Jahren haben es quer durch alle Schichten ermöglicht, dass diese Aufstiegshoffnung sich breit realisieren konnte: Der Soziologe Ulrich Beck (1944–2015) sprach in diesem Zusammenhang von dem „Fahrstuhleffekt" (Beck 1986, S. 121 ff.), der darin seinen Ausdruck fand, dass die allermeisten Menschen den gesellschaftlichen Status ihrer Herkunftsfamilien hinter sich lassen und im System der gesellschaftlichen Ungleichheit ein paar Stockwerke nach oben fahren konnten. Dabei „lernten" sie, ihre Lebensbewegung selbst an einer Statuspassage auszurichten, die nur deshalb zum „Erfolg" führte, weil sie andere dabei hinter sich lassen konnten.

Diese Bewegung stärkt ungewollt einen Individualismus der Einsamkeit: Andere erscheinen uns als Vergleichsgrößen. Wir lernen, zu ihnen aufzublicken oder auf sie herabzublicken – so die Fortdauer eines aristokratischen Konzeptes, das sich in die persönlichen Orientierungen hineinwölbt und die ganz eigenen Vorstellungen und Lebensziele in den Hintergrund treten lässt. Aufzusteigen bzw. „oben" zu sein ist eine diffuse Zielrichtung, die insbesondere jene zu überfordern droht, die im eigenen Aufwachsen keine diesbezüglichen Routinen entwickeln und habitualisieren konnten. Die Welt, in die sie streben, ist ihnen fremd und wird ihnen bloß um den Preis einer Entfremdung von ihrem Ursprungskontext zugänglich.

Aufstiegshoffnungen verstellen zudem den Blick auf andere Dimensionen, in denen sich auszudrücken vermag, welches menschliche Wachstum dem einzelnen möglich wäre, um sich zu sich selbst zu entfalten. Seit der Aufklärung ist dieses Geheimnis der menschlichen Subjektivität im Fokus, es wurde aber vielfach verstellt und verschüttet durch Ideologien (z. B. durch das Leistungsprinzip), die um die Auf- und Abstiegsbewegungen des einzelnen wucherten. Dabei konnten sich Vorstellungen und Theorien zum Ziel und Zweck der Persönlichkeitsentwicklung verbreiten, die zugleich die gesellschaftliche Ungleichheit legitimierten und zementierten. Als „gebildet" wurden Menschen angesehen, die sich in den lebensfernen Dimensionen der Überlieferungen auskannten, nicht diejenigen, die eine erstaunliche Verantwortlichkeit sowie lebenspraktische oder handwerkliche Tüchtigkeit an den Tag legen konnten –

unabhängig von der Bildung, die sie genossen hatten, den Abschlüssen, die sie erreicht hatten, und dem Beruf, den sie ausübten. Alles war verengt auf den gesellschaftlichen Status und die Unterordnung unter ein kulturelles Erbe, von dem bloß behauptet wurde, dass es in den Seelen der so Gebildeten Ethik und Moral anzuregen und grundzulegen vermochte und sie auf dem Weg der persönlichen Entfaltung dessen, „was Menschsein eigentlich bedeutet" (Martin Buber) wirksam unterstützen konnte.

Wir waren in unseren Jugendjahren (1963–1972) der subtilen Gewalt eines Curriculums ausgesetzt, dessen heimliche Funktion der gesellschaftlichen Auswahl diente. Man konnte beobachten, wie im Gymnasium über die Jahre alle diejenigen „aussortiert" wurden, deren Herkunft nicht dem Bild einer „wohlgeordneten" Bürgerlichkeit entsprach. Meine Klassenkameradinnen und Klassenkameraden entstammten zu fast 100 % keinem Arbeitermilieu; sie hatten fast alle Eltern, die selbst studiert hatten oder zumindest wirtschaftlich erfolgreiche Unternehmen besaßen – Unterschiede, die sich deutlich spürbar in den Wohnverhältnissen, den Autos, die die Eltern fuhren, und der teilweise extrem ungleichen finanziellen Ausstattung des Nachwuchses (mit Taschengeld, später eigenen Autos etc.) zeigten. So wuchsen die wenigen, die einem anderem Kontext entstammten, ungewollt (?) in einem Gefühl der sozialen Inferiorität auf, das nahtlos an dem das Elternhaus durchströmenden Gefühl, nicht dazuzugehören, anknüpfte und dieses bisweilen auch zu einer tragenden Versagensangst verdichtete.

Es ist eine Eigenart der biografischen Flucht, dass man sich auf ihr nicht wirklich entkommen kann. Spätestens dann, wenn das Erreichte zur Routine erstarrt, die – endlich, nach so vielen Mühen – erreichte Position aufgegeben werden muss und der zeitliche Horizont sich spürbar verengt, blicken die Geflohenen auf ihr Leben zurück und halten meist vergeblich Ausschau nach den eigentlichen Substanzen ihres Ich. Nicht alle werden sich dabei selbst zum Studienobjekt, viele verbeißen sich in verzweifelte Versuche, das, was gewesen ist, um jeden Preis zu verteidigen und in ihren Erinnerungen zu einem gelungenen Meisterwerk zu stilisieren, selbst, wenn sie sich damit vollständig den Weg für eine

Rückkehr zu ihren Anfängen, in denen sie sich selbst aufgegeben oder verloren haben, verbauen.

Ich konnte zahlreiche Kolleginnen und Kollegen beobachten, wie sie nach ihrer Pensionierung konzeptionslos vor sich hin torkelnden. Einige schienen sich zu schämen, andere taten so als habe sich nichts verändert und hofften wohl insgeheim, es würde keiner bemerken, dass sie noch immer an der Hochschule ein- und ausgingen – eine Selbsttäuschung, der durch den professoralen Status begünstigt wird. Von Wilhelm Mader – er war viele Jahre Professor für Erwachsenenbildung an der Universität Bremen – hörte ich, dass dieser einen völlig anderen Abgang inszenierte. Er hatte anlässlich seiner Emeritierung eine Abschiedsvorlesung zum Thema „Was ist Glück?" gehalten, hatte danach sein Büro abgeschlossen und war in den Schwarzwald umgezogen – eine konsequente Bewegung, die meinem eigenen Wechsel an die Schweizer Grenze in vielem ähnlich ist. Ein solcher Abschied ist ein klarer Schnitt. Er ist aber auch konsequent und würdiger als das Verweilen in den Kulissen eines Schauspiels, das schon längst vorüber ist.

Aufstieg und Karriere sind jedoch nicht nur eine Flucht – oder vielmehr eine, die gar keine ist-, sondern bloß ein Umweg. Wenn dieser Umweg durch die Archive führt und die Fliehenden mit komplexeren Landkarten ihres inneren Geschehens ausstattet, können sich auch unterwegs ihre Motive wandeln und die Flucht unter der Hand zu einem Aufbruch werden – einem Aufbruch zu sich selbst. Dann enttarnt sich, was uns bislang angetrieben hat, und verwundert beginnen wir zu verstehen, was wir bislang versäumten und wie wir uns den anderen zumuten „mussten". Die Nachdenklicheren versuchen deshalb, sich – allein oder mit Hilfe – zurückzutasten, um ihr epigenetisches und emotionales Erbe noch einmal – oder oft: erstmalig – zu durchspüren. Dieses Tasten ist eine innere Bewegung, die ohne Vorwurf und ohne Schuldzuschreibung auskommen muss, da beides uns ein Opfer bleiben lässt, dessen Bewegung den aufrechten Gang nicht kennt, nie kennengelernt hat. Im aufrechten Gang schreiten wir „gravitätisch" einher – ein Wort, dessen Bedeutung vielleicht darauf verweist, dass wir den Schwerpunkt, das Gravitationszentrum – endlich – in uns gefunden haben. Erst in dieser Bewegung können wir selbst die Verantwortung für das übernehmen, was unseren Weg gesäumt hat – das Stärkende ebenso, wie das Schwächende. Versäumen wir diese Verantwortungsübernahme hingegen, dann bleibt unser Schwerpunkt außerhalb, es zieht uns, statt dass wir in uns ruhen. Es treibt uns dann „unverantwortlich" bzw. „ohne Antwort" weiter dahin („voran", „nach oben", „fort" etc.), mit dem bekannten Ergebnis, dass uns die offene Frage nach unserem Quellcode bis in den Tod hinein verfolgt und unsere Schritte – hinter unserem Rücken: „hinterrücks" – bestimmt. Wir können dann nicht zu denen werden, die wir eigentlich sein könnten, sondern bleiben diejenigen, die wir haben werden müssen. Das zufällige Ich, dem wir dabei treu bleiben, sind nicht wir. Es ist vielmehr ein Amalgam aus übernommenem Unerledigtem, eigenem frühem Erleben und bisherigen Erfahrungen, die uns bereits zu versteifen begonnen hatten, bevor wir verstehen konnten, was da vor sich geht.

Es geht der eigentlichen Identitätsentwicklung deshalb darum, den Schwerpunkt in sich selbst zu ertasten. Dieser ist dort spürbar, wo alles in uns ruhig, achtsam und versöhnlich ist und keine inneren Parolen uns mehr zur Flucht antreiben. Dieser innere Ort ist ein Ort der Gelassenheit, Genügsamkeit und des Gewahrseins. Er ist frei von Furcht und Klage. Auch die eigene Vergänglichkeit und der Tod haben an diesem Ort ihren Platz. Wer diesen Ort in sich freilegen konnte, lebt achtsam und abschiedlich – eine Bewusstheit, die sich bloß umschreiben lässt. Sie ist mit Worten kaum zu erfassen, da es ein Lebensgefühl ist, welches dieser Ort zu stiften vermag. Die „Bewussten" folgen einem besonderen Credo, sie drücken dieses durch ihre Lebensbewegung aus und sind ihm tief verpflichtet – auch und gerade dann, wenn es sie wieder einmal zur Flucht drängt.

Dieses Credo[2] lautet:

---

[2] Die Idee zu diesem „Credo" wurde angeregt durch das „Credo eines Humanisten" von Erich Fromm (https://fromm-online.org/leben/credo-eines-humanisten/ (Aufruf am 25.7.2024).

Credo eines bewussten Menschen

Ich glaube, dass Menschsein eigentlich bedeutet,

- die Wahrheit über sich selbst und das, was einen antreibt, schonungslos zu enthüllen,
- um zu erkennen, wer wir sind, und zu erahnen, wer wir sein könnten,
- ohne sich dabei in oberschlauen Konzepten, Stellungnahmen oder nicht enden wollender Vertextung – Sprachspielen – zu verirren,
- sondern vielmehr ganz darauf zu konzentrieren, die Farbtöne, Bilder und Gedanken, mit denen wir uns die Welt und uns selbst üblicherweise ausmalen, genau zu erspüren,
- um die Atmosphäre der in uns fortklingenden Welten – eigener und überlieferter – emotional zu rekonstruieren,
- in einer schweigenden inneren Bewegung, die weder – vorschnell – Ursachen zuschreibt, noch Schuld vorwirft, sondern
- bloß beobachtet, wie wir dabei vorgehen, wenn wir uns oder anderen von uns selbst erzählen oder auf sie wirken,
- dabei einem immer deutlicheren Bild unseres eigentlichen Ichs folgen,
- dem wir uns entscheiden zu glauben,
- auch um den Preis, uns von den bislang unser Leben tragenden Gewissheiten zu verabschieden,
- diese hinter uns lassen,
- ihnen entgegentreten und
- uns bisweilen – wie der Baron Münchhausen – mit eigener an Hand am Schopf aus dem Sumpf des Alten zu ziehen,
- uns dauerhafter den Quellen des Lebendigen zuzuwenden,
- diese immer wieder aufzusuchen und niemals mehr zu verlassen
- koste es uns, was es wolle!

Zu dieser Bewusstseinsarbeit gelangte ich erst nach der Jahrtausendwende. Erst dann begann ich, mein Nachdenken über mein Selbst, seine Geschichte und seine – ungenutzten – Möglichkeiten bewusster in den Fokus zu nehmen und die anerzogene Rigidität eines „Ich bin ok, Du bist nicht ok!" mehr und mehr hinter mir zu lassen. Diese Bewegung war nicht geplant, aber sehr wohl hilfreich: Sie führte mich zu einer Tiefe und Veränderungsbereitschaft, deren Wurzeln nicht in mir angebahnt waren. Es war eine unbekannte, aber weite Landschaft, die ich dabei zu betreten begann. Heute vermag ich nicht zu sagen, wer ich geworden wäre, wenn ich meinen damaligen Weg in den Leitplanken von Gut und Böse, Richtig und Falsch und dem angestrengten Bemühen, Erwartungen zu erfüllen, nicht hätte verlassen können.

Auch mein wissenschaftliches Interesse lenkte ich mehr und genauer auf die Frage nach der Entwicklung der Persönlichkeit und des Selbst — im Anschluss an die Subjektphilosophie von Fichte, Humboldt u. a., auf der Basis der Hirnforschungen und der philosophischen Gewahrsamkeitsstudien (vgl. Metzinger 2009, 2023) -, und ich erkannte, dass auch ich selbst in meiner Persönlichkeit nicht festgelegt bin, sondern mich auf der Basis eigener Entscheidungen darüber, wer ich sein will, zumindest in Ansätzen neu erfinden konnte. Auf die lange in irgendeiner subtilen Weise „nützliche" Verschlossenheit und hintergründige Lebensangst sowie die häufige Kompromisslosigkeit blicke ich heute auch voller Unverständnis zurück — ja, und es gibt auch Menschen in meinem Leben, denen ich mich heute in anderer Weise verständlich machen würde, wenn sich unsere Wege trennen und wir uns voneinander abwenden würden.

Literatur

Arnold, R.: Aberglaube Disziplin. Heidelberg 2007 (Carl Auer).

Beck, U.: Die Risikogesellschaft. Auf dem Weg in eine andere Moderne. Frankfurt 1986 (Shurkamp).

Fromm, E.: Escape from Freedom. New York 1941 (Owl Book).

Metzinger, T.: Der Ego-Tunnel. Eine neue Philosophie des Selbst: Von der Hirnforschung zur Bewusstseinsethik. 7. Auflage. Berlin 2009 (Piper).

Metzinger, T.: Der Elefant und die Blinden. Auf dem Weg zu einer Kultur des Bewusstseins. Berlin 2023 (berlin verlag).

Watzlawick, P.: Anleitung zum Unglücklichsein. 15. Auflage. München 2009 (Piper).

7

Liebe, Beziehung, Familie

Und die Liebe, die Du gibst,
ist die Liebe, die Du kriegst
(von Knyphausen *2017*)

Bezogenheit lernt man nicht, man wächst in ihr auf. Die Art, wie wir uns selbst angenommen und geliebt fühlen durften, stiftet uns die Formen, in denen wir die Beziehungen zu den von uns geliebten Menschen erleben und selbst gestalten. Dabei werden wir – ob uns dies gefällt oder nicht – gleichermaßen zu Opfern wie Tätern. Opfer werden wir dann, wenn Liebe uns in unserer Kindheit und Jugend vornehmlich als eine „bedingte Liebe" (sensu Erich Fromm) zuteilwurde – eine Liebe, die an Wohlverhalten und die Erfüllung von Erwartungen gebunden wurde. Dies ist wohl bei den meisten Menschen – auch – so der Fall gewesen. Eine solche Liebe ist unsicher. Man kann jederzeit aus ihr herausfallen. Ganz anders ist dies bei der unbedingten Liebe, die uns wie die Luft zum

---

Von Knyphausen: Das Licht dieser Welt, 2017.
https://m.youtube.com/watch?v=xMYKu2gE8kY

R. Arnold, *Erwachsen hat ein s zu viel*, https://doi.org/10.1007/978-3-658-51533-1_7

Atmen einfach so, wie wir sind, selbstverständlich umfängt – egal, was wir tun und was aus uns wird. Diese stattet uns mit einem tragenden Lebensgefühl aus. Wir können dann zu Menschen werden, die sicher gebunden sind und aus dieser eigenen Sicherheit heraus auch andere bedingungslos zu lieben vermögen.[1] Zu Tätern werden wir dann, wenn wir uns selbst – weil wir es nicht anders gelernt haben – anderen nur unter gewissen Bedingungen zuwenden können und diese anderen selbst mit einer Liebe umfangen, die in ihrem Kern fragil ist und keine selbstlose Form der Zuwendung kennt oder auszuhalten weiß.

> *Was diese grundlegende Anfangsausstattung anbelangt, so sind wir alle unschuldig. Niemand kann sich selbst aussuchen, unter welchen Bedingungen er oder sie geliebt wurde.*

Viele haben die bedingungslose Liebe niemals kennen gelernt und gestalten deshalb auch die eigenen Liebesbeziehungen in ihrem Erwachsenenleben häufig – ungewollt – als Geschäftsbeziehungen – eine Gegebenheit, die spätestens in vielen Scheidungsprozessen deutlich zutage tritt. Man feilscht dann um Anteile am gemeinsamen Besitz, beraubt sich gegenseitig der Sicherheiten, und nicht selten werden auch die gemeinsamen Kinder zur innerlichen Parteinahme genötigt und dadurch in ihrer eigenen Seele und auch in ihrer eigenen Liebesfähigkeit nachhaltig verletzt. Dabei wirkt sich eine kollektive Unfähigkeit zu Lieben aus, die ein gesellschaftlicher Grundsachverhalt zu sein scheint: *Liebe wurde nicht bloß nicht erlebt, sie wurde auch nicht gelernt oder geübt.*

---

[1] Neben dieser „begünstigenden" Wirkung lassen sich aber auch solche beobachten, in denen längst erwachsene Menschen weiterhin in der Trance unterwegs sind, dass ihnen alles wie von selbst zufliegt und auch wie selbstverständlich zusteht. Auch eine solche narzisstische Verwirrung kann das Aufwachsen beeinträchtigen, wie auch umgekehrt frühe Entbehrung bzw. erzwungene „Frühautonomie" – eine Mischung zwischen Zutrauen und Zumutung – durchaus stärkend wirken können. Es lassen sich eben nur schwer universalistische Gesetzmäßigkeiten feststellen, da es beides gibt: das „Schlechte des Guten" (Watzlawick 2005) ebenso, wie das „Gute des Schlechten" abbildbar in einer Gaußschen Normalverteilung zwischen den Polen „gefördert/umfangen" einerseits und „vernachlässigt/resonanzlos" andererseits.

Es gab und gibt auch später kaum Räume, in denen die Nachwachsenden tatsächlich ein bedingungsloses Umfangensein von Anerkennung, Wertschätzung und Zuwendung erleben können. Vielmehr sind die allermeisten Beziehungen in unserer Gesellschaft Konkurrenzbeziehungen, in denen man bloß erhält, was man „verdient", und in denen die Menschen bereits früh lernen, ihren eigenen Tauschwert und den der anderen einzuschätzen. „Leben im Vergleich" wird so unbewusst zum Lebensmodus, dem wir auch in unseren Nahbeziehungen oft nicht völlig entschlüpfen können. Dessen bevorzugte Ausdrucksform ist die Beurteilung. Wir vernachlässigen die wertfreie Beobachtung des Gegenübers – wie einen „Sonnenuntergang" (C. Rogers) – und „springen" quasiautomatisch in die Beurteilung. Mit der Zeit beobachten wir nur noch beurteilend, gleiten in die Wiederholung unseres uns unbekannt bleibenden Anfangsdramas und bleiben so hinter den spezifisch menschlichen Möglichkeiten der (Aus-)Gestaltung von Beziehung, Zusammenleben und Gesellschaft sowie Frieden weit zurück.

Gleichwohl kann einem die bedingungslose Liebe auch im späteren Leben begegnen. Dann ist sie ein Glücksfall, und nicht allen Menschen gelingt es, diese Liebe, wenn sie ihnen begegnet, auch als solche zu erkennen, sie in ihr Leben zu lassen, ihr zu folgen und sie zu pflegen. Ihr eigenes inneres Bedingtheitsgeflecht vertreibt das Bedingungslose oft ungewollt aus dem eigenen Leben, da ihnen Bedingtheit ein Wiedererkennen sowie Gewissheit und Sicherheit stiftet. „Das kann doch nicht sein, dass mich jemand so liebt, wie ich bin, wo ich doch noch überhaupt nichts dafür getan habe – da muss doch ein Haken dabei sein" drückt wohl die eigene Überraschung und Überforderung der allermeisten Menschen aus, die – selbst in einer bedingten Liebe aufgewachsen – ihr Glück nicht fassen können, wenn ihnen eine Bezogenheit begegnet, die alles auf den Kopf stellt, was sie bislang zu fühlen gewohnt waren.

Rein theoretisch wussten wir – seit Erich Fromms „Die Kunst des Liebens" (Fromm 2003) – wohl, dass die Liebe ein Geschenk der Freiheit ist, die so lange dauert, solange sie dauert und dass sich in der Nähe zu einem Menschen alle möglichen eigenen Strukturbesonderheiten auszuwirken beginnen, die uns den anderen und uns selbst so fühlen lassen, wie wir das können – weitgehend ohne Bezug zu dem, wie das Gegenüber tatsächlich zu uns ist. „Wir können einander nicht verstehen, bloß verwechseln" – schrieb ich in einem eigenen Text über die Liebe (vgl. Arnold 2014), und befasste mich darin auch mit der „Illusion der falschen Ursachenzuschreibung", von der der Hirnforscher Gerhard Roth sprach (Roth 2004). Indem wir uns unangemessen – weil falschen Zuschreibungen, Beurteilungen oder Vorwürfen folgend – verlieben und trennen, verpassen wir die eigentliche Kraft der Liebe, die darin liegt, dass wir uns in einem anderen Menschen beheimaten und dessen Anwesenheit an unserer Seite immer wieder als ein tägliches Wunder neu erleben. Das gelingt uns bloß, indem wir die erwähnte Illusion tatsächlich hinter uns lassen und uns voll und ganz der Unverfügbarkeit der Liebe hinzugeben lernen. Wir lieben nicht, weil …, und wir werden auch nicht geliebt, wenn … Sobald wir Gründe sammeln und Ursachen für unsere Liebe zu identifizieren versuchen, bewegen wir uns in eine Richtung, die Berechtigungen kennt und überprüft. Ist das Gegenüber nicht vielleicht doch eine Mogelpackung? Werde ich von ihm bzw. ihr vielleicht überhaupt nicht geliebt? Bin ich so, wie ich bin, liebenswert? Ja, nur so – ohne Anstrengung, aber auch ohne Ansprüche oder gar Berechtigungen. Liebe kann sich bloß entfalten, wenn wir uns selbst für liebenswert halten und gelernt haben, uns in diesem Bewusstsein einem nahen Menschen anzuvertrauen und ganz hinzugeben.

Man kann Beziehungsfähigkeit lernen und üben. Dies ist kein leichtes Unterfangen für Menschen, die in gebrochener Bezogenheit aufwuchsen. Wärme und Herzlichkeit sowie Nachfragen, Interesse und Zugewandtheit bleiben ihnen fremd, weil sie ihnen als Grundausstattung ihrer Basispersönlichkeit selbst fehlt – nicht ganz, aber doch als kontinuierliche Selbstverständlichkeiten. Auch hierin können sich epigenetische Altlasten von Autoritarismus, Vertreibung, Heimatlosigkeit, Unrecht und grauenvoller Ungesichertheit und Lebensbedrohung auswirken.

Das Selbstbewusstsein und die Selbstkonzepte, die solchermaßen „geprägte" Kinder, Jugendliche oder Erwachsene durch ihre Lebensbewegung auszudrücken vermögen, irrlichtern nicht selten „zwischen Depression und Grandiosität" (vgl. Miller 2006) – ein fragiles Selbst profilierend, welches oft ein ganzes Leben lang vergeblich nach einem tragfähigen Grund tastet. Menschen, die mit einer solchen Beeinträchtigung ihre Bezogenheit auszudrücken versuchen, verirren sich häufig in den Durchmischungen zwischen Außen und Innen. Ihnen gerät leicht zum

Vorwurf an ein Gegenüber, was in Wahrheit – bzw. in erster Linie – den Entbehrungen der eigenen Seele entstammt. Das Bedrohtsein ist ihre zweite Haut, und nicht selten folgen sie in ihrem Leben dem Motto „Es geht mir gut, wenn es mir schlecht geht" (vgl. Arnold 2005, S. 12). Zudem haben auch sie es oft selbst – bevorzugt – mit Menschen zu tun – suchen sich diese geradezu mit sicherem Instinkt aus -, die ebenfalls in ihrer Bezogenheit durch eigene ungelöste Themen bestimmt sind, weshalb sie dazu neigen, projektiv im Anderen das zu beklagen, was doch in ihrem eigenen Inneren der Aufklärung harrt und der Transformation bedürfte. Selbst Trennung und Neubeginn eröffnen mit einer solchen seelischen Anfangsausstattung selten einen wirklichen Durchbruch zu wahrer Bezogenheit, dauert doch das Ungeklärte in der eigene Seele fort und harrt auf weitere Gelegenheiten, um in neu adressierten Beschwerden zum Ausdruck zu gelangen – eine tragische Wiederholungsschleife, der zu entkommen Selbstreflexion und Selbsttransformation erfordert, wollen wir nicht in den uns nahen Menschen beständig erneut das suchen und zu finden meinen, was wir selbst früh entbehrt haben.

Auch in den modernen Gesellschaften werden die Nachwachsenden kaum auf die Fallstricke und Verstrickungen, welche Beziehung und Bezogenheit für sie bereithalten, vorbereitet. Verbreitet ist deshalb eine Kultur „der falschen Ursachenzuschreibung" (Roth 2004), der zu entkommen sowohl Einsicht wie auch Kompetenz und Routine fehlen. Ein hoher Prozentsatz der Menschen gleitet deshalb an den Möglichkeiten einer bewussten und sie tragenden Liebe vorbei, verfehlt deren Lebensenergie und findet sich nicht selten noch im fortgeschrittenen Alter in einer ernüchternden Leere wieder – Erik Erikson spricht in diesem Zusammenhang von „Ekel" (Erikson 1996) -, selbst wenn sie in einer Partnerschaft ihr Leben zubringen.

Ist es übertrieben zu sagen, dass wir in lieblosen Gesellschaften leben? Ist es abwegig zu vermuten, dass auch unsere bevorzugten Lesarten der menschlichen Konflikte bis hin zu kriegerischen Auseinandersetzungen ihre Wurzel in einer verpassten Ichentwicklung der Akteure haben? Wie kann ein Mensch sich von ausgrenzenden oder imperialen Konzepten vereinnahmen lassen, voller Aggression über andere herfallen oder diese für alle Unbill dieser Welt verantwortlich machen, der in sich tief verstanden hat, dass auch er in anderen bloß das zu sehen vermag, was tief in ihm selbst als Möglichkeit hat entstehen können? So gesehen sind wir noch immer mit der – inneren – Aufarbeitung der Entgleisungen einer größenwahnsinnigen Geschichte beschäftigt, die unsere Großeltern- und Elterngenerationen dazu genötigt hat, ihre Identität mit äußerer Beteiligung (an Deutschtum, Eroberung und Führerkult oder religiösem Wahn, auserwählt zu sein sein) zu füttern, statt sich wirklich in der Auseinandersetzung mit den tiefen Einsichten der großen Geister der Philosophie und Literatur zu den inneren Möglichkeiten dessen durchzuarbeiten, was Menschsein eigentlich bedeutet bzw. bedeuten kann. Diese Feststellung ist kein Vorwurf an irgendwen, sondern eröffnet uns den Weg zu einem trauernden Verständnis der kollektiven Versäumnisse, die sich in den Entgleisungen zum Inhumanen Ausdruck verschafften und diese – seelisch – überhaupt erst ermöglicht haben. Diesen waren unsere Eltern und Großeltern ausgesetzt, die sich selbst dabei verpassten; Angebote einer beschützten und begleiteten Reifung waren vielen von ihnen kaum zugänglich.

Auch heute hat sich die Liebesfähigkeit der Menschen nicht wirklich grundlegend verändert, obgleich es sie gibt: Angebote zur Selbstreflexion, Transformation und Heilung, um die Welt der Beurteilung und des Vorwurfs hinter sich zu lassen, wirksam einen Weg zu beschreiten, der einem dabei hilft, zu werden wer man sein kann (vgl. Arnold 2019c).

Es ist ein großer Glücksfall, wenn Menschen bei ihrem Versuch, alte Muster hinter sich zu lassen und diejenigen zu werden, die sie sein könnten, Unterstützung und Begleitung erfahren. Den allermeisten Menschen bleibt beides verwehrt, und sie torkeln deshalb oft im selbstgewissen Gefühl der Berechtigung in ihre alten Verhaltensmuster zurück, an denen sie festhalten, weil sie ihnen letztlich vertrauter sind als das beängstigend Neue, nicht, weil die alten Muster ihnen einen angemessenen Umgang mit den jeweils aktuellen Lagen ermöglichen. Deshalb wiederholen sie ihre Gefühle, Konflikte und Verstrickungen immer wieder aufs Neue und spüren vielleicht dereinst in einem diffusen Gefühl, dass ihr Leben sich ihnen nach eigenen Maßgaben präsentierte und alle Veränderungen im Außen an dem eigentlichen Kern des beständigen Unglücks vorbeizielten. Spätestens dann erkennen sie, wie sie sich und die anderen verpassten und selbst nicht werden konnten, wer sie hätten werden können:

Reflexionsstarke Menschen, die in der Lage sind, in ihren Spontaneindrücken stets ihr eigenes Echo zu erkennen und dessen Einflüsterungen nicht zu folgen, sind freie Menschen. Sie trauen sich, der Wiederholung zu entkommen und sich mutig und entschlossen der humanen Vielfalt mit ihren Möglichkeiten zuzuwenden.

In aller Regel öffnen sich dem Einzelnen die reiferen Bewusstseinsformen erst im fortgeschrittenen Lebenslauf – meist auch nicht von alleine –, d. h. zu einem Zeitpunkt, zu dem man bereits auf eine eigene Beziehungsgeschichte zurückblickt und hoffentlich in den Genuss eines Umdenkens in eigener Sache gekommen ist. Indem es nämlich gelingt, die erwähnte Routine der vertrauten und erwartbaren Ursachenzuschreibung umzudeuten und die soziale Welt, wie sie einem zu sein scheint, (auch) als Echo auf die eigenen Emotions- und Deutungsmuster zu verstehen, wird eine Umkehr („Metanoia") zunächst denkend, dann aber auch praktisch möglich. Ein Mensch, der sich dabei selbst aufgegeben hat, um sich eigentlich erst zu entdecken, steht für die Frische eines Denkens, Fühlens und Handelns, die ein tiefer Ausdruck des Humanum ist. Erst, wenn wir hinter alle Gewissheiten, die uns bislang trugen, zurückfallen, können wir uns selbst, die anderen und die Welt so entdecken, wie sie losgelöst von den Verzerrungen unserer Wahrnehmung und unseres erwartbaren – langweilig wiederholenden – Urteils auch gemeint sein könnten. Diese Bewegung markiert die eigentliche Aufklärung als einen „Ausstieg aus selbstverschuldeter Unmündigkeit", wie sie Kant – wenn auch kognitiv verengt – gemeint hat – „selbstverschuldet", weil beharrend, bequem und ignorant gegenüber dem, was grundsätzlich auch möglich wäre und sein könnte.

Sicherlich: Lesen, Nachdenken und Selbstaufschreibungen können einem dabei behilflich sein, diesen Weg zum Eigenen zu entdecken und freizulegen. Man kann die Einsichten der Identitätsforschung sowie der Hirn- und Emotionsforschung „persönlich" nehmen und sich selbst zu einem Forschungsprojekt werden. Um jedoch der kuschelig-wärmenden

Bewusstheits-„Wanne"[2] tatsächlich zu entkommen und das eigene Selbst transformieren zu können, sind andere – substanziellere (!) – Maßnahmen erforderlich, die uns unabweisbar aus der konsonanten Ähnlichkeitswelt hinauszuführen und neuen – bislang ungeahnten – Selbsterfahrungen entgegenzuführen vermögen.

Menschen folgen in ihrer Entwicklung und in ihrem Selbstausdruck nicht nur den Impulsen und Bildern ihrer Eltern und ihrer Lebenswelt, sie gestalten auch selbst den Erfahrungsraum für die Ichentwicklung ihrer Kinder (mit). Diese reifen an den Geländern, die sich ihnen in den geordneten und den ungeordneten Bahnen ihrer Eltern bieten – zumeist von diesen unbewusst selbst genutzt, gesucht und erprobt. Wichtige Räume, mit denen die Erwachsenen die Welt ihrer Kinder einspuren, anregen und prägen, sind dabei – nach allem, was wir wissen – Zuverlässigkeit, Struktur und Stabilität sowie nachfragendes Zugewandt- und Interessiertsein.

Die Systemik zwischen den Generationen markiert eine zentrale Dimension für eine gesunde Persönlichkeitsentwicklung der Nachwachsenden. Insbesondere die psychoanalytischen Arbeiten haben deutlich den Blick auf den Sachverhalt gelenkt, dass Menschen oft ein ganzes Leben lang in ihrem Beziehungsverhalten durch die in der Kindheit erlittenen Entbehrungen oder die erduldeten Traumatisierungen bzw. die übernommenen ungelösten seelischen Traumata ihrer Eltern beeinflusst bleiben. Diese Einsichten legen eine Einschätzung nahe, der zufolge wir alle das, was wir haben werden können, in einem erheblichen Maße unseren Eltern verdanken – im positiven, wie im negativen Sinne. Wir haben uns nicht aussuchen können, bei wem und in welchem sozialen Uterus wir aufwachsen, und wir können es auch rückblickend nicht wirklich verändern.

---

[2] Dieses Bild wurde von dem Erziehungswissenschaftler Diethelm Wahl (geb. 1945) angeregt, der in seinen Forschungen herausgearbeitet hat, dass z. B. Lehramtsstudierende in der Lage sind, ihre Alltags-Vorstellungen von Verhalten, Persönlichkeit und Erziehung durch die Lektüre wissenschaftlicher Einsichten zu differenzieren, jedoch dann, wenn sie in der eigenen Praxis als Lehrer:in später selbst „unter Druck" geraten, diese Differenzierungen wieder aufgeben und in ihre alten emotionalen Vorstudien-Gewissheiten zurückgleiten (Wahl 1991) – eine Wirkung, die m. E. einen generell wirksamen Mechanismus von Aufklärung und Bewusstseinsentwicklung bzw. Bewusstseinserweiterung kennzeichnet.

Eltern, Lebenswelt und Gesellschaft stellten die Umwelt da, in der wir unsere Strukturbesonderheiten haben entwickeln können.

Darauf auch in Dankbarkeit und Respekt blicken zu können, statt an einem Unwiederbringlichen dauerhaft zu verzweifeln und in einer ungerichteten Klage zu erstarren, markiert m. E. die wesentliche Dimension einer gesunden Ich-Entwicklung. Zu unseren Strukturbesonderheiten zählen nämlich – bei einem genaueren Blick – nicht bloß schwächende, sondern auch stärkende Bestandteile. So sind sicherlich von der verbliebenen Angst und Scham der Kriegsgeneration alles andere als bloß stärkende Impulse für die Ich-Entwicklung ihrer Kinder ausgegangen, gleichzeitig hat die erlebte Resilienz ihrer Eltern beim Wiederaufbau sie gestärkt und in vielem auch durch die krisenhaften Phasen ihres eigenen Lebens getragen.

Indem man versteht, dass es auch unsere Eltern in aller Regel genauso gemacht haben, wie wir es auch selbst tun – nämlich ein Leben auf den Fundamenten der eigenen Strukturbesonderheiten zu gestalten -, kann in den allermeisten Fällen der Vorwurf („Warum konntet ihr nicht …!") verblassen und durch Respekt und Liebe überwunden werden. Wir erkennen dann, dass wir unsere seelische Struktur unseren Eltern verdanken. Wir sind (in vielem) wie sie. Mit dieser – inneren – Bewegung verstärkt sich die Bindung zu unseren Eltern und der Lebenskraft, welche die Generationen durchwölbt und auch uns zu tragen vermag. Wir können dann den kindlichen Vorwurf und mit ihm das uns selbst Schwächende hinter uns lassen. Respekt vor den Eltern ist dabei immer eine Bewegung in eigener Sache, können wir doch nicht erwachsen werden, wenn wir immer noch in einem Vorwurf an die Eltern verharren, der der entbehrungsreichen Kindposition entstammt, aber nicht selten als arrogante Mahnung oder gar bewertende Kommentierung, wie sie eigentlich bloß den Eltern der Eltern zustünden, vorgetragen wird. Die systemische Forschung hat deutlich herausgearbeitet, welche seelischen Strukturbrüche sich für den nachwachsenden Menschen daraus ergeben können, dass er dauerhaft in Vorwurf und Distanz gegenüber seinen eigenen Eltern verharrt und sich dadurch gewissermaßen über sie – auf die Position der eigenen Großeltern – erhebt und selbst überhöht. Das Buch „Auf dem Weg zur vaterlosen Gesellschaft" von Alexander Mitscherlich (Mitscherlich 1963) hat diesen inneren Strukturbruch in seinen gesellschaftlichen Auswirkungen ebenso treffend beschrieben, wie das frühe Buch von Erich Fromm „Escape from Freedom" (Fromm 1941).

Noch gut erinnere ich mich an die Bemerkung der Lehrtherapeutin im Kontext einer systemischen Supervision, die einmal bemerkte: „Ist hier im Raum eigentlich noch irgendjemand, der noch eine Rechnung mit seinen Eltern offen hat? Wenn ja, der kann gleich gehen!" Damals war ich erstaunt und auch etwas befremdet ob dieser rigorosen Einschätzung.

Heute denke ich, dass wir den Segen unserer Eltern brauchen, um selbst ganz erwachsen zu werden. Dafür müssen wir die Anmaßung ganz hinter uns lassen („Wir sind nicht die Bewertungsinstanz des Lebens unserer Eltern!") und in eine liebevolle Haltung wechseln. Die Eltern segnen unser Leben, wir segnen ihr Alter. Beides sind Bestandteile einer Balance zwischen den Generationen, in denen Nachwachsende wahrhaft zu sich selbst heranreifen können. Wem dies nicht gelingt, weil sich da scheinbar eine berechtigte Distanz zum Vater oder zu Mutter und dem, wie sie ihr Leben gestalteten, auftut, der oder die nimmt letztlich selbst Schaden, da ihr Vorwurf auch dem eigenen inneren Wachstum zu sich selbst im Wege steht. Man verpasst dann nicht bloß den Vater oder die Mutter, man verpasst schließlich auch sich selbst in dem, wie man noch werden könnte.

Liebe, Beziehung und Familie sind tragende Säulen der eigenen Entwicklung. Diese stehen uns nicht selbstverständlich zur Verfügung, und nicht immer stärken uns die Bindungen, in denen wir selbst aufwuchsen. Oft statten sie uns auch mit unbearbeiteten seelischen Altlasten (Stichwort: Kriegskinder) oder Entbehrungen (z. B. Vaterlosigkeit) aus und geben unserer Suche eine Richtung, die wir zunächst kaum zu durchschauen vermögen. Wir suchen dann bisweilen ein ganzes Leben lang nach der Integration eines „missing links", ohne zu wissen, was wir da eigentlich in Wahrheit und an falscher Stelle suchen: bedingungslose Anerkennung, Geborgenheit und Bejahung? Wir trennen uns oft verfrüht und in Wahrheit unberechtigt, da wir dem Irrtum unterliegen, der uns bislang nahe Mensch könne uns nicht das geben, was wir doch so spürbar entbehren, um es endlich bei jemand anderem zu finden, dessen anfängliche Verliebtheit wir überschätzen, um ihn heimlich für etwas in Anspruch zu nehmen, was auch er oder sie uns überhaupt nicht geben kann und geben sollte.

Beziehungen sind sehr häufig auch durchwirkt von solchen Verwicklungsgeschichten – Geschichten, deren Krisen vorprogrammiert sind und im günstigsten Fall auf eine Klärung zulaufen.

> *Wir können aber Verwechslungen durchschauen und korrigieren. Der Schlüsselsatz, der eine solche Klärung einzuleiten vermag, entstammt dem Talmud und lautet: „Wir sehen die Welt nicht, wie sie ist, sondern wie wir sind!"*[3]

Umgemünzt auf die unvermeidbaren Verwechslungen im Bereich der Liebe, Beziehung und Familie kann man daraus die wahrhaft bezogene Ansprache ableiten: „Ich sehe Dich nicht so, wie Du bist, sondern so, wie ich bin. Verzeih mir!" Wem es gelingt, diesen Lösungssatz tief in sich als wirksames Element der eigenen Haltung zu verankern, der oder die ist zu keinem unüberbrückbaren Vorwurf oder einer anmaßenden küchenpsychologischen Diagnostik (z. B. „Du Narzisst!" oder „Du Autist!") mehr in der Lage. Vielmehr richtet sich der Blick auf die eigenen inneren Gründe für den Vorwurf, und es kann eine Versöhnung einsetzen – eine Versöhnung mit den eigenen Kränkungen, Entbehrungen, dem bloß schwer zu durchschauenden Fortklang eines epigenetischen Echos von Tod, Verlust, Vertreibung und Unsicherheit oder Vaterlosigkeit, die dereinst Verletzungen, Misstrauen und Distanz auslösten, das aktuelle Erleben aber unnötig dämonisieren und Vorwürfe falsch adressieren. Solchermaßen verwirrt blicken wir durch unsere Prägungen auf die Welt, die uns nahen Menschen und deren Liebe und sehen diese so, wie wir sind, nicht so, wie sie sind und in Erscheinung treten wollen. Unser Blick setzt sie einem permanenten Verdacht aus, dem sie widersprechen, den sie aber nicht wirklich überwinden können. Verwechslung lähmt so die Liebeskraft und lässt uns permanent wiederholen, was in uns als Ursprungsdrama – ungeklärt und unbewältigt – das dramatisiert, was uns begegnet.

---

[3] Dieser Spruch wird oft der amerikanischen Schriftstellerin Änais Nin (1903–1977) zugeschrieben; es stammt aber wohl ursprünglich aus dem Talmud, einer bedeutenden Schrift des Judentums aus dem 2. Jahrhundert.

Das kantische „Sapere aude!" – Habe Mut, Dich Deines Verstandes ohne fremde Hilfe zu bedienen! – bedeutet deshalb auch: Habe Mut, Dich den Dämonen Deiner Seele zuzuwenden, ohne die geliebten Menschen, Deine Eltern, Deine Familie, Deine Freunde etc. immer wieder für Eindrücke, Gefühle und Bewertungen in Anspruch zu nehmen, die tief in Deiner Seele ihren Ursprung haben. „Sapere aude!" ruft uns deshalb auf, uns entschlossen zu verändern und nicht weiter nur dem Bisherigen treu zu bleiben, sondern dem Gegenüber immer wieder zu sagen: „Ich sehe Dich so, wie ich bin! Verzeih mir!"

In meinem eigenen Leben hatte ich alle Hände voll zu tun, zu dieser Haltung allmählich durchzudringen. Allzu zählebig und „praktikabel" drängten sich Ursachenzuschreibung oder der Vorwurf als Deutungsangebote auf. Heute bin ich der Auffassung, dass es wohl in uns einen beständigen Kampf zwischen „grober Ursachenzuschreibung" und „feiner Echo-Arbeit" gibt und wir Ersteres nicht wirklich dauerhaft durch das Zweite ersetzen können. Wir können aber immer besser darin werden, in einem zweiten Schritt das Eigene im Fremden zu erkennen und zurückzurudern – zunächst einmal innerlich, für uns selbst, indem wir nach den „guten" Gründen des uns Kränkenden oder Quälenden im Außen fragen, sodann aber auch, indem wir lernen, uns selbst und dem Gegenüber zu verzeihen. Auf diesem Weg der Umkehr werden wir ruhiger, blicken weniger unversöhnlicher in die Welt und sind in der Lage, uns auch für diejenigen zu öffnen, von denen wir uns oder die sich von uns abgewandt haben. Indem wir anderen verzeihen, können wir uns auch selbst verzeihen: die unbesonnenen Vorwürfe ebenso, wie die mangelnde Empathie im Umgang mit dem Gegenüber – bis zu dem sich allmählich einstellenden Gefühl, dass alles seinen Platz und auch seine Bedeutung und Berechtigung hatte und wir ohne diese Begegnung ärmer wären.

Wer gelernt hat, sich von der groben Ursachenzuschreibung[4] im Miteinander mehr und mehr – zunächst vielleicht nur auf den zweiten Blick – zu lösen, und zudem verstanden hat, dass menschliche Wahrnehmung

---

[4] Gerhard Roth schreibt in seinem Artikel „Wir sind determiniert. Die Hirnforschung befreit von Illusionen": „Menschliches Handeln aber geschieht nach Gründen, nicht nach Ursachen" (Roth 2004, S. 218).

sich nicht nüchtern – wie beim Fotografieren – auf eine so und nicht anders gegebene äußere Lage bezieht, sondern das aktuelle Außen stets mit den überlieferten Farben des eigenen Inneren ausmalt, der hat nicht allein mit den Bildern, die seine eigene Wahrnehmung ihm stiften, alle Hände voll zu tun. Auch im Umgang mit dem jeweils nahen Gegenüber sieht er sich zugleich beständig mit Eindrücken konfrontiert, die sein Auftreten und Tun in diesem auslösen. Wie gesagt:

> *Der Ausdruck ist nicht der Eindruck! Vielmehr mischen sich Projektionen beständig in unser Bild dessen ein, was wir für wirklich halten. Dieser Mechanismus ist einem Streben nach innerer Konsonanz geschuldet, von dem auch der geliebte Mensch nicht frei ist. Auch er oder sie kann uns zunächst bloß verwechseln, nicht verstehen.*

Die an sich selbst gerichtete Frage „Was ruft mir das aktuelle Geschehen über mich selbst in Erinnerung?" sollte im Miteinander deshalb notwendig um die innerlich stets präsente Einsicht ergänzt werden: „Das ist nicht die Stimme meines geliebten Menschen, es ist der Chor der inneren Stimmen seiner Vergangenheit, die gehört werden wollen, egal, was aktuell geschieht!" Innerlich kann man diesem geliebten Menschen zurufen: „Ich liebe Dich in Deiner Vielstimmigkeit!" – ein Mantra, welches einen selbst davor bewahren kann, in eine innere Überlegenheit zu gleiten, die das Gegenüber nicht so anzunehmen vermag, wie es ist bzw. sein kann, sondern die eigene Liebe unbewusst und immer wieder mit Bedingungen ausstattet und dabei auch die tiefe Wahrheit der u. a. in der Bergpredigt[5] von Jesus aufgeworfenen Frage „Was siehst du aber den Splitter in deines Bruders Auge und nimmst nicht wahr den Balken in deinem Auge?" immer und immer wieder ignoriert.

Die Befreiung von jeder groben Ursachenzuschreibung lässt uns gegenüber der eigenen Wahrnehmung misstrauisch und im Dialog zurückhaltender werden. Jenseits der Splitter und Balken ist keine Wahrheit zu finden, dieser können wir uns bloß in einer schweigenden – nachdenk-

---

[5] In: Matthäus-Evangelium, Abschnitt 7, Vers 3–5.

lichen und nachspürenden – Beobachtung annähern, die um die Unvermeidbarkeit des Projektiven im Beziehungskontakt sowie um die (bei allen Beteiligten) nach Wiederholung drängenden inneren Stimmen „weiß". Wer sich darin übt, sich schweigend mit der Liebeskraft des Gegenübermenschen, die sich derzeit vielleicht gerade nicht zu artikulieren vermag oder von dem Gewirr seiner anderen inneren Stimmen einfach übertönt wird, zu verbinden, der kann abwarten, beobachten und an dem Bild seiner eigenen Bedingungslosigkeit in der Liebe arbeiten. Denn jeder Enttäuschung sowie jedem Vorwurf an das Gegenüber liegt eine Bedingung zugrunde, die zu einem Balken im eigenen Auge zu werden droht. Wir sehen das Gegenüber dann nicht mehr so, wie es ist, sondern verfälschen es zu dem, was uns fehlt, ohne uns zu fragen, seit wann uns dies fehlt und inwieweit das Gegenüber für den Ausgleich dieses Verlustes überhaupt zuständig ist oder gar zuständig sein sollte, will es sich nicht einer Energie aussetzen, die mehr mit der Erfüllung von Erwartungen als mit einer spontanen Öffnung und Zuwendung in Liebe etwas gemein hat. Vielleicht liegt diese tiefe Einsicht auch dem Statement zugrunde, welches ich dereinst in einem der Bücher des amerikanischen Männertheoretikers Robert Bly (1926–2021) gelesen zu haben meine. Darin sagt Bly, dass er, wenn sich die Geliebte zurückzöge, in die Rocky Mountains fahren würde, um Gedichte zu schreiben (vgl. Bly 2005). Statt in den Vorwurf zu gehen, gibt er dem Gegenüber Raum, statt die eigenen Bedürfnisse und Erwartungen zu Bedingungen aufzurüsten, verbindet er sich in der eigenen Seele mit dem Bedingungslosen, dem Zeitlosen und dem Vergänglichen, aber auch mit dem Möglichen.

Eine solche beziehungsstiftende und beziehungserhaltende Haltung fällt uns nicht in den Schoss. Sie wird auch – wie bereits erwähnt – kaum eingeübt in den Lebens- und Bezogenheitswelten, die wir auf unserem Lebensweg durchschreiten. Wäre dies anders, müssten wir uns ja nicht beständig in Umkehr üben – dorthin, wo Resonanz uns erwartet. In resonanzlosen Beziehungen hingegen wird beständig vor Umkehr gewarnt. Naheliegender ist dann oft eine Abkehr – auch auf die Gefahr hin, wieder selbst zunächst bei null zu landen. Doch was ist eine Beziehung uns tatsächlich wert, die bloß aus der Bewegung und Selbstveränderung *einer* Seite besteht, während das Gegenüber unreflektiert an seinen projektiven Bildern festhält und sein eigenes Inneres beständig mit uns verwechselt? Es ist eine schwierige Gradwanderung einer solchen Liebe, mit der wir vorsichtig beginnen, uns von allem zu lösen, dass uns nicht mehr wir selbst, mit all unserer Bedingungslosigkeit und Umkehrbereitschaft, sein lässt, während wir zugleich mit unserer Liebe ins Leere fallen?

Die frohe Botschaft ist in diesem Zusammenhang, dass bedingungslose Liebe und die Bereitschaft, sich selbst zu wandeln, unwiderstehlich – um nicht zu sagen: sexy – sind. Beides begünstigt die eigene Vertiefung und bringt uns in unserer eigenen Persönlichkeitsentwicklung voran. Wir müssen nicht mehr so bleiben, wie wir (geworden) sind – welch ein Glück! In diesem Sinne habe ich mich in meinem eigenen Leben mehrfach gehäutet: So „entkam" ich der lähmenden Schuld der Nachkriegszeit, entwand mich einem weitgehend emotionslosen, rigid-religiösen Schwarz-Weiß-Schema und vermied die subtilen Fänge[6] eines linken Sektierertums oder sonstiger Abwege. Noch gut erinnere ich mich an meine Studienzeit, als 1977 bei der Ermordung von Hans-Martin Schleyer, dem deutschen Wirtschaftsführer mit Nazivergangenheit, durch die RAF („Rote-Armee-Fraktion") in Teilen der damaligen Linken eine „klammheimliche Freude" aufkam. Als ich einer entsprechenden Bemerkung begegnete, habe ich mich mit Entschiedenheit und Wut dagegen gewandt und dem Gegenüber vorgeworfen, dass dies eine faschistische Position sei, von der man sich als Demokrat entschlossen distanzieren müsse.

In meinen Beziehungen lernte ich allmählich „zurückzurudern" und neue Umgangsformen mit dem Gegenüber gezielt zu erproben – eine nicht ganz einfache Bewegung, da man gleichzeitig auch die eigenen Grenzen neu ziehen und „Points of no Return" neu vermessen muss, denn auch für die Umkehr gilt:

Man benötigt eine Richtung, ein deutliches Gespür dafür, worum es geht, und wofür man selbst einsteht.

---

[6] *„Subtil" waren diese „Fänge" deshalb, weil sie die Labilität der Anfangssituation des Studienbeginns ausnutzten. So boten die politischen Gruppen an der FU Berlin, an der ich im WS 1972/73 mein Studium begann, uns Anschluss, Gruppenerleben und Eingebundenheit nicht aus Selbstlosigkeit und Fürsorge an, sondern mit der deutlichen Absicht, Nachwuchs für ihre Bewegung zu rekrutieren. Diejenigen, die sich ihnen anschlossen, taten dies nicht nach einer nüchternen Prüfung der Positionen dieser Gruppen, sondern aufgrund der sozialen Akzeptanz, derer sie bedurften – ein Motiv, dass verstehbar ist, aber letztlich auch dazu führte, dass man mehr und mehr in ein politisches Milieu hineinglitt, dem man sich in allen seinen Facetten niemals freiwillig angeschlossen hätte.*

Diese Neuvermessung des eigenen Inneren wird häufig dadurch erschwert, dass auf den bisherigen Grenzsteinen unseres inneren Territoriums unsere eigenen Dämonen sitzen und darüber wachen, dass kein Gefühl gewissermaßen „illegal" unsere Grenzen überqueren kann. Es gelingt uns deshalb oft bloß an der Hand eines „signifikanten Anderen" (G.H. Mead), unseren Fuß prüfend auf bislang gemiedenes inneres Gelände zu setzen und neue – z. B. verzeihende – Positionen zu ertasten, selten stürmen wir entschlossenen Schritts in den Unterschied, obgleich prominente Ratgeber uns zurufen, dass dort weitere Wachstumspotenziale auf uns warten. So beschrieb Wilhelm von Humboldt (1767–1836) die persönliche Reifung als den Ausdruck einer Menschheitsbewegung hin zu neuen Formen dessen, was Menschsein eigentlich bedeutet bzw. bedeuten kann.

Diesen Ausdruck anzustreben und uns aus den vertrauten und oft verstaubten Positionen sowie Festlegungen unserer eigenen Innerlichkeit zu lösen, führt uns ebenso in einen grundlegenden Unterschied (z. B. in die Welt des Verzeihens und der Versöhnung), wie auch den systemischen Ansätzen die Vorstellung nicht fremd ist, dass Opfer wie Täter im Jenseits alle Schuld und alle Vorwürfe hinter sich lassen, um sich gemeinsam demselben Licht zuzuwenden – ein leichter Fingerzeig darauf, dass wir aus unseren Grundsätzen und Grenzen zwar unsere jeweilige Berechtigung ableiten können, mit dieser im Universum eigentlich aber sehr einsam unterwegs sind. Diese innere Einsamkeit können insbesondere Menschen, die durch die Religion erklärungsgeschädigt – „gottesvergiftet" (vgl. Moser 1980) – aufwuchsen, bloß schwer aushalten; obgleich sie sich der vermeintlichen Sicherungen entledigen konnten, suchen sie oft ihr Leben lang nach funktionalen Äquivalenten – wissenschaftlichen, philosophischen und lebenspraktischen.

Welche Schwierigkeiten sich einem bei der Klärung von Verstrickungen in Beziehungen in den Weg stellen können, erlebte ich vielfach in meiner führungspädagogischen Beratungspraxis. Häufig brechen in den Beratungssituationen auch persönliche Themen auf, da die Frage, wie wir als Führungskräfte Beziehungen zu gestalten vermögen, sich kaum trennen lässt von dem, wie wir uns in unseren persönlichen Beziehungen zu verhalten vermögen. Noch gut erinnere ich mich an den erfolgreichen Manager einer Weiterbildungseinrichtung, der sehr betroffen davon berichtete, dass er in seiner

Privatbeziehung beständig mit dem Vorwurf konfrontiert sei, unbezogen zu sein. Sichtlich bewegt berichtete er, dass er diesen Vorwurf beständig von seiner Frau zu hören bekäme, die ihm auch vorgab, was er unbedingt an sich zu verändern habe und dies auch mit ihrem Sohn sowie Freunden und Freundinnen offen thematisierte. Er berichtete, dass er in seinen beruflichen Beziehungen gemocht und geachtet werde, aber zu Hause beständig mit einem Defizit-Vorwurf konfrontiert sei, was ihn traurig und ratlos werden ließ. Im Gespräch konnte er detailliert nachzeichnen, dass er zwar in der Tat in einem recht beziehungslosen Elternhaus aufgewachsen sei, in dem nur wenig miteinander geredet wurde, er schilderte aber auch, dass er insbesondere in seiner Ehe gelernt habe, sich bezogener zu bewegen. Stolz berichtete er auch, dass seine Mitarbeitenden ihn als „alternative Führungskraft" erlebten, wertschätzten und dies auch ausdrückten. Die vehemente, nicht enden wollende Dauerkritik seiner Frau quälte ihn sehr.

In der Beratung gelang es, ihn selbst darin zu bestärken, dass die Deutung und Beurteilung seiner Frau ihre „Sache" sei und es nicht möglich sei, deren Vorwurfs-Bewegung mit ihm zu „bearbeiten". Er wurde darin bestätigt, dass er nicht identisch sei mit dem Bild, welches seine Frau von ihm zeichnete. Hierfür, so wurde ihm gesagt, habe diese eigene – innere – Gründe, über die man bloß mit ihr selbst arbeiten könne, wenn sie das wolle und zulasse.

Hierzu kam es. Richard suchte die Beratung gemeinsam mit seiner Frau auf. Die Hinweise, dass sie ja auch bloß in der Lage sei, ihren Mann so zu sehen, wie sie selbst bzw. ihre Erfahrungen und ungelösten Themen seien, und dass es eine kooperative und lösungsorientierte Beziehung erschwere, wenn einer über den anderen urteile und glaube Bescheid zu wissen, welcher seelischen Thematik er sich – endlich einmal für alle sichtbar! – stellen müsse, stimmten seine Frau nachdenklich. Sie begann, sich der Frage zuzuwenden, an was sie die Beziehung mit ihrem Mann bzw. das, was sie darin selbst wiederholte, erinnerte. Zu dem nächsten Treffen kam sie alleine, um sich einer Klärung dieser Frage zu stellen.

Dieser Fall verdeutlicht auch, dass man mit Du-Botschaften keine wirksame Klärung im Gegenüber auslösen kann, da das Gegenüber stets nur selbst bestimmt, „wovon es sich beeindrucken lässt" (vgl. Wilke 1987). Zudem artikuliert sich im Defizitblick auf einen der Akteure einer Verstrickung letztlich eine Anmaßung, die – anders als in einer „nichtwissenden Beratung" (Arnold 2019a) – eine One-up-one-down-

Komponente[7] ins Spiel bringt, deren Berechtigung und Angemessenheit von keinem der Akteure wirklich belegt werden kann. Jeder der beiden lebt in seiner Welt, und jeder vermag sich bloß im Rahmen seiner inneren Möglichkeiten selbst zu bewegen und sich zu verändern. One-up-one-down-Spiele begründen demgegenüber eine „asymmetrische Beziehungen", bei denen es sich um potenziell gewaltsame Machtbeziehungen handelt (vgl. Watzlawick u. a. 1969), wobei den Akteuren entgeht, dass Liebe und Beziehung uns zu Entwicklungsschritten in eine Symmetrie einladen, die nur zu zweit – auf Augenhöhe – ausgestaltet werden kann.

Nahezu unauflöslich droht es zu werden, wenn einer der Interaktions-Partner für sich selbst einen Reifungsvorsprung gegenüber dem anderen beansprucht und dann auch noch – wie im berichteten Fall – meint, seinem Gegenüber Thema und Richtung für dessen anstehenden eigenen Entwicklungsschritt vorgeben zu können. Meist entgeht ihm bzw. ihr dabei, dass man sich mit dieser Anmaßung selbst aus dem Beziehungsspiel nimmt (Motto: „Ich bin ok, Du bist nicht ok!") und so tut, als hätte man einen externen Blick auf das Beziehungsgeschehen, den man nicht hat – oft einhergehend mit der hilflosen Bemühung, Zeitzeugen für die eigene Beurteilung anzuführen (z. B. „Meine Freundinnen finden auch, dass Du ...!" oder: „Andere sagen auch, dass Du ...!"). Die naheliegende Frage, welcher eigenen Entwicklungsaufgabe man dadurch ausweicht, indem man sich selbst aus dem Geschehen herausnimmt oder sich selbst als gegenüber seinem Gegenüber fortgeschrittener konzipiert, rückt selten in den Fokus derer, die sich hinter Du-Botschaften verstecken.

---

[7] Gemeint ist die u. a. bei Hellingerianern beliebte Vorstellung, dass es insbesondere in Familiensystemen eine Art natürliche „Ordnung" gäbe, der zufolge die älteren Systemmitglieder sich auf einer anderen – übergeordneten bzw. „berechtigteren" – Ebene befänden als die jüngeren dazu gekommenen – eine Vorstellung, die auf den umstrittenen und aus systemischen Fachdebatten weitgehend ausgeschlossenen Psychotherapeut Bert Hellinger (1925–2019) zurückgeht, dessen schlichte Version eines „Familienstellens" eine breite Bewegung mit zahlreichen semiprofessionellen Anwendungen auszulösen vermochte (vgl. https://dgsf.org/service/was-heisst-systemisch/hellinger.htm.).

Literatur

Arnold, R.: Die emotionale Konstruktion der Wirklichkeit: Beiträge zu einer emotionspädagogischen Erwachsenenbildung. Baltmannsweiler 2005 (Schneider).

Arnold, R.: Nichtwissende Beratung. Von der Intervention zur Übung. Baltmannsweiler 2019a (Schneider).

Arnold, R.: Wie man liebt, ohne (sich) zu verlieren. 29 Regeln für eine kluge Beziehungsgestaltung. Heidelberg 2014 (Carl Auer).

Arnold, R.: Wie man wird, wer man sein kann. 29 Regeln zur Persönlichkeitsbildung. 2. Auflage. Heidelberg 2019c (Carl Auer).

Bly, R.: Eisenhans. Ein Buch über Männer. 14. Auflage. Hamburg 2005 (Kindler).

Erikson, E.: Identität und Lebenszyklus. Frankfurt 1996 (Suhrkamp).

Fromm, E.: Die Kunst des Liebens. 60. Auflage. Frankfurt 2003 (DTV).

Fromm, E.: Escape from Freedom. New York 1941 (Owl Book).

Knyphausen, G. zu: Das Licht dieser Welt. Auf: Das Licht dieser Welt. Berlin/Hannover 2017 (Jean-Michel Tourette).

Miller, A.: Das Drama des begabten Kindes und die Suche nach dem wahren Selbst. Frankfurt 2006 (Suhrkamp).

Moser, T.: Gottesvergiftung. Frankfurt 1980 (Suhrkamp).

Roth, G.: Wir sind determiniert. Die Hirnforschung befreit von Illusionen. In: Geyer, C. (Hrsg.): Hirnforschung und Willensfreiheit. Zur Deutung der neuesten Experimente. Frankfurt 2004 (Suhrkamp), S. 218–222.

Wahl, D.: Handeln unter Druck. Weinheim 1991 (Beltz).

Watzlawick, P. u. a.: Menschliche Kommunikation. Bern 1969 (Huber).

Watzlawick, P.: Vom Schlechten des Guten. München 2005 (Piper).

Willke, H.: Strategien der Intervention in autonome Systeme. In: Baecker, D. u. a. (Hrsg.): Theorie als Passion. Frankfurt 1987 (Suhrkamp), S. 333–361.

8

Reisen als Lernchance

In früheren Zeiten war Reisen ein bürgerliches Bildungsprogramm. Alle, die es sich leisten konnten, reisten: Wilhelm von Humboldt, Johann W. Goethe u. a. Es gibt aber auch eine Geschichte der Wandergesellen (vgl. Lemke 2002). Alle suchten die Fremde auf – um Neues zu erfahren. Nicht selten lernten sie dabei auch, die Formen und die Bedeutung des vertrauten Eigenen besser – aus der Distanz heraus – zu verstehen. Dabei studierten sie aus der unmittelbaren Anschauung, wie Menschen ihr Leben und ihren Alltag sowie ihr Handwerk andernorts organisieren, welchen unabweisbaren Konzepten sie dabei innerlich verpflichtet sind, und wie sie mit Knappheit, Bedrohung und Krankheiten umgehen.

Vergleichende Beobachtung kann sich dabei von unreflektierten Defizitblicken lösen, welche das Fremde bevorzugt an der Elle des Eigenen messen, und zu einem „wertschätzenden Vergleich" (vgl. Uhlmann/Krewer/Arnold 2014) durcharbeiten, der uns staunen, anerkennen und lernen lässt. Zugleich beginnen wir zu verstehen, dass die deutsche bzw. europäische Form, die gesellschaftliche Entwicklung zu gestalten, voller spezifischer Voraussetzungen und Begrenzungen steckt, die andernorts nicht so ohne weiteres erwartet oder gar „hergestellt" werden können.

© Der/die Autor(en), exklusiv lizenziert an Springer Fachmedien Wiesbaden GmbH, ein Teil von Springer Nature 2026
R. Arnold, *Erwachsen hat ein s zu viel*, https://doi.org/10.1007/978-3-658-51533-1_8

So ruhen z. B. die „Vorzüge" des sogenannten Dualen Systems der deutschen Berufsausbildung auf geschichtlichen sowie kulturellen Gegebenheiten auf, die in anderen Ländern so nicht gegeben sind und niemals gegeben waren. Allen voran ist das „Berufsprinzip" zu nennen, welches den „Beruf" – man achte auf diesen religiös kontaminierten Begriff, der auf eine Berufung durch Gott verweist – nicht nur zu einem biografischen Ordnungsrahmen für den einzelnen, sondern auch zu einer wichtigen Größe für die berechenbare Verknüpfung von Bildungs- und Arbeitsmarktsystems hat werden lassen. Ähnliches gilt für das abendländische Modell der Entwicklung selbst, welchem ein technologie- und kapitalgetriebenes Wachstumskonzept zugrunde liegt, das im 19. Jahrhundert noch im Wettbewerb der Länder eine „nachholende Entwicklung" (z. B. von Deutschland gegenüber dem früher in die Industrialisierung „gestarteten" England) ermöglichte, aber seitdem angesichts der im Weltmarkt verdichteten Abhängigkeitsbeziehungen in keinem weiteren bzw. späteren Fall (von Spezialfällen, wie z. B. Singapur, abgesehen) gelungen ist (vgl. Senghaas 1982). Trotzdem halten die entwicklungspolitischen Konzepte einer internationalen Zusammenarbeit an diesem – mittlerweile ganz offensichtlich falsifizierten – Entwicklungsmodell fest und konzentrieren sich nach wie vor schwerpunktmäßig auf eine „Entwicklungs*hilfe*", die irrtümlich davon ausgeht, dass der Süden vom Norden – von Europa – zu lernen habe, von dem unausgewogenen Versprechen durchdrungen, so werden zu können, wie es der Norden „vormacht".

> *Reisen ist ohne Zweifel die Gelegenheit eines Diversity-Lernens – einer Bezogenheit, die ohne die in jeglicher Asymmetrie lauernde Dominanz auszukommen vermag.*

Man lebt in den Unterschieden, spürt die tragenden Kräfte einer anderen – fremden – Möglichkeit und kehrt mit einem bleibenden Eindruck in das Dickicht der eigenen Lebenswelt und Gesellschaft zurück. Dabei hat sich gleichwohl der eigene Blick verändert. Wer niemals die Armutsbereiche der Hauptstätte im Süden besucht und noch niemals mit armen Menschen in den informellen Sektoren südlicher Länder über ihr Leben und dessen Ziele, Sorgen und tägliche Fragilität geredet hat, dem entgeht die Empirie dessen, was Menschsein heute noch immer für die große Masse der Erdenbürger bedeutet: ein hoffendes Ausharren in Perspektivlosigkeit, Unsicherheit und Gewalt, ohne dem eigenen Leben wirksam selbst eine andere Richtung geben zu können. Arme Menschen auf der Welt haben keine biografische Wahl, die hehren Konzepte von Ethik, Persönlichkeit und Selbstbildung sind ihnen in ihrem Überlebenskampf oft verschlossen, Aufstiegsbewegungen aus dem informellen in den formellen Wirtschaftssektor werden zwar argumentativ immer wieder beschworen, aber äußerst selten realisiert.

Wenn man nicht die Augen vor dieser Endgültigkeit des Abgehängtseins verschließen kann, kann man ratlos, aber auch wütend werden – eine Wut, die jedoch ungerichtet bleibt. Wer ist – aktuell – verantwortlich für die Ungerechtigkeiten in der Welt? Mit welcher Berechtigung klagen wir – gegenüber wem, welchem Gerichtshof, mit welcher Chance, zu gewinnen? Was können wir tatsächlich gewinnen – eine Gewissensberuhigung oder eine wirkliche Mitwirkung an Veränderungen? Wie glaubwürdig können wir überhaupt sein, während wir doch selbst in Ländern leben, die die ihnen nach Fairness-Prinzipien jährlich zustehenden Ressourcen-Anteile bereits im Mai eines jeden Jahres verbraucht haben? Diese Ungleichheit ist gewaltsam für alle diejenigen, die die Reste unter sich aufteilen (müssen), sie ist eigentlich eine tägliche Blamage für unser humanes Gewissen, das wir doch so gerne in Sonntagsreden zu Wort kommen lassen. Können wir uns dabei weiterhin zuhören, oder wenden wir uns ab, haben uns schon längst abgewandt und sind selbst in einer in Wahrheit perspektivlosen, aber unfreiwillig opportunistischen Resignation erstarrt?

Vieles spricht dafür, dass das internationale Argument in den letzten Jahrzehnten an Kraft verloren hat. Der Glücksfall, dass die Weltgemeinschaft seit dem Ende des Zweiten Weltkrieges Institutionen geschaffen hat, die es ermöglichen, nach den Prinzipien der Menschenrechte Vergehen einzelner Staaten und ihrer Verantwortlichen zur Anklage zu bringen und die Verantwortlichen auch strafrechtlich zu verfolgen, kann nicht hoch genug eingeschätzt werden. Diese Institutionen wahren ein „Weltgewissen", wenn auch noch unvollkommen und gegenüber den mächtigen Staaten oft noch als zahnlose Tiger. Ihre Kraft und ihre Befugnisse zu stärken, ist die wohl wichtigste Aufgabe der Welt, soll deren Entwicklungschance in Zukunft nicht vollständig und dauerhaft vom Recht der Stärkeren bestimmt werden.

Für mich war das berufliche Reisen ein enormes Privileg. In meiner Phase in der deutschen Entwicklungszusammenarbeit (1984–1989) konnte ich zahlreiche Länder des Südens in anderer Weise als als Tourist kennenlernen. Ich reiste zu Arbeitskontexten, Workshops und internationalen Tagungen mit Führungskräften und Politikern sowie zu Treffen mit ehemaligen deutschen Stipendiaten aus „Partnerländern", die ich plante und verantwortete, und war dadurch immer unmittelbar sofort eingebunden in Arbeitsprozesse vor Ort. In meiner damaligen Funktion reiste ich u. a. nach Kolumbien, Peru und Costa Rica (1984), Ecuador (1985), Sri Lanka (1986) und Lessotho (1987), später als Gutachter für die „Gesellschaft für Internationale Zusammenarbeit" (GIZ), die UNESCO oder die Schweizer Entwicklungszusammenarbeit nach Chile, Thailand, Honduras, Malawi und Peru, im Rahmen meiner universitären Projekte bauten wir zudem ein Masterprogramm in Eritrea auf, zu dessen Veranstaltungen sowie zur Inauguration ich mehrmals nach Asmara, der Hauptstadt Eritreas, reiste.

Auch als Familie reisten wir viel – besonders als Paar und auch beruflich. Wir fuhren mehrfach in die Türkei, nach Zypern, Rhodos, Peru, Mexico, Kanada und in die USA, später mehrfach nach Thailand, auch nach Singapur sowie später in den Senegal – die regionale Entdeckung unserer späten Jahre. Eine ganz besondere Erfahrung waren auch die gemeinsamen Seminare, die meine Frau und ich zusammen im Rahmen von systhemia (www.systhemia. com) in Kolumbien, Honduras sowie Bosnien-Herzegowina durchführten – in einem engen Arbeitskontakt mit verantwortlichen Funktionsträgern der Berufsbildungssysteme dieser Länder, mit denen wir die Grundlagen einer Systemischen Pädagogik und deren Nutzbarkeit in den dortigen Arbeits-, Kommunikations- und Ausbildungskontexten bearbeiteten.

Von dem französischen Romancier Gustav Flaubert (1821–1880) stammt die bekannte Aussage:

„Reisen macht bescheiden. Man erkennt, welchen kleinen Platz man in der Welt besetzt.[1] "

---

[1] Zit. nach: https://www.weltenblicke.ch/about-1.

Dieser Lerneffekt des Reisens in andere Länder mit fremden Kulturen und Lebensweisen ist nicht zu unterschätzen. Er stiftet allen sozialwissenschaftlichen Kenntnissen und Erklärungen eine Anschaulichkeit, die diese aus sich heraus nicht erreichen können. Theorien über die prägende und unausweichliche Kraft des Kulturellen werden erlebbar, wenn man Menschen und ihren Gewohnheiten begegnet, die ihnen ein uns fremdes Lebensgefühl stiften. Das im eigenen Alltag Vertraute tritt profilierter zutage, wenn man den Alltag anderer Menschen beobachtet und mit ihnen eine Weile in ihrem Alltag lebt und zusammenarbeitet.

Ein spürbarer Effekt dieses Erlebens ist das Verstummen der eigenen Entschiedenheit. Man erkennt, wie wenig man wirklich „weiß" und wie gleichwertig die menschlichen Bemühungen sind, sich selbst und die Welt zu verstehen und das Leben zu gestalten. Dieses Erleben der Gleichheit kann Menschen, die sich auf Reisen begeben, grundlegend verbinden und verändern.

In der Kontinuität des eigenen Bewusstseins lauert nämlich auch die arrogante Tendenz, letztlich doch vieles von dem, was man beobachtet und erfährt, „am eigenen Leisten zu messen" und dadurch ungewollt zu dominieren. Die ganze Geschichte der Entwicklungszusammenarbeit steckt voller solcher unterschwelligen Dominanz. Bereits die Messlatte der „Entwicklung" unterteilt die Welt in „entwickelte" und „unterentwickelte" Länder – gibt es auch „überentwickelte" Länder? Und womit legitimieren diese ihren besonderen Status sowie ihre Vorrechte? Man verfolgt heute zwar keine Kolonialisierungspolitik mehr, „kolonialisiert" jedoch das fremde Bewusstsein weiterhin, indem man Theorien, Forschungsmethoden sowie Change-Instrumente und Standards unbesehen dem westlichen Baukasten entnimmt und in den Lebens- und Arbeitswelten der Menschen aus afrikanischen, asiatischen oder lateinamerikanischen Kontexten zur Anwendung bringt.

Noch gut kann ich mich an den Kommentar des Abteilungsleiters eines Lateinamerikanischen Bildungsministeriums erinnern, der zu der mit Kärtchen, Metaplan-Stellwänden und viel Selbstaktivität „arbeitenden" Seminardidaktik bemerkte: „Dies ist doch wieder bloß so eine neue Form, mit der die Europäer glauben, uns besser beherrschen zu können!" – eine Fremdheitserfahrung, die mir auch in anderen Weltregionen begegnete. So war es z. B. in einem Führungstraining in Sri Lanka für die Beteiligten spürbar unerträg-

lich, die einmal von der „Lehrperson" beschriebenen und an der Steck-Tafel befestigten Kärtchen wieder abzuhängen, neu zu gruppieren oder gar zu zerreißen. Die in ihren kulturellen Kontexten stärker ausgeprägte Wertschätzung, um nicht zu sagen: „Überhöhung", der Lehrperson, war mit einem solchen Umgang mit deren Statements nicht vereinbar.

Letztlich eröffnet die Lernchance des Reisens auch den Zugang zu einer Welt des Small-Is-Beautiful-Lebens, d. h. eines Umgangs mit sich und der Welt, der dazu einlädt, ressourcenschonender, fairer und nachhaltig sowie friedfertig zu leben. Zumindest fällt es einem spürbar schwerer, die strukturelle Ungleichheit der Lebensverhältnisse einfach hinzunehmen, ohne die täglichen Einschränkungen, die sich aus ihnen für andere Menschen ergeben, billigend in Kauf zu nehmen und sich an diesen Modus des „übersehenden Lebens" mehr und mehr zu gewöhnen.

Anfang der 1990er-Jahre hatte ich die Gelegenheit die Gründung von UNEVOC, dem Internationalen Zentrum für Berufsbildung der UNESCO, konzeptionell mitzuplanen und dessen Gründung vorzubereiten. Dies war eine meiner interessantesten Berührungen mit fremdem Denken zu einem Thema, zu dem meine eigenen Vorstellungen und Erfahrungen schon weitgehend gefestigt schienen. In den Gesprächen mit Experten aus anderen Ländern wurde mir mehr und mehr klar, wie wir in zentralen Fragen der Berufsbildung in Gefahr laufen, aneinander vorbeizureden. Wer beginnt, von „Beruf" zu reden, der muss sich der Tatsache bewusst sein, dass er dabei der Vorstellung einer gesellschaftlich geregelten Erwerbstätigkeit anhängt, die den allermeisten Ländern dieser Welt völlig fremd ist. Zwar haben auch diese einen deutlich benennbaren Bedarf an Fachkompetenzen, doch sind die Wege zum Erwerb dieser Kompetenzen nicht vergleichbar geregelt, wie dies jemand erwartet, der mit dem deutschen Berufsbildungssystem vertraut ist. Zudem kennen andere Länder auch kaum diese Identitätsbedeutsamkeit des „Berufes", wie sie Deutschland und andere europäische Länder kennen. Schon die religiösen Wurzeln des Begriffes „Beruf" verweisen auf eine tiefe soziokulturelle Aufladung, die andere Länder nicht teilen. Deshalb war es für mich ein Eye-Opener, als ich bereits in den frühen 1990er-Jahren mit dem Modell der Competencias Laborales, wie es von Cinterfor, der lateinamerikanischen Dependance des Internationalen Arbeitsamtes (ILO) in Montevideo verbreitet wurde, begegnete – Jahre, bevor die europäische

Bildungspolitik dieses Konzept aufgriff und den traditionellen Berufsbegriff aufzuweichen begann.

Literatur

Lemke, G.: Wir waren hier, wir waren dort. Zur Kulturgeschichte des modernen Gesellenwanderns. Köln 2002 (PapyRossa).

Senghaas, D.: Von Europa lernen. Entwicklungsgeschichtliche Betrachtungen. Frankfurt 1982 (Suhrkamp).

Uhlmann, A./Krewer, B./Arnold, R.: Wertschätzender Vergleich: Stufe für Stufe internationale Diversitätskompetenz entwickeln. Bonn 2014 (GIZ).

9

Bewusstheit

Erkenne dich selbst!
(Orakel von Delphi)

Bewusstheit äußert sich in einem Gewahrsein. Dieses drückt sich in einer besonderen Haltung aus, welche die Eindrücke, die uns die Wahrnehmung stiftet, nicht für bare Münze nimmt. Vielmehr rückt das Gewahrsein die eigenen Eindrücke selbst beständig in den Fokus einer reflexiven Wahrnehmung, die sich dabei beobachtet, wie Eindrücke in den eigenen Gefühlen und Gedanken ihren Ausdruck suchen. Diese innere Bewegung gibt sich nicht mit der Abbildung dessen, was da auf uns einwirkt, zufrieden, sondern ist darum bemüht, das Zustandekommen der subjektiven Eindrücke selbst zu entschlüsseln und zu verstehen. Eine solche Bewusstheit verlangsamt das Denken, Fühlen und Handeln und seziert beständig dessen – eigentlichen – inneren Beweggründe.

Wer bewusst ist, ist sich vor allem der Mechanismen bewusst, deren Zusammenwirken ihm den Eindruck in einer Lage stiftet. Das innere Bild, welches der Abbildung und Deutung vorangeht, ist nämlich aus Erinnerungen, Vorlagen (z. B. bevorzugten Lesarten) und Gewohnheiten

© Der/die Autor(en), exklusiv lizenziert an Springer Fachmedien Wiesbaden GmbH, ein Teil von Springer Nature 2026
R. Arnold, *Erwachsen hat ein s zu viel*, https://doi.org/10.1007/978-3-658-51533-1_9

gewebt bzw. durch diese in einem hohen Maße kontaminiert. Es tendiert dazu, beständig die eigenen Erfahrungen und inneren Festlegungen zu wiederholen – auch, um uns zu bestätigen, wer wir sind und was wir immer schon über uns und die Welt zu wissen meinten, d. h. hofften und befürchteten. So spiegelt uns das Außen das Innere und das Innere spiegelt uns das Außen. Das Innen und Außen verzerren sich wechselseitig, und es will uns nicht gelingen, tatsächlich hinter „die Rückseite des Spiegels" (Lorenz 1987) zu blicken. Aber:

> *Wir treten in anderer Weise uns selbst und der Welt gegenüber, wenn wir wissen, dass wir es jeweils bloß mit Spiegelungen zu tun haben, niemals mit einer Wirklichkeit, wie sie „tatsächlich" ist, sondern lediglich mit Wirklichkeiten, wie sie „für uns" sind bzw. auf uns wirken.*

Allmählich begreifen wir auch, dass wir um diese Wirklichkeiten nicht „streiten" oder gar Kriege führen dürfen – ein schwebender Bewusstseinszustand, der zumindest peu a peu unsere Und-so-weiter-Gewissheiten zu erschüttern und uns für eine „frische" Wahr*gebung* zu öffnen vermag (vgl. Arnold 2023) – eine Konstruktion der Wirklichkeit, deren Eindrücke wir uns selbst ausmalen können, dürfen und sollten.

Bewusstheit ist eine reflexive Haltung. Sie tastet nach den altbekannten Stoffen im aktuellen Erleben und ist darum bemüht, diese gewissermaßen beständig von dem Spontanerleben zu subtrahieren. „Dass es mir so scheint, heißt nicht, dass es so ist", sagte Wittgenstein, ohne dass er bereits ein tieferes Verständnis der bestätigenden Mechanismen unseres Denkens, Fühlens und Handelns zu entwickeln vermochte (vgl. Wittgenstein 1984). Wenn es so ist, dass wir selbst die Urheber unserer Wirklichkeit sind, weil wir uns das, was uns der Fall zu sein scheint, in vertrauten Farbtönen ausmalen und mit Begriffen bezeichnen, deren Bedeutung uns aus früherem oder gar fremdem – übernommenem – Erleben oder Einflüsterungen Dritter geläufig ist, dann verweilen wir in den inneren Welten, die wir bereits zu kennen meinen, obgleich wir dies nicht müssten.

> *Das jeweils aktuelle Erleben ist dann ein Erinnern, d. h. eine zähe Substanz, deren Gehalte nur für uns selbst so sind, wie sie zu sein scheinen.*

Wir verheddern uns dabei in den Nuancierungen und können kaum erkennen, worin sich das Aktuelle vielleicht unterscheidet von dem, was in unserem Leben und Erleben bislang der Fall gewesen ist. Wir verweilen dabei in mit der Zeit langweiligen Wiederholungen und erlangen keine wirksame Bewusstheit, sondern bloß betäubende Bestätigungen.

Bewusstheit ist kein Gelingen, eher ein beständiges Bemühen, innezuhalten, zurückzurudern und den inneren Moment vor der eigenen Beurteilung zu ertasten. Dies ist der Moment, in dem in uns die Bewusstseinsfalle zuschnappt und wir den frischen Gehalt mit unserem Erinnerungsmaterial kontaminieren – unvermeidbar, da wir bloß durch die uns vertrauten Formen das Neue erkennen können. Unser Erkennen ist immer auch ein Wiedererkennen, und unser Verstehen wird ungewollt zur Verwechslung – so entstehen auch die Momente des Erlebens von Vertrautheit, Glück, Irritation, Enttäuschung oder gar Erschrecken.

Wahre Bewusstheit basiert deshalb auf einem immer wieder neuen Erstaunen darüber, wie wir beobachten, bezeichnen und beurteilen und wie wir uns dabei in vertrauten Formen wiederholen, wiedererkennen und dadurch bleiben „dürfen", wer wir sind.

Dieses Erstaunen lässt uns sprachlos werden, da wir von den uns immer wieder festlegenden Gehalten der Ausdrücke und des Ausdrückens ermüdet sind. Bewusstheit basiert deshalb auf einem erschöpften, aber achtsamen Schweigen – einem inneren und äußeren Schweigen. Wer der Geschichte seiner selbst oder seiner Eindrücke mehr und mehr gewahr wird, der- oder diejenige kann sich von ihr verabschieden und innerlich „bei Null" bzw. „nahe Null" starten – eine bedeutsame Öffnung für die eigene Persönlichkeitsentwicklung. Der in diesem Sinne erwachte Mensch bewegt sich neu erstaunt durch bekannte Welten und ist mehr und mehr in der Lage, das vermeintlich Vertraute wirklich „frisch" zu deuten. Er ist in der Lage, ein inneres Plateau jenseits seiner Beurteilungen zu erklimmen. Dies gelingt umso besser, je genauer dieser Mensch auch die Einflüsterungen seiner Dämonen kennt und in der Lage ist, diese – immer dann, wenn sie sich wieder zu Wort melden – absichtlich zu dispensieren. Er benötigt dafür eine genaue Landkarte seiner alten inneren Wege – nicht um sich auf diesen besser zurechtzufinden, sondern vielmehr, um diese – endlich! – meiden und neue Wege tatsächlich entdecken und erproben zu können; wie ein Fliehender bewegt er sich unbemerkt bei Nacht, abseits der ausgetretenen Pfade und zieht sich von Debatten zurück, in denen munter und oft lautstark mit – den bekannten – Beurteilungen hantiert wird. „Ich stehe nicht länger zur Verfügung!" ist das innere Mantra derer, die damit begonnen haben, sich von ihrem alten Selbst zu lösen.

> *Reifung zu sich selbst, d. h. zu den eigenen Möglichkeiten, ist eine Eigendrehung jenseits des Beurteilens, aber auch jenseits des beständigen Rauschens einer ablenkenden Kommunikation.*

Ein bewusster Mensch weiß, dass er *„nicht* weiß", wie Sokrates (496 v.Chr.- 399 v.Chr.) feststellte, womit er – von vielen unbemerkt[1] – die Substanz seines Wissens selbst in Zweifel zog und sich vollkommendem Prozess des Wissens zuwandte. Wollte er uns damit nicht darauf hinweisen, dass unser „Wissen" oft lediglich Ausdruck einer inneren Versteifung ist, in der wir das Neue am Leisten des Bekannten messen und uns von der Eloquenz unserer Sprachspiele und der Entschiedenheit unserer Begriffsakrobatik selbst betören lassen, uns mithin in eine emotionale Gewissheit hineinbeamen, die ihre Kraft unseren inneren Zuständen schuldet, nicht immer oder in erster Linie einem tragfähigen Bezug zu dem, was da draußen tatsächlich entsteht und Optionen entstehen lässt?

Alles ist so betrachtet Emotion, alles basiert auf Gefühlen – fühlt man sich doch „sicherer", wenn man glaubt zu wissen, d. h. Erklärungen, Ursachenzuschreibungen oder auch bloß Begriffe parat hat und sich – Tatsachen erkennend – in dem vertrauten Mief des kommunikativen Rauschens zurecht zu finden meint. Dieses Rauschen dient nicht uns, vielmehr dienen wir ihm – so die erwähnte, unabweisbare und ernüchternde Einsicht von Niklas Luhmann (1927–1998), an der man nicht achtlos vorüber gehen kann (vgl. Luhmann 1997).

---

[1] Der Sokratesspruch wird meist als „Ich weiß, dass ich nichts weiß" falsch zitiert. Eine korrekte Übersetzung muss lauten: „Ich weiß, dass ich nicht weiß", d. h. irgendetwas anderes tue, wie z. B. mich erinnere, glaube, mutmaße, meine oder einfach behaupte etc.

Es beruhigt uns dennoch, wenn wir das Beunruhigende zumindest bezeichnen können, selbst wenn es uns noch anspringt, irritiert oder bedroht. Der erfolgreichen Bewältigung eines Erlebens geht stets ein Begriff voraus, und wir fühlen uns sicherer, wenn wir mit anderen „darüber reden", was uns beunruhigt oder bedroht. Doch führt uns dies weiter, lässt es uns „bewusster" werden? Nein, es hilft uns bloß, die Wogen unseres Bewusstseins zu glätten, die entstehen, wenn außen und innen sich aufschaukeln und Dissonanzen unsere Welt erschüttern – dann setzt eine Retusche ein, die das Vertraute wiederbelebt, uns aber zugleich auch gegenüber dem verändernden Impuls des Neuen verschließen will.

Der innere Tanz zwischen Dissonanz und Konsonanz kann kaum durch Vorschläge oder gar Interventionen wirksam beeinflusst werden, gleichwohl kann die wachsende Einsicht in die Funktionsmechanismen unseres Bewusstseins unsere innere Flexibilität erweitern.

> *Der bewusste Mensch verfügt mehr und mehr über eine Art Gebrauchsanweisung für den Umgang mit den Mechanismen seiner Wahrnehmung.*

Wenn andere hingegen glauben, ihn und sein Verhalten beurteilen zu müssen, spürt er deutlich, wie sich sein Herz verschließt. Er ist nicht das, was andere zu sehen glauben. Auch bei ihnen mischen sich in ihre unerbetenen Vorschläge alte Einflüsterungen beständig ein, melden sich zu Wort und wollen ihn dazu zwingen, *ihren* Pfaden zu folgen und *ihren* Dämonen zu entsprechen. Die implizite Einladung „Bitte sei so gut und spiele in meinem Ursprungsdrama eine Hauptrolle!" weist der bewusste Mensch zurück. Er spürt Fremdheit und Befremdung und weiß auf die Frage „Wer bist Du eigentlich?" bloß zu antworten: „Ich weiß es nicht – noch nicht. Ich weiß bloß eines: Ich bin nicht der, den Du befürchtest, und ich entspreche auch nicht dem Bild, welches Du aus Deinen ganz eigenen Erinnerungen von mir entwirfst! Ich bin auch nicht die Melodie, die Du aus meinen Äußerungen heraushörst?" Was soll der bewusste Mensch auch anderes von sich sagen, ist er doch noch immer auf der Suche? „Ich bin bereits zu Teilen derjenige, der ich sein kann – immer noch in der Pfadabhängigkeit meines Bisherigen gefangen, aber bereits dabei, mich selbst zu enthäuten! Interessiert beobachte ich dabei selbst, wer da in Erscheinung treten wird."

Das Bewusstseinsthema ist das Untersuchungsfeld meines achten Lebensjahrzehnts. In ihm verschmelzen der „Gegenstand" des Nachdenkens mit mir, dem Klärenden, selbst. Denken, Fühlen und Handeln werden reflexiv. Dies bedeutet, dass der erhellende Gedanke seine eigene Form sowie die inneren und sehr persönlichen Funktionsmechanismen des eigenen Denkens und Fühlens zu begreifen bemüht ist. Es geht um das Erkennen des Erkennens und das Denken des Denkens sowie das Fühlen des Fühlens – in der festen Absicht, den suggestiven Kräften der Sprache ebenso, wie den Mächten von Erinnerung, Projektion und Wiederholung zu entkommen. Schon zuvor habe ich mich mit den Möglichkeiten eines „frischen" Denkens detailliert befasst (vgl. Arnold 2023), mich dabei aber immer noch selbst der fragwürdig gewordenen Sprache und der ebenso in Misskredit geratenen „Archive", aus denen wir beständig zitieren, bedient – ein Widerspruch in sich. Zu einem „erschöpften, aber achtsamen Schweigen" konnte ich mich bloß in der Meditation oder in der Bewusstseinsarbeit vorantasten. Dabei konnte man „das gelobte Land" einer intuitiv-klaren, weder durch Sprachfetzen noch durch Beurteilungen oder ein kommunikatives Rauschen vernebelten Gewissheit ertasten, die einen frischen Blick auf sich und das Leben ermöglichen, ohne dass dieser frische Blick auch im Alltag bereits durchgehalten werden kann. Meine Erfahrung ist gleichwohl, dass man auch im Alltag in anderer Weise auf sich und die Welt zu blicken vermag, wenn man einmal von der deutlichen Frische eines befreiteren Denkens und Fühlens durchdrungen worden ist. Ist es das, was der Baum der Erkenntnis eigentlich für uns bereithält: keine Früchte, sondern „nur" Anleitungen für das achtsamere Pflücken der Früchte – wissend, dass nicht alle Früchte wirklich nahrhaft oder gleichermaßen gut verdaulich sind und man einige auch bloß aus reiner Gewohnheit zu sich nimmt?

Wer im Pflücken von Erkenntnissen geübt ist, kann sich zurückhalten. Er beobachtet nüchtern und verständnisvoll die Eindrücke, wie diese in die im eigenen Selbst vorbereiteten Formen (vgl. Simon 2018) „schlüpfen" – auch diejenigen, die da eigentlich nicht hineinpassen. Sie machen sich „passend", etwas in uns macht sie „passend", da wir bloß diese Formen anbieten können und über keine anderen Formen verfügen.

> Wahrnehmen ist irgendwie wie das Plätzchenbacken: Der Teig wird in dieselben Formen gepresst, unabhängig davon, wie er selbst zubereitet wurde, wer ihn geliefert hat und welche Zutaten er enthält.

Wer einmal rücksichtslos allein gelassen wurde, für den wird jede Bindung durch dieses Erlebnis geprägt; selbst in den zugewandten Gesten vermag ihm oder ihr das Bedrohliche aufzuscheinen, da keine anderen – nichtkontaminierten – Formen verfügbar sind, um Bezogenheit zu erleben und auszudrücken. Auch bewusste Menschen haben meist keine anderen Wahrnehmungsformen; sie sind lediglich darin geübter, ihren Formen mit einer gehörigen Portion Misstrauen zu begegnen. Sie wissen, was es bedeutet zu sagen: „Dass es mir oder anderen so scheint, heißt nicht, dass es so ist!" (Wittgenstein 1984)

Wer in einer angeleiteten und begleiteten Weise zu seinen ganz eigenen – bevorzugten – Formen der Weltaufordung vorgedrungen ist, der kann auch mit den Konflikten, in die er zunächst als Opfer zu geraten meint, in anderer Weise umgehen. So konnte ich in meiner eigenen Beratungspraxis erleben, wie z. B. Führungskräfte im Rahmen einer solchen Begleitung plötzlich erschüttert feststellten, aufgrund welcher vorbereiteten eigenen inneren Formen sie sich immer wieder – auch nach einem Jobwechsel – in den gleichen Konfliktlagen wiederfanden, und erstmalig erkannten, wie sie an deren Entstehen selbst immer wieder subtil mitwirkten und damit eine Substanz „herstellten", die ihnen bereits seit ihren frühen Jahren vertraut war („Man sieht mich nicht!" oder „Man wird mir nicht gerecht!"). Die meisten jedoch gelangen nicht an diesen Punkt, sondern altern in dem Vorwurf an die Welt, ungerechtfertigt bzw. aufgrund „düsterer Machenschaften" anderer gestrauchelt zu sein und deshalb letztlich „verkannt" bzw. hinter den eigenen Möglichkeiten geblieben zu sein. Nur der Weg einer tatsächlichen – inneren – Versöhnung mit den Konfliktpartnern in ihrem Lebenslauf könnte ihnen einen Weg zur Erkenntnis ihrer eigenen Bewusstseinsformen eröffnen[2] – ein Durchbruch zur wahren Selbsterkenntnis, die aber meist – wie gesagt: mit „guten" inneren Gründen – vermieden wird.

Noch gut erinnere ich mich an einen Führungskonflikt, bei dem der stellvertretende Leiter einer Firma plötzlich und kompromisslos gegen seinen Vorgesetzten zu Felde zog und alles daransetzte, diesen aus dem Weg zu räumen, um selbst an dessen Stelle zu treten. Dabei konstruierte und kolportierte er

---

[2] Wie an anderer Stelle bereits erwähnt, setzt eine solche „Versöhnung" eine bewusste Projektionsrücknahme voraus, in der der Rekonstellierende sich mit den Worten „Ich sehe Dich nicht, wie Du bist, sondern wie ich bin!" und dem Zusatz „Verzeih mir!" selbst aus der Rekonstellierung, die ihn gefangen hält, zu lösen vermag.

ein Zerrbild seines Chefs, das mit dessen tatsächlichem Verhalten nichts, mit dem alten, aber lange verborgenen inneren Drama seines „bloß Zweiter Seins" allerdings viel zu tun hatte. Er rekonstellierte – wie er selbst zu erzählen wusste – zum wiederholten Male in seinem Leben einen Konflikt mit Vorgesetzten, um endlich eine tief in seiner Seele schlummernde Entbehrung nachholend zu kompensieren. Es gelang ihm nicht, diesen Mechanismus wirklich zu durchschauen und dem Sog der Rekonstellierung zu widerstehen. Schließlich wehrte sich sein Chef, und er war es selbst, der das Feld räumen musste – eine Retraumatisierung, die er als solche auch nicht in Ansätzen erkannte. Es dauerte nicht lange, da fand er sich auch in seinem neuen Wirkungsfeld in ähnlichen Erfahrungskontexten wieder. Innerlich gelang es ihm nicht, zur Ruhe zu kommen; auch noch Jahre nach dem Konflikt, der ihm letztlich seinen Job gekostet hatte, nutzte er jede Gelegenheit, um über „die dominanten Narzissten", die ihm sein Leben schwer gemacht hätten, zu klagen und ihnen, wo er konnte übel nachzureden. Er verpasste endgültig den „Abschied von der Opferrolle" (Kast 2001) und torkelte verbittert auf sein Ende zu.

Die wohl grundlegendste Frage des Bewusstwerdens ist die nach dem Ausstieg aus den bekannten Mechanismen und Formen des Wahrnehmens: Kann man sich – wenn man die Funktionsweisen des Gehirns sowie des Gefühlskörpers der Menschen „begriffen" hat – der Wirkungen dieser letztlich „banalen" Kräfte, die uns und unser Verhalten „determinieren" (vgl. Roth 2004), tatsächlich entziehen? Dies ist möglich – als eine Annäherungsbewegung, die ständig geübt werden muss, ist doch die Gefahr des Rückfalls in die Formen, zu denen der Autopilot bevorzug greift, beständig präsent. Bewusste Menschen verfügen jedoch über eine Korrekturfunktion, welche die eigenen Textentwürfe löscht, bevor diese zum Ausdruck werden oder bereits als Mails versandt wurden. Um der selbstorganisierenden Bewegung des Autopiloten zu entkommen, kann es hilfreich sein, bewusst in den Unterschied zu gehen – sich selbst in den Unterschied zu „zwingen" – und genau über das Gegenteil des Eindrucks, zu dem einen der erste Impuls drängt, zu meditieren, dieses zu fühlen und auszudrücken – die vielleicht einzige innere Bewegung, die wirkliche Veränderungen zu bewirken vermag, ist doch jede Veränderung in ihrem Kern eine Selbstveränderung (vgl. Arnold 2019b).

Einer Klientin, die in einem immer wieder entstehenden Vorwurf an ihren Partner abglitt, der sie voneinander entfernte (es ging um dessen Beziehung zu seiner Tochter aus einer früheren Verbindung), sandte ich vor ihrem Aufbruch in einen gemeinsamen Urlaub mit ihrem Partner die folgenden „drei schlauen Urlaubstipps":

- *Wenn Du wieder einmal das Verhalten des geliebten Menschen interpretierst, bewertest etc. – was Du ja nicht mehr tust, aber bloß für den Fall – dann setze Dich still auf einen Stuhl, nimm ein Aspirin[3] und warte, bis diese Interpretation vorbei ist.*
- *Frage Dich stets: Was will mir mein Eindruck (Ärger, Enttäuschung etc.) über mich in Erinnerung rufen?*
- *Danke dem Gegenüber – zumindest in Gedanken – täglich dafür, dass es Dich an diesen Punkt geführt hat, weil Du an diesem Bewertungspunkt umkehren und reifen kannst! Wenn Du diese drei Tipps intensiv berücksichtigst, könnt ihr Euch in die Arme sinken und Du kannst ihm zuflüstern: „Ich sehe Dich nicht, wie Du bist, sondern so, wie ich bin. Verzeih mir!"*

So oder ähnlich kann man sich der erschöpfenden und auch langweiligen Wiederholung im eigenen Leben allmählich entwinden – auch in den ausweglosesten Lagen. In dem Bildungsroman „Die Kunst des Pilgerns" wird detailliert beschrieben, welch langer Weg eines Wieder-Aufeinander-zu-Gehens dadurch möglich wird, dass man den Weg des Vorwurfs und der alten Konsonanz verlassen kann, um das Dissonante, das die Beziehung immer wieder zu zerstören droht, neu zu betrachten. Susann, der Hauptperson in diesem Roman, gelingt es auf einer langen Pilgerreise, eine erschütternde Enttäuschung durch ihren Mann allmählich zu überwinden und sich das Bild einer Annäherung zu konstruieren, dessen tägliche Imagination beide schließlich wieder zusammenführt (vgl. d'Lonra 2025): in eine neue, aber gemeinsame Welt. Dieser Roman beschreibt letztlich die Kraft der Imagination als einer Form der Bewusstheit, welche die immer wirksame Selffullfilling-Prophecy-Wirksamkeit

---

[3] Diese „Aspirin-Übung" geht auf den amerikanischen Therapeuten Steve de Shazer (1940–2005) (vgl. de Shazer/Dolan 2024).

der eigenen Vorstellungswelt selbstreflexiv und konstruktiv zu nutzen weiß.

Versinkt man hingegen in Schmerz und Katastrophisierung, dann bleibt die eigene Lage sehr wahrscheinlich auch schmerzhaft und katastrophal. Wem es hingegen gelingt, in einem inneren Bild an einer möglichen Wirklichkeit festzuhalten und aus diesem Bild heraus seinem Gegenüber – neu – zu begegnen, dem- oder derjenigen kann es auch gelingen, sich dem geliebten Menschen in einer Resonanzoffenheit zu zeigen, die zusammenführt und das Sehnsuchtsbild zur Wirklichkeit werden lassen kann – ein Mechanismus, den die Hirn- und Wahrnehmungsforschung eindrücklich beschreibt (vgl. u. a. Dispenza 2016). Letztlich geht es dabei um die bereits mehrfach erwähnte Kompetenz zur „frischen" Wahr*gebung* (Arnold 2023) – die Schlüsselfähigkeit jeder Veränderung, aber auch zur gelingenden Gestaltung der eigenen Biografie.

Dem lauten Rauschen der Sprachspiele kann man ebenso entschlüpfen, wie den sich ungefragt zu Wort meldenden Einflüsterungen der eigenen Dämonen, indem man diese überhaupt nicht mehr zu Wort kommen lässt, sondern sich gewissermaßen an ihnen vorbei direkt für das Dickicht der Gefühle und inneren Bilder achtsam öffnet – diese eher wiedererkennend „begrüßt" statt sich unreflektiert ihrem Sog auszuliefern. Solche direkten Wege in eine tragende Achtsamkeit können neben einer Emotions-Meditation auch psychoaktive Substanzen unterstützen, mit deren Hilfe seit alters[4] her Prozesse einer seelischen Heilung oder Bewusstseinserweiterung initiiert und ermöglicht wurden, und die auch in der psychotherapeutischen Begleitung einen spezifischen Nutzen zu stiften versprechen (vgl. Revenstorf u. a. 2022). Mithilfe dieser Substanzen verschiebt sich – wie der bekannte Systemiker Fritz B. Simon schreibt -

> *„(…) die Grenze zwischen bewussten und unbewussten Strukturen. Sie eröffnen den Zugang zu bis dahin unbewussten Strukturen und Assoziationen, indem sie den Fokus der Aufmerksamkeit auf im Prinzip bewusstseinsfähige,*

---

[4]Vgl. die Hinweise auf die Rauschzustände, in die sich die Priester:innen des Orakels in Delphi oder auch die Schamanen im Amazonengebiet und andernorts versetzten, um „klarer" auf das Denken, Fühlen und Handeln derer blicken zu können, die bei ihnen Rat suchten (vgl. u. a. van Queckelberghe 1995).

aber im Alltag aus dem Bewusstsein ausgeschlossene Strukturen richten" (Simon 2022, S. 12).

Dieser Blick kann nicht nur (auf)klärend wirken; er kann auch eine Transformation der gewohnten Sichtweisen unterstützen, indem er deutlicher zu erkennen hilft, welcher frühen Logik eingeschliffene Denk-und-Fühl-Programme weiterhin spontan folgen, obgleich die auslösende Ursprungssituation selbst schon längst nicht mehr gegeben ist. Ein solcher – sich selbst aufklärender Blick – kann die Voraussetzungen dafür schaffen, sich gewissermaßen „eigenhändig" aus Verstrickungen in falsche, unterkomplexe oder gar anmaßende Ursachenzuschreibungen zu befreien und – endlich – dem ungerichteten oder falsch adressierten Vorwurf zu entkommen. Wem dies gelingt, der- oder diejenige kann sich zumindest den alten und unbestellt – meist verzerrend – wirkenden Kräften der eigenen Wahrnehmung entwinden. Diese Befreiung ist ein erster und unabdingbarer Schritt, kann man sich doch nicht mit den alten Einflüsterungen in der Seele neuen Möglichkeiten wirksam zuwenden und diese entschlossen gestalten, ohne dass sich unter der Hand genau das wiederholt, was wir stets befürchteten.

Eine solche Bewusstseinserweiterung öffnen das eigene Denken, Fühlen und Handeln für neue Wege.[5] Diese können zunächst imaginiert, antizipiert und als Grundlage eines Bildes von sich selbst und der eigenen Zukunft kultiviert werden, welches eine zunehmend stärkere innere Kraft entfalten und das alte Wiederholungs-Ich allmählich überwachsen oder gar verdrängen kann. Wem dies gelingt, der ist zu sich selbst aufgebrochen. Ihm bzw. ihr eröffnen sich Möglichkeiten, die bisher übersehen worden waren, weil alte Parolen sowie Gewohnheiten und Ängste in ihm z. B. das Bild eines eher defensiven Ichs stärkten, ohne dass er klar zu benennen wusste, welches frühe oder übernommene Erleben die eigene

---

[5] Michel Foucault erinnert in seinem posthum erschienenen „Diskurs der Philosophie" daran, dass „die abendländische Philosophie zweifellos kein entscheidenderes Projekt für sich ersonnen (hat) als die Entdeckung der ursprünglichen Bedeutungen des Subjekts, die Aufdeckung seines grundlegenden Wesens, die Versöhnung mit seinem vergessenen Sinn: kurz, die Übereinstimmung des Subjekts mit dem, was es als Subjekt begründet. (…) Was bis ʹjetztʹ nicht toleriert wurde ist ein philosophischer Diskurs, in dem weder vom Subjekt noch vom ursprünglichen Grund die Rede wäre" (Foucault 2024, S. 60), d. h. ein in unserem Sinne pragmatistisches Konzept des Erkennens und der Transformation von Bewusstseinsformen.

Lebensenergie dabei innerlich noch immer bremste und ihn im eigenen Unglück zurückhielt.

Es gelang mir selbst erst mit der Zeit, zahlreichen meiner sich selbst erfüllenden Befürchtungen auf die Schliche zu kommen und deutlicher zu spüren, dass auch ich im Außen bloß in der Lage war, das aus mir heraus zu leben, was in mir als Zutrauen bereits selbst vorhanden war – eine erschütternde Einsicht in einige der Stolperungen in meinem Leben. Erst, wenn auch ich wirklich in der Lage bin, den Konfliktpartnern in meinem Leben – trotz allem, was sie mir an Unverständlichem und Unzumutbaren angetan haben – zu sagen: „Ich sah Dich nicht, wie Du bist, sondern wie ich bin!", wird sich die Tür zu einem auf Verzeihen basierenden, vorwurfsfreien Selbst ganz öffnen können – eine unangenehme, aber unvermeidbare und wegweisende Einsicht.[6]

An Workshops zur Bewusstseinsarbeit nehme ich seit fast 25 Jahren in regelmäßigen Abständen teil – Erfahrungen, die dazu geeignet sind, die mächtigen konsonanten Kräfte in der eigenen Seele aufzuweichen und den Blick auf das, was tatsächlich wirkt oder sein könnte, zu schärfen. Während solcher Erfahrungen kann es gelingen, die eigene, einspurende Gefühlslogik wie unter einer Lupe genau zu studieren und zu erkennen, in welchen neuen Lagen uns diese in die alten Reaktionsmuster hineindrängt. Wir können dann erkennen, wie wir die Lagen, durch die uns das Leben führt, immer wieder in der Weise (re)konstruieren, in der wir dereinst lernten die Welt auszuhalten:

* *in einem stets wirksamen Gefühl der prinzipiellen Gefährdung und Ungesichertheit (als seelische Kontaminierung durch das epigenetische Erbe der Überlebenden),*

---

[6] Diese Einsicht bedeutet gleichwohl *nicht*, dass man sich nicht doch mit „guten" Gründen endgültig von Opportunisten, die über Leichen gehen und selbst Freunde verraten, abwenden kann und auch abwenden muss, um den eigenen Werten glaubwürdig treu und der klaren Grenzen bzw. Abgrenzungen gegenüber denjenigen, die es nicht wirklich gut mit einem meinen, sondern bloß Gelegenheiten zum eigenen Vorteil – rücksichtslos – nutzen, spürbar bewusst bleiben zu können. Solche Werte sind z. B. „Keine Freiheit für die Feinde der Freiheit!" und „Keine selbstlose Hinwendung zu Menschen, die nur dem – entlarvenden – Leitmotiv folgen: Gut ist, was (mir) etwas bringt!" Oder mit den Worten der Sängerin Lena: „Und die, die mich nicht lieben, die vermiss ich nicht!"

* *sich das pralle und gelingende Leben irgendwie selbst nicht wirklich zuzugestehend (oder allenfalls als „Lohn" für eine übermäßige Angestrengtheit),*
* *beständig das Scheitern (Versagen, Schuldigwerden oder gar Sterben?) erwartend (da ohne wirkliche Berechtigung für eigenes Gelingen und Erfolg unterwegs) und*
* *sich insgesamt eher als unschuldiges Opfer beliebiger Umstände, denn als Täter erlebend.Heute kann ich zumindest kognitiv verstehen, wie schwer es für andere Menschen ist, sich selbst jemandem anzuvertrauen, der diese dunkle – misstrauende – Seite in sich trägt und sich aus ihr heraus bloß schwer gegenüber den Formen eines lebendigen Ausdrucks zu öffnen vermag und diese Formen erst selbst mühsam erlernen muss. Dabei kann man kaum eine Perfomance erreichen, wie sie für diejenigen typisch ist, die in der warmen Gewissheit einer bedingungslosen Lebensbejahung oder eben mit einer bedingungslosen Resilienz ausgestattet aufwachsen konnten. Es bleibt immer angelernt, die Zugewandtheit muss immer wieder – absichtsvoll – den vorbereiteten inneren Tendenzen abgerungen werden – eine Dauerbeschäftigung, wie sie sich anderen nicht in dieser Penetranz in den Weg zu stellen scheint.*

Ohne das Fremde, mit dem ich während meiner Zeit in der interkulturellen Bildungsarbeit (1983–1989) in engere Berührung kam, idealisieren zu wollen, kann ich im Rückblick feststellen, dass mich insbesondere die Erfahrungen in Lateinamerika dabei unterstützt haben, andere Formen des Umgangs zu gestalten. Ich kann mich noch gut erinnern, wie „fremd" es sich anfangs anfühlte, mit Menschen aus Kolumbien, Peru, Costa Rica oder anderen Orten zu kooperieren, sie zu befragen, von ihnen eingeladen und in ihren Alltag einbezogen zu werden – nahezu immer freundlich, aufgeschlossen und bezogen.

Bewusstseinsarbeit eröffnet uns keine bislang verschlossene Tür zu einer „objektiven" Wahrheit, sie vermag lediglich das eigene Gewahrsein zu steigern. Dieses Gewahrsein-Können ist eine Kompetenz, die uns vor Verwechselungen zu schützen und gegenüber den „neuen" Nuancen dessen, was wir erleben, aufzuschließen vermag.

Das Vergangene wiederholt sich nicht unaufhörlich, außer wir selbst wiederholen es, indem wir den sich aufdrängenden Lesarten der Vergangenheit folgen und es ihnen überlassen, uns die Wirklichkeit auszumalen.

Bewusstheit im Sinne eines grundlegenden Gewahrseins ist mit einem Akteur vergleichbar, der ein Fahrzeug nicht bloß nutzt, sondern zugleich darum weiß,

- wohin dieses ihn zu transportieren vermag,
- welche Ziele außerhalb dessen Reichweite liegen,
- ob es die Umwelt unnötig kontaminiert oder schont,
- wie es ggf. repariert werden kann,
- welche anderen Transportmöglichkeiten zur Verfügung stehen und
- wohin man auch alleine – zu Fuß – gelangen kann.

Wie geübte Fahrradfahrer stets ein Toolkit (mit den Utensilien und Werkzeugen für das Radflicken, den Radwechsel etc.) mit sich führen, ist auch der bewusste Mensch stets mit einem Set von Fähigkeiten unterwegs, die er nutzen kann, um in keine der ihm ach so bekannten Bewusstseinsfallen zu stürzen. Diese Fallen sind:

- die *unterkomplexe Ursachenzuschreibung* (= aktuellen Eindrücke und Gefühle werden bevorzugt auf ein „schuldhaftes" Verhalten eines aktuellen Gegenübers zurückgeführt);
- die *Lesart-Armut* (= strukturähnliche Erlebnisse werden in der immer selben Weise empfunden, gedeutet und beurteilt);
- die *typische Spontanreaktion* (= die eigene Reaktion ist Ausdruck der eigenen inneren Möglichkeiten, selten eine wirklich um Angemessenheit und zärtliche Offenheit bemühte, verstehende Bezugnahme),
- die *Asymmetrie der Du-Botschaft* (= man gleitet selbst in die Opferposition und markiert das Gegenüber als Quelle allen Ungemachs, wobei man eine sich selbst überhöhende One-up-one-down-Hierarchie herstellt), und
- die *unnötige Sturheit* (= das Gegenüber wird so gedeutet, wie man es selbst aushalten kann, ohne sich selbst – in dem, was man ist und glaubt schon immer gewesen zu sein, zu verlieren).

Der bewusste Mensch weiß um diese Bewusstseinsfallen und ist in der Lage, sein eigenes Echo im Gegenüber zu erlauschen oder gar zu antizipieren. Sein Toolkit hilft ihm dabei, die genannten Bewusstseinsfallen zu

„umschiffen". Dabei kommt er für sich allmählich weiter – nicht gleich sofort, sondern eher in der Art und Weise, wie es die Geschichte vom Loch in der Straße von Portia Nelson (1920–2001) beschreibt. In dieser wird berichtet, wie eine Person in ein tiefes Loch in seiner Straße stürzt, darüber klagt und lamentiert, bis sie sich endlich – nach Stunden – selbst aus diesem Loch befreit. Dieser Vorgang wiederholt sich am nächsten und übernächsten Tag in ähnlicher Weise, wobei es immer rascher gelingt, aus diesem Loch zu klettern. Schließlich lernt die Person, um das Loch herum zu schreiten oder gar eine andere Straße zu wählen.[7]

Diese Autobiographie beschreibt einen Weg in eine Bewusstwerdung, die von der Einsicht getragen ist, dass es im Kern letztlich darum geht, auch *dafür* die Verantwortung zu übernehmen, wie wir mit den Widrigkeiten des Lebens, für die wir nichts können, umgehen. Wer in der dauerhaften Klage über diese Widrigkeiten „festhängt", den kann man zwar bemitleiden und trösten, man kann ihm oder ihr aber nicht wirklich „helfen". Es bedarf einer *eigenen Entscheidung* für eine „andere Straße". Solange dieser Entscheidung immer wieder – oft mit neuen Erklärungen und vermeintlich „guten" Gründen oder subtileren Kommentaren – ausgewichen wird, gibt es ganz offensichtlich einen heimlichen Nutzen für den- oder diejenige, die da festhängen, leiden und klagen. Ihnen ist nicht zu helfen; sie können sich bloß selbst – durch eine bewusste Entscheidung – helfen.

Es bleibt letztlich eine schwierige Bewegung für die Selbstarchäologie in eigener Sache, diesen heimlichen Nutzen selbst aufzudecken, gründlich zu prüfen und endlich zu verabschieden, um sich für eine selbstbewusste Lebensgestaltung in die eigene Kraft aufzurichten – eine Bewegung, die vielen Menschen nicht gelingt. Diese Selbstaufgabe meinte Erich Fromm (1900–1980) mit seinem Hinweis, dass es das Ziel des Lebens sei, ganz geboren zu werden, die meisten Menschen allerdings stürben, bevor sie ganz geboren worden seien – ihren vertrauten Lesarten folgend, in Rigiditäten erstarrt und in endlosen Wiederholungsschleifen auf den Tod zu stolpernd.

---

[7] https://spz-kummerberg.vobs.at/fileadmin/user_upload/Texte/Portia_Nelson_-_Autobiografie_in_fünf_Kapiteln.pdf (Aufruf am 4.8.2024): Portia Nelson (1920–2001) war eine amerikanische Singer-Songwriterin.

Literatur

Arnold, R.: Seit wann haben Sie das? Grundlinien eines Emotionalen Konstruktivismus. 2. Auflage. Heidelberg 2019b (Carl Auer).

Arnold, R.: Wie man frisch beobachtet, um neu wahrzugeben. 29 Regeln zur Achtsamkeit. Heidelberg 2023 (Carl Auer).

d´ Lonra, F.: Die Kunst des Pilgerns. Ein Bildungsroman. Hamburg 2025.

de Shazer, S./Dolan, Y.: Mehr als ein Wunder. Lösungsfokussierte Kurztherapie heute. 9. Auflage. Heidelberg 2024 (Carl Auer).

Dispenza, J.: Schöpfer der Wirklichkeit. der Mensch und sein Gehirn. Wunderwerk der Evolution. 5.Auflage. Burgrain 2016 (KOHA).

Foucault, M.: Der Diskurs der Philosophie. 2. Auflage. Frankfurt 2024 (Suhrkamp).

Kast, V.: Abschied von der Opferrolle. Das eigene Leben leben. Freiburg 2001 (Herder).

Lorenz, K.: Die Rückseite des Spiegels. München 1987 (DTV).

Luhmann, N.: Die Gesellschaft der Gesellschaft. Frankfurt 1997 (Suhrkamp).

Roth, G.: Wir sind determiniert. Die Hirnforschung befreit von Illusionen. In: Geyer, C. (Hrsg.): Hirnforschung und Willensfreiheit. Zur Deutung der neuesten Experimente. Frankfurt 2004 (Suhrkamp), S. 218–222.

Simon, F.B.: Einige systemtheoretische Aspekte der Nutzung bewusstseinserweiternder Drogen in der Psychotherapie. In: Revenstorf u. a. 2022 (Hrsg.): Ketamin und psychoaktive Substanzen in psychotherapeutischen Prozessen. Heidelberg (Carl Auer), S. 9–16.

Simon, F.B.: Formen. Zur Kopplung von Organismus, Psyche und sozialen Systemen. Heidelberg 2018 (Carl Auer).

van Queckelberghe, R.: Ethnopsychologie & – psychotherapie. Schamanische Rituale und moderne Therapien im Vergleich. Hrsg. Universität Koblenz-Landau. Landau 1995 (Universität).

Wittgenstein, L.: Über Gewissheit. Werkausgabe. Bd. 8: Bemerkungen über die Farben. Über Gewissheit. Zettel. Vermischte Bemerkungen. Frankfurt 1984 (Suhrkamp).

10

Abschiedlichkeit

> Habt ihr denn tatsächlich geglaubt,
> dass ihr dort, worauf ihr beständig zuschreitet,
> niemals ankommen werdet?
> (Montaigne *2001*)

Im Rückblick verändert sich das erinnerte Leben. Zugleich wandelt sich das „Jetzt" immer häufiger zu einem „Jetzt noch", und der Gedanke an die Vergänglichkeit hält mehr und mehr Einzug in die Alltagsbewusstheit. Indem wir uns dem eigenen Ende nähern, mischt sich bei vielen der Tod als unbestellter Gesprächspartner in die Kommunikation – die der Begegnungen und die unserer Selbstgespräche – ein. Es denkt, fühlt und handelt sich anders, wenn die Rest-Biografie immer überschaubarer wird. Die Themen wandeln sich, und die Entschiedenheit, mit der wir uns ihnen widmen, nimmt ab, während Geduld und Demut wachsen. Irgendwie verjüngt sich alles immer wieder auf die großen Fragen, deren Klärung nicht möglich ist, die uns aber immer intensiver anspringen, beschäftigen und in unserem Denken, Fühlen und Handeln bestimmen.

R. Arnold, *Erwachsen hat ein s zu viel*,
https://doi.org/10.1007/978-3-658-51533-1_10

Das Alter lässt der Oberflächlichkeit keinen Raum. Wir beobachten, wie unsere Formen des Ausdrucks und des Eindrucks untergehen werden und können uns über das Unbegreifbare doch wiederum bloß in den uns „geläufigen" Formen austauschen – welch ein schwacher Trost!

Spätestens mit dem Tod der eigenen Eltern wächst die Ernüchterung. Es ist dieses Unwiederbringliche, das uns tief zu erschüttern vermag. Wie viele unserer „signifikanten Anderen" (G.H. Mead) sind schon gestorben? Merkt man, dass man unabweisbar älter wird, daran – wie Montaigne schrieb -, dass man mehr Menschen kennt, die bereits gestorben sind als solche, die noch leben? Viele meiner engsten Begleiter und guten Freunde sind bereits gestorben: Mike Melunsky (1950–2005), Fritz Marz (1939–2022), Horst Siebert (1939–2022) und Wolfgang Doll (1942–2024), auch mein Doktorvater Jochen Kaltschmid (1932–2018) oder durchaus auch meine frühen Förderer und Ermutiger Hans Tietgens (1922–2009) und auch Karlheinz Geißler (1944–2022). Früher war mir nicht bewusst, wie grundlegend sich das eigene Lebensgefühl verändert, wenn man erkennen muss, dass man bereits selbst „in der ersten Reihe" (gemeint: vor dem Grab) steht, wie die Pfälzer sagen.

An dieser Stelle wandelt sich der Blick auf sich selbst und das Leben, wenn man sich gegenüber dem Gespräch mit dem Tod öffnet. Wie gesagt: „Der Tod ist der große Philosoph" (Hürter 2013). Wir können mit ihm in Gedanken unsere Themen, Absichten und Vorhaben besprechen und darauf achten, wann er die Stirn in Falten legt und uns fragen will: „Bist Du wirklich ganz sicher, dass Du Dich in Deiner immer knapperen Lebenszeit tatsächlich damit befassen willst? Willst Du Dich nicht viel lieber den Vorhaben widmen, die Dich vertiefen, die über Dich hinausweisen und mit denen Du Dich den Menschen, die Du liebst, zeigst und ihnen hilfreich zur Seite stehst?" Solche Hinterfragungen können unsere Lebensenergie neu justieren. Wir können – endlich – damit beginnen, uns den wirklich wesentlichen Fragen, Formen und Themen zu widmen.

Der eigenen Vergänglichkeit wohnt eine aufklärende Kraft inne (vgl. Arnold 2025). Diese kann den Menschen auf eine neue Stufe des Erwach(s)ens führen. Auf dieser Stufe eröffnet sich eine gestaltende Energie, die ihre Form dem Abschied verdankt. Wer sich bereits mehrfach verabschieden musste – von geliebten Menschen, vertrauten Orten oder auch liebgewonnenen Gewissheiten und Gewohnheiten -, der oder diejenige „weiß" darum, dass nichts bleibt, wie es war. „Todo cambia" sang Mercedes Sosa (1935–2009). In ihrem Lied heißt es[1]:

„Das, was sich gestern verändert hat *wird sich morgen wieder verändern* *müssen, so wie ich mich verändere. "* *(eigene Übersetzung)*	*„Y lo que cambió ayer* *Tendrá cambia manana* *Así como cambió yo. "* *(Sosa 1984)*

Die Gewissheit der Vergänglichkeit vermag unser Denken, Fühlen und Handeln ab *dem* Zeitpunkt grundlegend zu wandeln, an dem wir diesem Zuendegehen des Vertrauten nicht länger ausweichen können, es vielleicht sogar bewusst einladen und gestalten.[2] In jungen Jahren sind Abschied und Vergänglichkeit meist noch keine drängenden Themen. Dies beginnt sich jedoch mit dem Tod der eigenen Eltern, die uns plötzlich nicht mehr als tragende Kraft begleiten, allmählich zu verändern. Spätestens ab diesem Zeitpunkt sind wir innerlich ganz auf uns selbst verwiesen, und wir können spüren, wie die vorwärtsstrebende Kraft des Lebens uns über den Verlust hinweg und in eine unabweisbare Selbstverantwortung hineindrängt, die von einer demütigen Einsicht in die Unvermeidbarkeit der unaufhaltsam sich realisierenden Logik getragen wird, dass der Tod der Alten eine subtile Voraussetzung für das Leben und die Entfaltung der Nachwachsenden ist.

Leben entwickelt sich in Schüben des Entstehens und Vergehens. Diese „Schübe" sind die Generationen, die sich auf dem Zeitstrahl des Werdens nicht einholen oder gar überholen können. Vielmehr gehen die einen den anderen voran – uneinholbar, unvermeidbar und bloß eine Weile Hand in Hand.

Ich kann mich noch genau erinnern, wie ein Freund mir einmal erzählte, dass er sich bisweilen fragen würde, wo denn seine bereits vor Jahren verstorbenen Eltern „seien". Diese Frage hat mich damals verwundert; ich verstand sie erst, nachdem meine Eltern auch gestorben waren – irgendwie dann doch überraschend, während doch mein Gespräch mit ihnen noch nicht ab-

---

[1] Sosa 1984, https://m.youtube.com/watch?v=0khKL3tOTs.

[2] So kann Entwurzelung z. B. bewusst antizipiert und geübt werden, um dadurch – in proaktiver Bewegung – mehr und mehr in einen *ambulanten Lebensmodus* zu wechseln, in dem wir weniger an Vertrautem (Besitz, Heimat, Jugendlichkeit etc.) hängen und deshalb vielleicht auch bereitwilliger loslassen und uns selbst verabschieden können (vgl. d'Lonra 2026).

geschlossen war. Wir sprechen auch nach dem Tod unserer Eltern weiter mit ihnen – imaginiert, implizit und vielleicht auch bloß so, dass wir uns in ihrer Liebe bewegen. Für mich war der Tod meines Vaters total schmerzhaft: eine bis dato unbekannte, ins eigene Mark treffende tiefe Erschütterung. Heute denke ich bisweilen, dass dieser Schmerz noch viel größer für die Menschen sein muss, die sich von ihren Eltern abgewandt und diese in einem – meist unausgesprochenen Vorwurf – im Alter alleingelassen oder in Distanz gehalten haben. Mit dem Tod ihrer Eltern werden sie nicht nur um die Chance beraubt, ihr Gespräch fortzusetzen – sie haben vielmehr endgültig die ungenutzte Chance verspielt, selbst im lebendigen Kontakt mit ihren eigenen Wurzeln zu erwach(s)en.

In meinem Leben bin ich sehr froh darüber, dass ich mich um meine Eltern in ihrem Alter wirklich kümmern konnte. Nie vergesse ich ihre Freude über meine Hochzeit, an der sie beide anwesend waren – zwei Jahre vor dem Tod meines Vaters. Und niemals vergesse ich auch die sechs letzten Jahre, die meine Mutter bei uns in der Einliegerwohnung lebte. Im Rückblick waren natürlich auch diese Altersphasen viel zu kurz – zwar in bewusster Zuwendung zu den Eltern gestaltet, aber irgendwie doch in einer Und-so-weiter-Illusion, so als gäbe es nach der augenblicklichen Phase doch noch weitere. Dies ist nicht so, weshalb wir im Umgang mit den alten Eltern bereits den bald anstehenden Abschied von ihnen spüren, vorbereiten und gestalten können. Wer dies versäumt und die Eltern weitgehend alleine altern lässt – in einer Phase, in der diese sich nicht mehr „wehren" können – beraubt sich auch selbst der Chance, sich zu einer tiefen, sich selbst im Einklang mit dem Werden und Vergehen befindenden, zugewandten und um ihren eigenen Abschied wissenden großherzigen Person zu entwickeln. Etwas Unversöhnliches wirkt in ihm oder ihr fort, das sie selbst dereinst einzuholen droht.

Es gibt aber auch Abschiede ohne den Tod. Auch sie setzen uns dem Atem der Vergänglichkeit aus: Entfremdungen, Zerwürfnisse, vergehende Beziehungen, Trennungen und Konflikte sowie Krankheit, Krieg und Verwüstung. Solche Ereignisse drängen Menschen aus Vertrautem und können ihre Lebenswelten grundlegend erschüttern. Plötzlich tun sich Dissonanzen auf, die bisher Gültiges endgültig dementieren. War alles bloß eine Täuschung? Wer hat da wen ge- oder enttäuscht? Wir erkennen dann oft einander nicht wieder, obgleich wir viele Jahre in einer geteilten Welt gelebt haben. Etwas von dem Zwischen-uns ist gestorben. Auch solche Erfahrungen können uns mit der Flüchtigkeit unserer Gewissheiten konfrontieren; auch sie sind eine Vorbereitung auf die letzte große Enttäuschung: die Enttäuschung unserer Und-so-weiter-Illusion, aus der heraus wir leben und nicht selten – fälschlicherweise – unsere Zuversicht und Lebenskraft beziehen. Selbst, wenn wir in Beziehungen ausharren, um zu jedem Preis in einem Und-so-weiter verweilen zu können, spüren wir unabweisbar deren Vergänglichkeit, welche die eigene Kontinuität infrage stellt.

In meinem Leben habe ich, wie wohl alle Menschen, nicht bloß den Tod naher Menschen erlebt, sondern auch das Verblassen von Beziehungen infolge der Strukturbesonderheiten der Beteiligten. Diese Erfahrungen waren immer mit dem Gefühl verbunden, ein Gegenüber nicht (mehr) wiedergewinnen zu können – eine harte Kränkung, die zunächst einmal als solche genommen und verdaut werden will. Wir erleben uns als machtlos, wenn alle Klärungsversuche gescheitert sind, das vertraute Gegenüber uns entgleitet und Abschied und Trennung anstehen. Diese beinhalten einen tiefen Schmerz, der auch ein Schmerz über die eigene Machtlosigkeit ist – ähnlich der Ohnmacht, mit der wir dem Tod begegnen. Beides – Machtlosigkeit und Ohnmacht – bringen uns einem neuen Lebensgefühl näher – einem Lebensgefühl, das nicht mehr vornehmlich durch Konzepte des Aufbruchs, der Gestaltung und der Kontrolle durchdrungen ist. Vielmehr beginnen wir auch aus einer Substanz heraus zu leben, die dem Unverfügbaren, Unvermeidbaren und Schicksalshaften in Demut zugewandt ist.

Leben „darf auch einfach nur vergehen" (d'Lonra 2021) – das Leben, welches bewusst tut, was ihm ja ohnehin bloß zu tun bleibt: selbst in der Blüte der Jahre auf das eigene Vergehen zuzustreben. Dieser Abschiedlichkeit unseres Lebens können wir uns mit selbst initiierten Abbrüchen, Entwurzelungen und Neuanfängen zumindest ein Stück weit entziehen. Auch der Wechsel von Kaiserslautern nach Waldshut nach meiner Emeritierung (Ende 2020) war eine solche Loslösung aus den alten Kulissen meines bisherigen Lebens.

Der Tod ist unvermeidbar und letztlich auch unverstehbar. Wir begreifen weder den Grund noch die Logik eines Lebens, das zur Entfaltung, Ausdrucksvielfalt und Bewusstheit führen kann, um dann schließlich doch vollständig in uns zu vergehen – allenfalls fortzuwirken in den eigenen Kindern, in Erinnerungen und dem, was von uns im günstigen Fall „bleibt" und fortwirkt. Die Bäume sterben, doch der Wald bleibt. In der uns zur Verfügung gestellten Zeit können wir aufblühen und zu denjenigen werden, die wir eigentlich sein können. Dabei können sich dem nüchternen Blick die durchschaubaren Mechanismen unseres Denkens, Fühlens und Handelns sowie die Pfad- und Sprachabhängigkeit unserer Narrativen entbergen – ohne damit jemals selbst gar ein erhellendes Licht auf die großen – unklärbaren – Fragen des Menschseins werfen zu können. Wer bewusst und abschiedlich zu leben gelernt hat, hat sich meist bloß ausreichend gegen die Irrtümer, die Spekulationen oder die „Sprünge"[3] (in Religion, Spiritualität oder Ideologien) gewappnet. Er weiß, dass er nicht „weiß" (Sokrates), sondern bloß in der Lage ist, die Unbeantwortbarkeit der großen Fragen tapfer auszuhalten und sich peu à peu von anmaßenden (Er-)Klärungen zu befreien.

Abschiedlich zu leben heißt, den eigenen Eindrücken zu misstrauen und die kontaminierten Begriffe zu meiden, um sich dem Nichtwissen zu überlassen, asymmetrische Beziehungen zu meiden, die Sogkraft der Verlautbarungen hinter sich zu lassen und innerlich still zu werden. Erst in dieser eigenen Stille kann man sich für den Klang einer Grundmelodie zwischen Werden und Vergehen, Freude und Leid, Schönheit und Verfall sowie Liebe und Verlust öffnen, deren Töne, Akkorde und Rhythmen durch uns hindurchklingen, unser Leben als einen Resonanzraum nutzen und uns zur Improvisation unserer eigenen Melodie oder gar zur kurzzeitigen Brillanz mit einer eigenen Kadenz[4] einladen. Vielleicht ist die Abschiedlichkeit letztlich ein Zurücktasten zu den sprach- und gedankenlosen Anfängen des Lebens auf der Welt, als noch keine Fragen existierten, da noch niemand nach einer Antwort suchte.

---

[3] So war es für den Philosophen Sören Kierkegaard (1813–1855) letztlich ein „Sprung", der den Menschen über den Verstand und die eigenen Lebensformen hinaus zum Glauben führen könne – eine unmittelbare Bewegung in die Klarheit, die sich nicht aus dem Vorhergehenden ergibt, sondern sich plötzlich neu und unerwartet ereignet. Er hätte dieses Umschlagen des Denkens, Fühlens und Handeln vielleicht auch als „Befreiungshilfe der Vernunft" bezeichnet (vgl. Arnold/Erhard/Stief 2022).

[4] Als „Kadenz" bezeichnet man in der Musiktheorie die musikalische Improvisation eines Solisten oder einer Solistin, die diesen die Möglichkeit gibt, ihre Virtuosität auf ihrem Instrument – meist unter Aufgreifen, Fortführung und Erweiterung der zuvor bereits ertönten Orchestermelodien, unter Beweis zu stellen. Solist oder Solistin arbeiten sich dabei gewissermaßen aus den orchestralen Klängen heraus, um zu ganz eigene Intonation aufzusteigen und danach wiederum dem Orchester als Impuls zuzuführen.

Letztlich scheint es mir auch im Hinblick auf die eigene Vergänglichkeit im Kern darum zu gehen, sich darin zu perfektionieren, im Bewusstsein der großen Fragen zu leben, ohne diese zu verdrängen oder auszublenden. Michele de Montaigne (1533–1592) schreibt:

„Auf den Tod sinnen heißt auf Freiheit sinnen. Wer sterben gelernt hat, versteht das Dienen nicht mehr" *(de Montaigne 2001).*

Diese Äußerung befreit und entlastet gleichermaßen. Sie kann uns aus der Selbsttäuschung eines „Immer-so-weiter" befreien und auch von der Vorstellung lösen, dass ja ein andauerndes Leben, das uns noch einmal 20, 60 oder gar weitere 100 Jahre „gönnen" würde, bei genauerer Betrachtung für viele keine wirklich erstrebenswerte Vorstellung ist. Die Wiederholungen wären nahezu unerträglich, und auch die eigenen Entwicklungsperspektiven wären doch bereits weitgehend erschöpft. Oder können wir wirklich zuversichtlich davon ausgehen, dass 100 weitere Jahre unsere Persönlichkeitsentwicklung noch weiter vertiefen würden und wir dem Leben eine Einsicht abgewinnen könnten, die uns bislang verborgen geblieben ist. Bereits Montaigne ahnte, dass es genau diese Begrenztheit des eigenen Horizontes, auf den wir beständig zuschreiten, ist, die unserem Leben die biographische „Spannung" und Energie zu stiften vermag, die in der Lage ist, uns auch ohne eine Klärung der großen Fragen voranzutreiben. Schließlich ist es dem Leben selbst egal, ob wir bewusst oder eher verdrängend auf unser Ende zulaufen, nur uns selbst sollte dies nicht egal sein – oder doch?

Schleicht sich hier nicht eine normative Dimension ein, die unterschwellig dem bewussten Leben eine größere Berechtigung zuschreibt als dem unbewussten? Was ist ein „bewusstes" Leben und wovor „rettet" es uns? Die Antwort auf diese Frage mag unbefriedigend bleiben. Sie lautet: *Bewusstheit rettet uns nicht das Leben, sie kann uns gleichwohl vor der Vergeudung unserer Lebenszeit bewahren.* „Vergeudet" ist ein Leben, welches nicht zu seinem eigentlichen Selbst hat vorstoßen können, immer noch von den Einflüsterungen, frühen Gewohnheiten und Entbehrungen getragen wird und sich nicht aus dem Dunkel und den Ängsten des Anfangs hat befreien können. Insofern hat Montaigne nur bedingt recht: Es ist nicht allein die Gewissheit des Todes, die uns zur Freiheit zu führen vermag, sondern die Befreiung von aller Lebens-Vergeudung, die mit einem unreflektierten Ausharren in frühen Ich-Zuständen verbunden ist. Wenn es uns nicht gelingt, in unserer Lebenszeit zu denen zu werden, die wir sein können und sein wollen, dann bleiben wir un-eigentlich, werden eigentlich „nicht geboren", wie Erich Fromm sagte, und sind bereits tot, selbst wenn wir noch am Leben sind. „Abschiedlichkeit" beschreibt diese leise Ich-Suche im Bewusstsein dieser Befreiungsbewegung in eigener Sache.

> *Wer abschiedlich zu leben versteht, der erstarrt nicht vor dem Tod, sondern blickt fasziniert auf die Möglichkeiten, die ihm die noch bleibenden Jahre gerade in ihrer Verdichtung eröffnen wollen.*

Er oder sie kann

- sich selbst zum Thema werden,
- in sich hineinspüren,
- sich von Dämonen lösen – auch von denen, die nicht seine eigenen sind, und
- sich verändern, d. h.
- sich einem neuen Ausdruck zuwenden,
- der ihn bzw. sie mit sich selbst und der Welt in frischen Formen in Verbindung bringt,
- kurz: eine eigene Lebensmelodie anstimmen.

Wer abschiedlich zu leben versteht, „nutzt" seine Zeit, um die Fülle des Lebens ganz in sich aufzunehmen und sich mit dessen Steigerungskraft unauflöslich zu verbinden. Diese Kraft ist dem Leben zugewandt und verweigert sich allen Ausdrucksformen des Menschlichen, welche die Lebensmöglichkeiten anderer Menschen beeinträchtigen, beschneiden oder eine „Nach-mir-die-Sintflut"-Einstellung an den Tag legen. Abschiedlich Lebende verweigern sich aber auch billiger Indienstnahme, vordergründigem Mitläufertum und dem durchschaubaren Opportunismus anderer. Wer abschiedlich zu leben versteht, ist frei, aber auch meist einsam bzw. im Glücksfall: zweisam.

Die Abschiedlichkeit beschreibt somit eine Haltung, keine Antwort auf die Frage nach der eigenen Vergänglichkeit und dem Sinn eines Lebens, das uns dem Tod mit jedem Tag näher bringt. Wer darin geübt ist, abschiedlich zu leben, verdrängt das Unausweichliche nicht, sondern bejaht es – eine letztlich auch pragmatische Haltung. Es ist diese bejahende Bewegung, die systematisch geübt und habitualisiert werden kann. Dafür ist es sicherlich nicht notwendig sich selbst einen Totenschädel auf den Nachtisch zu stellen, um beim Aufstehen und Zubettgehen an den Tod erinnert zu werden.[5] Es kann aber hilfreich sein, regelmäßig über den Tod zu meditieren und sich das – verbleibende – eigene Leben immer wieder neu als Gegenentwurf in klaren Bildern und hellen Farben auszumalen und sich tanzend, nicht schlurfend auf das eigene Ende zuzubewegen.

Vielleicht summen wir dabei das Lied, welches Dietrich Bonhoeffer 1944 als Weihnachts- und Neujahrsgruß an seine Verlobte in der Gestapo-Haft geschrieben hatte, bevor er am 9. April 1945 im KZ Flossenburg – einen Monat vor der Kapitulation der deutschen Wehrmacht – hingerichtet wurde. Dieses Lied ist auch für nichtgläubige Menschen eine Ermutigung, beschreibt es doch den unabweisbaren Sachverhalt, dass wir „geborgen", d. h. Teil eines großen Ganzen sind, dessen Sinn und Logik wir nicht verstehen, das uns aber immerhin einen biographischen Rahmen schenkt, den wir dafür nutzen können, bewusster zu werden und in die Verantwortung für unser eigenes Leben einzutreten, statt so zu bleiben, wie wir – zufällig – haben werden können: epigenetischen Bahnen folgend, in diffusen Vorwürfen gefangen, alte Ichzustände fütternd und falschen Ursachenzuschreibungen anhängend:

„Von guten Mächten wunderbar geborgen
Erwarten wir getrost, was kommen mag.
Gott ist bei uns am Abend und am Morgen
Und ganz gewiss an jedem neuen Tag.

---

[5] Diese Praxis ist wohl in einigen Klöstern des Mittelalters nachweisbar, in denen die Mönche in ihren spartanisch eingerichteten Wohnzellen einen Totenschädel aufbewahrten.

Und reichst Du uns den schweren Kelch, den bittren
Des Leids, gefüllt bis an den höchsten Rand,
so nehmen wir ihn dankbar ohne Zittern
aus deiner gute und geliebten Hand.

Doch willst du uns noch einmal Freude schenken
An dieser Welt mit ihrer Sonne Glanz,
dann woll'n wir des Vergangenen gedenken
und dann gehört dir unser Leben ganz".[6]

Literatur

Arnold, R./Erhardt/Stief (Hrsg.): Glaube als Befreiungshilfe der Vernunft. Festschrift für Wolfgang Doll zum 80. Geburtstag. Pädagogische Materialien der Tu Kaiserslautern. Kaiserslautern 2022 (RPTU).

Arnold, R.: Keine Zeit für gründe Bananen. Die aufklärende Kraft der Vergänglichkeit. Heidelberg 2025 (Carl Auer).

d'Lonra, F.: Häutungen der Liebe. Krisenreime. München 2021 (United P.C.).

d'Lonra, F: Lob der Entwurzelung. Ein Ausstiegsroman. Hamburg 2026.

de Montaigne, M.: Essays. 5. Auflage. München Berlin 2001 (Insel).

Hürter, T.: Der Tod ist ein Philosoph. Wie mich ein Sturz vom Berg auf den Sinn des Lebens brachte. München 2013 (Piper).

Leube, B.: Das Gute-Mächte-Gedicht von Dietrich Bonhoeffer und Maria Weidemeyer. In: Württembergische Blätter für Kirchenmusik, 5/2022, S. 4–9.

Sosa, M.: Todo Cambia. Auf: ¿Será Posible El Sur?. Baarn 1984 (Poly-Gram).

---

[6] Vgl. Leube 2022.

11

Erwachsen ist ein Erwachen, wenn es denn eines ist

Erwachsene entscheiden selbst,
wovon sie sich beeindrucken lassen
(nach: Willke *1987*)

Seit der Kompetenzorientierung in der Erwachsenen- und Berufsbildung ist Nüchternheit, Bescheidenheit und Wirkungsorientierung in die Debatten um das Lernen und die Persönlichkeitsentwicklung im Lebenslauf eingekehrt. Im Vordergrund stehen nicht mehr länger die großen Entwürfe und Leitkonzepte zu der Frage, welche externen Voraussetzungen das Gelingen von Bildung im konkreten Fall zu fördern vermögen, vielmehr wendet man sich auch stärker den Strukturbesonderheiten und individuellen Suchbewegungen derer zu, die Bildungsangebote nutzen. Im sozialwissenschaftlichen Diskurs tritt die „Unverfügbarkeit" (Rosa 2020) dessen, was die modernen Gesellschaften mit curricularen Festlegungen, institutionellen Vorkehrungen sowie didaktischen Strategien und professionellen Interventionen zu optimieren versuchten, stärker in den Fokus, und das Selbst sowie die Selbstorganisation der Lernenden verändern sowohl das

© Der/die Autor(en), exklusiv lizenziert an Springer Fachmedien Wiesbaden GmbH, ein Teil von Springer Nature 2026
R. Arnold, *Erwachsen hat ein s zu viel*,
https://doi.org/10.1007/978-3-658-51533-1_11

Selbstverständnis als auch die Lernkulturen sowie die professionellen Zuständigkeiten des Lehrpersonals in der Praxis des Erwachsenenlernens.

In meiner eigenen Rolle als Trainer und Begleiter von Führungskräften und Lehrenden sowie Beraterinnen und Beratern konnte ich die Erfahrung sammeln, dass deren Wirksamkeit bloß selten auf mangelndes Know-how zurückgeführt werden konnte. Es waren vielmehr die tief verankerten inneren Bilder über die Wirklichkeiten, mit denen sie meinten, es zu tun zu haben, die ihnen ihre Handlungsoptionen stifteten. Oftmals ging es dabei im Kern um die Frage des eigenen Berührtsein durch die Resonanzen, die ihnen das jeweilige Gegenüber (z. B. Mitarbeitende oder Kolleg:innen) „zumutet". Diese wurde oft als widerständig, sich verweigernd oder schlicht als „inkompetent" angesehen, wodurch bereits im Keim die Möglichkeiten der eigenen Wirksamkeit erstickt wurden. Es dauerte oftmals einige Zeit, bis die Akteure erkannten, dass es ihre eigenen Bilder waren, die sie festlegten und in ihrer eigenen Wirksamkeit im Umgang mit ihren Teams, Lerngruppen oder auch Beziehungspartnern einengten. Noch gut erinnere ich mich an ein Vorhaben, in dem sich sämtliche (!) Führungskräfte einer großen Konzernsparte darauf einließen, ihr eigenes Lernen neu zu entdecken – jenseits ihrer durch jahrzehntelange Erfahrungen eingespurten Konzepte.

Lernen ist Selbstorganisation

Diese Blickveränderung ist nicht vollständig neu. Angebahnt wurde sie durch die Reformpädagogik (1890–1933) sowie die Aufwertung des informellen Lernens seit den späten 1990er-Jahren, und auch die Debatten um das Lebenslange Lernen rückten das Selbstlernen und die Selbstbildung der Erwachsenen stärker in das Zentrum der Bildungsorganisationen und der Erwachsenendidaktik (vgl. Arnold 2013). Auch die Verbreitung von Lernplattformen sowie ihre offensive Nutzung (nicht zuletzt in Zeiten der Pandemie) begünstigten die stärkere Abkehr von den Lehr- und Vermittlungsillusionen der Didaktik und begründeten deren grundlegenden Wandel zu einer Subjekt- und Aneignungswissenschaft (vgl. Holzkamp 1993).

Vorbereitet wurde dieses „Ende der Didaktik" traditioneller Prägung durch die Konzepte einer systemisch-konstruktivistischen Pädagogik, die bereits seit den 1990er-Jahren den Gedanken der Selbstorganisation der Gedanken und Gefühle der Lernenden zu dem eigentlichen Ausgangspunkt weiterführender Überlegungen zur Ermöglichung und professionelle Begleitung von Lernprozessen erklärte. Auch die Hirnforschung lieferte in den letzten Jahrzehnten zahlreiche Belege für die Tatsache, dass es letztlich diese Selbstorganisation sei, die dafür ausschlaggebend ist, ob und in welchem Umfang Lernende sich öffnen und im Sinne einer Erweiterung oder gar Transformation ihrer Kompetenzen sowie ihrer Identität zu verändern vermögen. Der Satz des Systemforschers Helmut Willke „Systeme entscheiden selbst, wovon sie sich beeindrucken lassen" (vgl. Willke 1987) gilt auch für die lernenden Systeme, mit denen es die Erwachsenenbildung zu tun hat.

Im Zuge dieser Ernüchterung schwanden auch die verbreiteten Hoffnungen auf die Machbarkeit eines *Anschlusslernen,* die davon ausgingen, dass eine gezielte Orientierung an den Teilnehmenden im Sinne einer an ihren Erfahrungen anknüpfenden gemeinsamen Suchbewegung schon irgendwie exakt die – von der Gesellschaft vordefinierten – Kompetenzen entstehen lassen würde, um die es im Kern ging. Man begann zu begreifen, dass solche Hoffnungen nichts anderes als heimliche Vermittlungsillusionen waren, welche die Lernenden zwar in der Anfangsbewegung im Lernarrangement durch vertrautes Gelände führten, ihnen aber bei der Zielorientierung ihres Lernens zu misstrauen begannen.

> *Nur ganz allmählich versuchte man, die Kompetenzentwicklung von jeglicher Anpassungslogik zu lösen und auch die Zielorientierung der Autonomie des Lernenden anzuvertrauen.*

Man hatte begriffen, dass die Fähigkeit, „neuartige Situationen erfolgreich zu gestalten" (so in etwa die Kompetenzdefinition des Europäischen Qualifikations-Rahmens), im Lernenden bloß dann wirklich nachhaltig reifen kann, wenn bereits das Lernen selbst der Aneignungs- und Handlungslogik folgt, von der auch die Gestaltung neuartiger Situationen getragen wird.

Die vier Dimensionen des Erwachsenenlernens

Erwachsenenlernen ist ein vierdimensionales Geschehen. Dieses dient der Versicherung von Identität und Kompetenz im Lebenslauf. Um diese

Versicherung zu gewährleisten haben sich seit den 1970er-Jahren unterschiedliche Deutungsrahmen ergeben, die mit jeweils spezifischer Gewichtung die vier Aspekte

- Anpassung,
- Veränderung,
- Gewissheit und
- Ungewissheit

zueinander positionieren. Dabei dominieren im 20. Jahrhundert die Dimensionen der Kognition und Anpassung – getragen von Konzepten der Vorhersagbarkeit und Verfügbarkeit, während seit dem Beginn des 21. Jahrhunderts die Erwachsenenbildung stärker im Kontext der Unsicherheit und Unverfügbarkeit der Zukunft in den Blick tritt.

> *Wenn es auch bloß teilweise stimmen sollte, dass die Menschheit im 21. Jahrhundert mit einer Veränderung ihrer Lebensbedingungen zu rechnen hat, die in etwa mit der Veränderungsdynamik der letzten 20.000 Jahre vergleichbar ist (vgl. Kurzweil 2015), dann ist weder Anpassung, noch das Festhalten an rigiden Mustern der Wahrnehmung ein tragfähiger Weg, um identitäts- und kompetenzsicher zu bleiben.*

Die Fragen, um die es in immer stärkerem Maße geht, lautet:

- Was wird aus dem Erwachsenen, wenn Anpassung und Gewissheit im Umgang mit dem Wandel nicht mehr zu haben sind?
- Was wird aus der Persönlichkeit, wenn die Akteure ihrer Erwachsenenrolle immer wieder neu entwachsen?
- Gibt es dann überhaupt noch ein Ent-wachsen, oder verkindlicht sich die lebenslange Lernbewegung insofern als es – wie beim Lernen des Kindes – permanent um die Auseinandersetzung *mit* und die Aneignung *von* Neuem geht? (Abb. 11.1)

Schon in den ersten Jahren des 21. Jahrhunderts haben die erwachsenenpädagogischen Forschungen und Diskurse deutlich herausgearbeitet,

Kognition	A Anpassung (know how)	B Gewissheit (learning from the past)	Emotion
	C Veränderung (know how to know)	D Ungewissheit (learning from the future)	
	Plastizität		
	Rigidität		

Abb. 11.1 Bezugsfelder des Erwachsenenlernens

dass Wissen allein keine Kompetenz ist, d. h. dass man viel wissen, aber wenig können kann. Damit sich in der Auseinandersetzung mit dem Knowhow eine wirklich tragfähige Kompetenz zur proaktiven Gestaltung neuartiger Situationen entwickeln kann, bedarf es einer Emotionalisierung, wenn nicht sogar einer „emotionalen Labilisierung" (vgl. Arnold/ Erpenbeck 2014) der Auseinandersetzungs-, Lern- und Aneignungsprozesse Erwachsener.

Identität und Kompetenzen erwachsen aus der Emotion, d. h. aus den durchspürten Fähigkeiten der erwachsenen Lernenden, mit der Infragestellung der Grundlagen ihrer bisher gültigen Identität und ihrer Kompetenzen umzugehen, ohne rigide an Bisherigem, Überliefertem oder gar Überwundenem aus reiner Verlegenheit festzuhalten.

Das Problem des autonomen Handelns wird in den neueren Debatten im Konzept des selbstgesteuerten Handelns gewissermaßen praktisch „aufgelöst", dabei einem Konzept folgend, welches zugleich – wenn auch nicht ganz ohne Brüche – an die systemisch-konstruktivistischen Konzepte, die sich mehr und mehr durchzusetzen scheinen, anschlussfähig ist. Dabei geht einiges an gesellschaftstheoretischen Bezügen, aber auch „Gewissheiten" verloren. Mit der Aufweichung der emanzipatorischen Konzepte verschwimmen auch die identitätsstiftenden Selbstbeschreibungen von Wissenschaft und Praxis, da dem selbstgesteuerten Handeln gewissermaßen die Substanz bzw. das „Wozu?" des Handelns als einer extern wirksam zu verankernden Zielmarke, zu fehlen scheint. „Aufklärung" wird zur Kategorie einer reflexiven Subjekterstarkung, sie verblasst als Ergebnis eines wissend-belehrenden Gestus, der ohnehin in der – letztlich anmaßenden – Paradoxie verharrt, andere zur eigenen Befreiung bzw. zum „Erwachsen-" oder „Erwachtsein" irgendwie „(ver)führen" zu wollen – ein vormundschaftlicher Anspruch der bloß zu Mehr Desselben – nämlich: nichts! – führen kann.

> *Aufklärung i. S. eines Erwach(s)ens zu sich selbst ist demgegenüber eine Selbstbewegung, die allenfalls professionell ermöglicht und begleitet werden kann, wobei diese Begleitung wiederum eine Professionalität erfordert, die m. E. bloß von Menschen erbracht werden kann, die bereits selbst „erwacht" sind und gelernt haben, sich als autonome Lernende zu bewegen.*

Ein Lernen im Modus der Plastizität, bei welchem sich zugleich die Fähigkeiten entwickeln können, Ungewissheiten „auszuhalten" und Veränderungen im Vertrauen auf die eigenen Kräfte souverän zu gestalten, begegnete mir selbst in meinen schulischen und universitären Lernerfahrungen nur sehr selten. Es waren einige wenige Lehrveranstaltungen an der Universität, in denen wir spürten und erkannten, dass es auf uns, unsere eigenen Gedanken und Fähigkeiten, die Fragen zu Ende und „neu" zu denken, ankam, wie z. B. in den Lehrveranstaltungen der späteren rheinland-pfälzischen Bildungsministerin Rose Götte (geb. 1938) oder den Seminaren des Soziologen Bernhard Schäfers (geb. 1939). Das meiste kam demgegenüber kognitiv verengt auf uns zu, an rigiden Stoffpensen orientiert, im autoritären Gestus des Rechthabens präsentiert und auf Anpassung an überlieferte Gewissheiten gerichtet – durchdrungen von dem beißenden Geruch der Selektion und eines möglichen Scheiterns, der sich mit den „mitgeführten" Stoffen der im „Überlebenssyndrom" (Moré 2013) Nachgewachsenen zu einer lähmenden und bisweilen nahezu erstickenden inneren Substanz zu vermischen drohte.

Meine eigene Lerngeschichte ist durch eine bewusste Flucht aus den Angebotsinszenierungen der Universität geprägt: In der Mitte meines Studium erkannte ich, dass ich aus den Lehrveranstaltungen selbst kaum bleibende Einsichten und Kenntnisse bezog, weshalb ich in den Modus des Selbststudiums (Lektüre, Austausch mit Studienkollegen etc.) wechselte – eine erste Vorwegnahme des „Independent Study Mode" (vgl. Arnold 2015), in dessen

Geiste ich an der TU Kaiserslautern viele Jahre später – mit Kolleginnen und Kollegen – das „Distance an Independent Study Center" (DISC) aufbauen konnte, welches sich zur führenden wissenschaftlichen Weiterbildungseinrichtung in Deutschland entwickelte. Schon vorher hatte ich selbst – eigenständig – ein Instrument zu spielen gelernt, während gleichzeitig die über Jahre auf der Geige erworbene Perfektion sich nach meiner Schulzeit vollständig verflüchtigte – ebenso, wie meine Altgriechisch- und Lateinkenntnisse. Ich erkannte: Alles, was sich nicht mit dem zu verbinden vermag, was ich in meinem eigenen Leben nutzen kann und weiterentwickeln möchte, oder alles, was man mir „beibringen" möchte, kann sich in meiner kognitiven und emotionalen Struktur nicht wirklich nachhaltig verankern. Hingegen kann ich sicher über all die Kenntnisse, Fähigkeiten und Fertigkeiten verfügen, die ich mir selbst erschlossen habe. So lernte ich Spanisch selbst, perfektionierte eigenständig meine Englischkenntnisse und stärkte meine Selbstlernkompetenzen, um deren Förderung sich weder in der Schule noch an der Universität irgendjemand gekümmert hatte. Lernfähigkeit wurde einfach unterstellt, obgleich diese in den durchlaufenen Lehrkulturen bei den allermeisten meines Altersjahrganges weitgehend verschüttet worden war – welch ein didaktischer Irrtum und welch ein bildungspolitischer Skandal!

Zwar kann man – dies ist wohl die eigentlich aufweichende Paradoxie – niemanden zur Autonomie „führen", ohne dabei zugleich gegen das Prinzip derselben zu verstoßen, doch steht der Beweis für das Gegenteil, dass man durch autonomes „Dürfen" (z. B. in autonomen Arbeitsgruppen oder Lernprozessen) zur Autonomie gelangt, zumindest noch aus, wenn auch die Argumente so schwach nicht sind, wie u. a. die Kaiserslauterer Dissertation von Sabine Schreiber-Costa zeigt (vgl. Schreiber-Costa 2018). *Dafür* spricht zumindest die transfertheoretisch notwendige Strukturparallelität zwischen Lernen, Erleben und Anwenden. Schließlich kann man autonomes Handeln kaum von jemandem erwarten, dessen bisherige Bildungsbiografie keinerlei oder bloß wenige Möglichkeiten zum Einüben von zumindest rudimentären Formen eines selbstreflexiven, selbstständigen oder kooperativen Handelns und Problemlösens eröffnet hat.

„Autonomie" verkommt jedoch dort zur wohlfeilen Rhetorik, wo sie sich der bewusst oder unbewusst wirkenden Vermeidung selbstbestimmten Handelns nicht (mehr) stellt. Dies ist vor allem im Bereich der Alltagsroutinen vielfach der Fall. Hier übersieht die Rede von der „Individualisierung" die verinnerlichte Heteronomie. Erwachsene sind vielfach nicht „Herr (oder Frau) im eigenen Haus", und gerade ihre „wissenden" bzw. gewissheitsstrotzenden, selbstbewusst oder gar überwertig entschieden vorgetragenen Stellungnahmen verdanken sich oft einer im Verborgenen wirkenden Dynamik, die sie hindert, innerlich wirklich erwachsen zu werden und autonom zu handeln – ein Gedanke, der übrigens auch für die Gewissheitsargumentationen im wissenschaftlichen Bereich gilt und zu der Frage führt, welche Wissenschaft wir eigentlich haben und kultivieren (vgl. Arnold 2018).

Auf die Dimension der verbliebenen Heteronomie wurde in der Erwachsenenpädagogik verschiedentlich, aber ohne nachhaltige Resonanz hingewiesen. Erinnert sei z. B. an die frühen Ausführungen von Tobias Brocher (1917–1998) – „Zum Problem der Entwicklung von Konformismus oder Autonomie in Arbeitsgruppen" (Brocher 1967, S. 18 ff.) –, in denen er nachzeichnete, wie die Psychodynamik der primären Lernprozesse mit ihrer ambivalenten Eingespanntheit zwischen Gefühlen der Abhängigkeit und der sozialen Angst einerseits und den nach Kompensation drängenden Allmachts- und Omnipotenzfantasien andererseits „auf der seelischen Ebene auch später weitgehend unbewusst beibehalten (wird)" (ebd., S. 21). Bildung kann deshalb „Autonomie" nicht einfach gewährleisten, sondern bedarf professioneller Formen, um mit den heteronomen Lerngewohnheiten und -widerständen, die das Lernen subtil durchwirken, autonomiefördernd umzugehen. Erst aus dieser Störung (Perturbation) der heteronomen Innerlichkeit kann Autonomie erwachsen.

The Reflexible Person

Seit den 1990er-Jahren begannen die europäischen Bildungsdebatten, einem neuen Lernverständnis nachzuspüren. Sie folgten dabei einem Shift zum Selbst. Man begann, den Sachverhalt deutlicher zu fokussieren, dass es das Leben ist, welches die Menschen in ihren inneren Möglichkeiten formt, fördert oder eben behindert. Auch die Kritik an den vorfindbaren Formen der Bildung und Ausbildung des Nachwuchses erlebte dadurch einen neuen Aufwind. Insbesondere nahm man die Lernkulturen der institutionalisierten Bildung in Schule und Hochschule kritisch in den Blick, deren ungewollten und vielfach auch lähmenden Nebenwirkungen mehr und mehr in einen schier unüberbrückbaren Gegensatz zu den Anforderungen an eine zukunftsfähige Kompetenzausstattung geraten waren. Gleichzeitig begann man, sich wieder den informellen und selbstgesteuerten Aneignungs- und Reifungsprozessen, in denen Menschen ihre eigentlichen Potenziale zum Ausdruck bringen, zuzuwenden.

Diese prüfen und bewerten ihre Bildungsmöglichkeiten nicht allein bezüglich ihrer Übereinstimmung mit den Anforderungen von Arbeitsmarkt und Gesellschaft, sondern zugleich und in erster Linie nach Maßgabe der Förderung und Begleitung der Individuierung, d. h. Selbstwerdung. Ihr Leitbild ist nicht der „Flexible Man", sondern der „Reflexive Man" – oder besser: „the Reflexible Person" (vgl. Arnold/Schön 2021). Diese weiß um die selbsterfüllende Kraft ihrer geistigen Gewohnheiten und der eigenen Traditions- sowie Routinenverhaftung. Sie ist sich der Tatsache bewusst, dass diese sie immer wieder dazu verführen, an eigenen Gewissheiten festzuhalten und sich die Zukunft auf der Basis der eigenen Erfahrungen zu konstruieren, wodurch sie selbst dazu beiträgt, dass auch die Zukunft mehr oder weniger so wird, wie die Vergangenheit bereits gewesen ist. Die „Reflexible Person" ist deshalb nicht bloß flexibel, sondern auch um Reflexion bemüht. Sie weiß, dass sie ihre Welt bloß verändern kann, wenn es ihr gelingt, sich selbst zu verändern. Indem sie lernt, die Gegebenheiten weniger rasch zu beurteilen, öffnet sie sich auch dem Fremden, Unbekannten und vielleicht bereits Verworfenen gegenüber. Sie vergleicht wertschätzend, wo sie früher durch Beurteilungen Eindeutigkeiten herstellte. Dadurch schaffte sie zumindest die Voraussetzungen dafür, dass sich ihr die Wirklichkeit in anderer Weise – als andere Wirklichkeit – zu zeigen vermag. Damit erreicht die „Reflexible Person" eine Flexibilität eigener Art. Diese verdankt sich einer *Eigendrehung*, keiner bloßen Anpassung an vermeintlich oder tatsächlich Gegebenes. Und diese Eigendrehung ist Ausdruck der Lernfähigkeit, die jeder Mensch als Potenzial in sich trägt.

Auch die „Reflexible Person" benötigt Wissen, um sachgemäß prüfen, beurteilen und handeln zu können. Ihr Wissen ist jedoch von anderer Substanz. Sie integriert die sachgemäßen Zusammenhänge mit ihren eigenen Fähigkeiten, diese aufzugreifen und bei der Entwicklung eigener

Stellungnahmen oder der Ingangsetzung eigener Lösungsversuche konstruktiv zu gebrauchen. Um diese Fähigkeiten zum Umgang mit Wissen und zu dessen Nutzung entwickeln zu können, bedarf es anderer Vorgaben als bloßer Lehrpläne oder Modulhandbücher (i. S. von Inhaltsauflistungen). Erforderlich ist vielmehr die Stärkung des methodischen und sozialen sowie emotionalen und reflexiven Vermögens der Lernenden *an* und *in* der Auseinandersetzung mit inhaltlichen Fragen. Diese lernen dabei nicht nur „etwas", sondern erweitert ihre persönlichen Fähigkeiten

* zur Erschließung von Wissensquellen,
* zum Umgang mit Neuem,
* zur Planung und Gestaltung eigener Lernprojekte
* zur Kooperation und Teilung von Wissen und Können
* sowie zur Veränderung vertrauter Sichtweisen und Routinen.

Dadurch wird das lernende Individuum mehr und mehr zu dem, was es bereits immer schon gewesen ist – teils ohne dies zu wissen: Eigentümer oder Eigentümerin seines bzw. ihres Lernens – ein für die demokratische Gesellschaft, den Arbeitsmarkt und die eigene Lebensgestaltung in den Life-Long-Learning-Gesellschaften nicht zu unterschätzender Vorgang der Rückübereignung. Wissen wandelt sich dadurch gleichzeitig von einem bloßen Besitz zu einer komplexen Fähigkeit, das eigene Denken und Handeln nicht länger an persönlichen, sondern an geteilten Gütekriterien zu orientieren.

Bei der Frage, wie eine solche Ich-Stärkung erreicht werden könnte, gehen die Kompetenztheorien jedoch einen anderen Weg als die Bildungstheorien. Sie erwarten weniger vom Input, sondern fragen nach den Kontexten gelingender Ichstärkung und den Verhaltens-Outcomes, in denen sich zeigt, ob etwas gekonnt wird oder nicht. Kompetenzmodelle sind deshalb auch weniger curricular bezogen, Sie folgen vielmehr den Einsichten der psychologisch eingefärbten Konzepte zur *Ichwerdung* und *Ichbehauptung*. Grundlegend ist dabei der Gedanke, dass Kompetenzen zugleich Identitätselemente sind, welche den bisherigen Selbstausdruck sowie die Handlungsdispositionen des Individuums bereichern und erweitern. Deshalb ist der Lerner- oder Identitätsbezug für die Kompetenz-

theorien augenscheinlich wesentlicher als der Bezug auf Inhalts- und An-
forderungskataloge.

*Es war für mich selbst ein überraschender Effekt, dass meine systemisch-
konstruktivistischen Klärungsbemühungen mich letztlich wieder zu Wilhelm
von Humboldt (1776–1835) führten. Anlass war die Begegnung mit Michael Brater (geb. 1944), dessen Beiträge zur Neugestaltung der beruflichen
Bildung jenseits der ausgrenzenden Festlegungen des Neuhumanismus (vgl.
Brater u. a. 1988) ich bereits viele Jahre beobachtet, aufgegriffen und geteilt
hatte. Etwa 2014 erhielt ich die Gelegenheit, seine Aktivitäten an der Alanus-
Hochschule in Bonn zu begleiten und ihn auch persönlich zu treffen. Der daraus entstehende „Gedanken-Austausch“ fand seinen Ausdruck in der Erar-
beitung eines Humboldt-Buches, in dem wir beide den Versuch wagten, die
Möglichkeiten einer Persönlichkeitsbildung „nach“ Humboldt zu skizzieren.
Das „Nach“ markierte die inhaltliche Verbindung sowie die zeitliche Nach-
ordnung gegenüber Humboldts Konzept einer Persönlichkeitsbildung. Wir
konnten deutlich herausarbeiten, dass Humboldt den Gedanken der Selbstorganisation in der Persönlichkeitsentwicklung vorwegnahm und damit auch
in Kauf nahm, dass die selbstgesteuerte Entwicklung des Einzelnen – er
spricht von „Selbst-Actus“ notwendig zu einer individuellen Ausdrucksform
führt, die nicht in standardisierten Bildungsangeboten vorweggenommen
werden kann. Gleichzeitig verfügte Humboldt zu seiner Zeit noch nicht über
die zahlreichen Algorithmen, Tools und Techniken, wie sie die systemischen
Konzepte seit den 1970er-Jahren erarbeitet haben (vgl. Arnold 2020, 2023).
Die systemische Pädagogik kann deshalb durchaus auch – so das Fazit der gemeinsamen Studie – als die Wahrheit des humboldt'schen Bildungsideals angesehen werden (vgl. Arnold/Brater 2026).*

Was tun?
Selbst, wenn die dargelegten Einschätzungen zugespitzt und im Einzelfall
unzutreffend sein mögen, bleibt die Frage: Sind sie falsch? Tun wir wirklich genug, um

- die erwachsenen Lernenden in ihren Lebenswelten und biographischen
  Lernprojekten anzusprechen,
- Inside-Out-Prozesse der Selbstbildung zu ermöglichen,

- die Selbstlern- und Selbstführungskompetenzen der Lernenden systematisch und gezielt zu fördern und
- ihnen in geeigneten Lernarrangements Angebote eines angeleiteten Selbstlernens zu offerieren, wie es für die Fernuniversitäten, die eLearning-Formen oder die erfahrungsorientierten Ansätze der Erwachsenendidaktik seit Jahren der Fall ist?

Wenn es stimmt, dass Wissen und Kompetenzen nicht vermittelt, sondern von jedem Lernenden bloß selbständig angeeignet und entwickelt werden können – sämtliche namhaften Hirnforscher rufen dies mittlerweile der Pädagogik nachdrücklich, aber weitgehend ohne Resonanz ins Gedächtnis (vgl. Roth 2021) –, dann können wir auch in den Schulen, Hochschulen und Universitäten nicht so weiter machen, wie bisher. Dringend muss der Lernende in das Zentrum seiner Kompetenzentwicklung gerückt werden, wo ihn z. B. die Erwachsenenpädagogik seit jeher verordnet hat.

Dabei werden die lernenden Akteure selbst als systemische Einheiten angesehen, in denen selbst wiederum unterschiedliche Systeme (z. B. Kognition oder Emotion) mehr oder weniger verkoppelt miteinander interagieren. So „lebt" das kognitive System von *den* Strukturen, die es bereits herausgebildet hat, und es eignet sich Neues bevorzugt zu den jeweils eigenen Bedingungen an, indem es vorhandene Muster auch an Neuem erprobt und sich dieses assimiliert (Assimilation), oder indem es bislang erfolgreiche Muster selbst modifiziert oder gar aufgibt, um neu – „frisch" – denken und verstehen zu können (Akkommodation) (vgl. Arnold 2023). Diese beiden Mechanismen wurden bereits von Jean Piaget (1896–1980) grundlegend erforscht. Gleichzeitig thematisierte Piaget, ohne die Reichweite dieser Einsicht vielleicht selbst schon absehen zu können, die Lernform der beschleunigten Moderne: die *Akkommodation*.

Wo Lernen als lebensweltliche Gegebenheit in den Blick rückt und Bildung auch mehr und mehr zur lebenslaufbezogenen Selbstveränderung wird, ist das Lernen durch Musterbrechung die eigentliche Form eines lebenslangen Lernens. Ihr zentraler Mechanismus ist die – angeleitete – Selbstreflexion.

Die erwachsene Haltung

Haltung ist ein noch ungewohnter und auch sperriger Begriff der erwachsenenpädagogischen Debatte. Er steht für eine erneute reflexive Wende, bei der die Persönlichkeit von Lehrenden und Lernenden in anderer Weise in den Blick gerät. Nach der Nüchternheitswende der Kompetenzorientierung, welche insbesondere die Berufs- und Hochschulbildung zu einer Klärung und Legitimation ihrer Angebote drängte und deren Outcome kritisch unter die Lupe nahm, zeichnet sich erst in Umrissen eine neue Bildungs-Debatte um die Frage ab, wie es um die Selbstwirksamkeit und – auch ethisch-normative – Innensteuerung der Absolventen der Bildungseinrichtungen tatsächlich bestellt sei. Je stärker der „Flexible Man" (Sennett 1988), wie ihn der amerikanisch-britische Soziologe Richard Sennett (geb. 1943) postulierte oder die „Reflexible Person" (Arnold/Schön 2021), als Leitfiguren eines mit den Veränderungsdynamiken der Postmoderne zurechtkommenden Menschen Gestalt gewinnen, desto deutlicher brechen die Fragen auf,

* welche innere Haltung dieser Mensch benötigt, um auch mit den eskalierenden Veränderungen im Außen (Alltag, Beruf und Gesellschaft) produktiv und integrierend umgehen zu können, und
* wie diese Innenstärkung durch Bildungsangebote auch so unterstützt werden kann, dass dabei ichstarke Persönlichkeiten entstehen, die nicht allein um sich selbst kreisen, sondern sich berühren und zuwenden lassen.

„Haltung" und „Haltungsbildung" rücken dabei als die beiden zentralen Anforderungen einer Persönlichkeitsbildung in den Blick, die um den Mechanismus weiß, dass im jeweiligen Außen auch nur das Gestalt gewinnen und Lösungskraft entfalten kann, was auch bereits im Inneren (der Person) angebahnt ist (vgl. Parmentier 2019). Hatte bereits die Kompetenzdebatte die bildungspolitisch interessierte Öffentlichkeit mit dem Hinweis, dass Wissen keine Kompetenz sei – gleichwohl Kompetenzen ohne Wissen nicht möglich sind – verstört, so hält das Haltungsargument eine weitere Desillusionierung bereit: Wissen und hochgezüchtete Expertenschaft können die Resonanz mit dem Gegenüber beeinträchtigen, weil sie die zuständigen Professionals (Lehrende, Beratende, Führungskräfte etc.) in einer „Voice of Judgement" (Senge) sozialisieren, die dazu neigt, Anschlüsse im Gegenübersystem eher zu verpassen und dem „fachlichen" Eindruck zu folgen. Es sei deshalb das „Nichtwissen", aus dem heraus eine Haltung zu entstehen vermag, die sich „demütig", aber wirksam mit den Anliegen und Selbstorganisationskräften der jeweiligen Gegenübersysteme (Lernende, Kunden, Klienten etc.) in Verbindung zu bringen vermag (vgl. Arnold 2019a).

In diesem Sinne plädierte der Grandseigneur der Organisationsentwicklung, Edgar Schein (1928–2023), in seinem letzten Buch „Humble Consulting" für eine demütige Haltung derer, die Veränderungsprozesse initiieren und begleiten. Er schreibt:

> *„Das Wesentliche an dieser neuen Haltung ist eine gewisse Demut angesichts der Komplexität der Probleme und eine gewisse Demut in der Beziehung zum Kunden – in dem Sinne, dass ich da bin, um bei der gemeinsamen Klärung von Fragen zu helfen und nicht, um das Problem an mich zu reißen und damit loszurennen. Ich bin da, um die Schwierigkeiten, vor denen der Kunde steht, auf empathische Weise anzuerkennen und um mich auf ihn und die Situation zu konzentrieren, anstatt auf mein eigenes Bedürfnis, mich selbst, meine Fähigkeiten und Erkenntnisse gut zu verkaufen. Diese Haltung lässt sich am besten damit beschreiben, dass ich mich ernsthaft zum Helfen verpflichtet fühle und aufrichtiges Interesse am Klienten und seiner Situation habe" (Schein 2017, S. 29).*

Die Begleitung von Transformationsprozessen – so die zunehmend vertretene These – benötigt „Experten des Nichtwissens" (vgl. Barthelmess 2016, S. 242 ff.), will sie letztlich Wirkungen auf der Outcome-Ebene unterstützen. Jede Veränderung wird dabei als eine Selbstveränderung bzw. Selbstbildung verstanden, bei der der Begleitete sich auf das beschränken „darf", was alleine getan werden kann: die eigenen Muster des Denkens, Fühlens und Handelns – das „alte Ich" (u. a. Dispenza 2016) zu wandeln und dabei auch zu anderen, für das Gegenüber dann auch möglicherweise hilfreicheren Formen des Umgangs und der Gestaltung sowie Wissensanwendung zu gelangen. Diese Entwicklung folgt der Eigenlogik des Lernenden, ist immer Ausdruck seiner inneren Möglichkeiten, die nicht bloß zur Wiederholung des Altbekannten drängen, sondern auch von der intuitiven Gewissheit getragen sind, wie Erkenntnis oder gar Heilung (in der Beratung) gelingen können.

Es war während meiner 5jährigen Praxis in einer internationalen Bildungsstätte eine ernüchternde Erfahrung für mich zu erkennen, dass Praxis sich meist kaum an den wissenschaftlichen Erkenntnissen (über Lehren und Lernen, Organisationsentwicklung etc.) orientiert und diese „ernst" nimmt, sondern in subtilen Formen an den über Jahrzehnte etablierten Verfahren festzuhalten bemüht ist. So stieß der Gedanke einer kontinuierlichen Evaluation der eigenen Angebote für Teilnehmende aus den Partnerländern im Süden auf breite Ablehnung, und man folgte offen dem Gedanken, dass diese Lernenden eigentlich gar nicht beurteilen könnten, ob die ihnen angebotenen Inhalte „gut" oder „schlecht" seien. Dies könne nur jemand beurteilen, der selbst bereits einen technischen Beruf erlernt und mehrere Jahre in den Herkunftsländern der Teilnehmenden gelebt und gearbeitet habe – so die sich gegenüber jeder Infragestellung immunisierenden, und die eigene Vorbildung aufwertende Abwehrhaltung.

Diese Erfahrung entwertete meine eigenen Kompetenzen auf einen Schlag, und ich musste lernen, dass Systeme Beharrungskräfte mobilisieren, die es ihnen schwer machen, sich zu erneuern. Gleichzeitig erkannte ich, dass die Chancen für eine solche Erneuerung dann zunehmen, wenn sie von denjenigen engagiert mitgetragen werden, die auch die bisherige Praxis gut kennen und mitverantworten – eine erste systemische Lektion, die wir Jahre später bei den Projekten zur Transformation der universitären Lernkultur gezielt berücksichtigten. So dokumentierten wir z. B. gezielt die Formen einer fortgeschrittenen universitären Lehre, die wir bereits im Rahmen einer „Schatzsuche" in den Fachbereichen entdecken konnten und ließen so die Universität an ihren eigenen – wenn auch noch bloß insulären – didaktischen Neuerungen erstrahlen.

Haltung(en) gezielt herauszubilden und zu stärken gelingt bloß im Kontext eines Erlebens, welches die Möglichkeit eröffnet, sich die Motive und Beweggründe des eigenen Handelns genauer vor Augen zu führen. Erst, wenn sich z. B. erwachsenenpädagogisch Handelnde einer kritischen Selbstbetrachtung ihrer Motive entschlossen widmen, können sie auch aufdecken, ob und inwieweit diese für das lernende Gegenüber hilfreich sind oder nicht. Letztlich geht es dabei um die „Hybris" helfender, beratender oder unterrichtender Berufe, d. h. ihre meist verborgene Tendenz, - auch – eigene Bedürfnisse durch dieses Handeln zu befriedigen, was dazu führen kann, dass „die Abwehr eigener Ängste, innerer Leere, eigener Wünsche und Bedürfnisse" (Brocher 1967, S. 15) stärker im Vordergrund steht als die Bezogenheit auf die Lebenswelt, den Lernbedarf oder gar das „Leiden" der jeweiligen „Zielperson". Dies ist ein misslicher Zustand, dessen psychosozialen Dimensionen von den Professionals erspürt und vermieden werden sollte!

Deshalb wird ja auch vom pädagogisch-professionellen Handelnden nicht allein „Wissen" gefordert, sondern auch eine „Expertise des Nichtwissens" (vgl. Arnold 2019a), d. h. eine Fähigkeit nicht mit raschen Ratschlägen der Ratlosigkeit des Lernenden zu begegnen, sondern ihn vielmehr „auf Augenhöhe" bei der Suche nach neuen und passenderen Erklärungen zu begleiten. Eine ähnliche Haltung gilt auch bezüglich des professionellen Verstehens. Diesem mit der Haltung des „Nichtwissens" zu begegnen, drückt eine Haltung aus, die es dem Gegenübersystem zutraut, prinzipiell selbst neue Einsichten und neues Wissen zu (er)schaffen. Schließlich bewegt sich ein solcher Professional auch nicht länger „in Distanz" und im „Misstrauen" gegenüber den Lernenden, sondern weiß um die eigene Eingebundenheit in eine kooperative Lehrender-Lernender-Beziehung und ist in der Lage, diese Beziehung vertrauensvoll zu gestalten. Dafür gilt:

> *Im Zentrum einer professionellen Begleitung Erwach(s)ender steht eine spezifische Haltung, die durch die Werte bzw. Kriterien eines humanistischen Menschenbildes, einer selbsteinschließenden Reflexion und einer nüchternen Wirkungsorientierung getragen wird.*

Eine wichtige Frage ist in diesem Zusammenhang, ob und inwieweit solche Professionals, d. h. evidenzbasiert sowie wert- und wirkungsorientiert Handelnde, in der Lage sind,

- über Jahrzehnte – bewährte! – eigene Gewissheiten (auch professioneller Art) zu hinterfragen und

* diese mit einem Unterschied („Es könnte ja auch ganz anders sein als es mir erscheint!") zu konfrontieren und
* dessen Tragfähigkeit zu erproben,

d. h. inwieweit sie tatsächlich in der Lage sind, sicher Geglaubtes zu hinterfragen und aufzugeben. Diese Fähigkeit ist Ausdruck einer reflexiven Bildung, d. h. einer Selbstbildung, die weniger auf Wissen, als vielmehr auf Suchen sowie auf die Beobachtung der Beobachtung bezogen ist. Dies gilt für das auf sich selbst bezogene Denken, Fühlen und Handeln ebenso, wie für den Umgang mit anderen bzw. mit organisatorischen Kontexten.

Ein wesentliches Element einer in diesem Sinne sichtbar gelebten Offenheit ist die Fähigkeit immer und immer wieder zurückrudern zu können, eigene Gewissheiten zu hinterfragen und nach den Begründungen „erwiesener" Evidenzen zu fragen und auch „anerkanntes Wissen" immer wieder zu testen.

Dabei kommt eine „Demut" zum Ausdruck, von der Edgar Schein meinte, sie markiere sogar eine „neue Führungsfähigkeit" (Schein 2017, S. 36) von Professionals, die tatsächlich in der Lage sind, „ihren Untergebenen als vorurteilslose Berater und Helfer zur Seite zu stehen" (ebd., S. 37). Er schreibt:

„In Anbetracht der wachsenden Komplexität der Arbeit werden Chefs und Untergebene Methoden finden müssen, um ihre gegenseitigen Beziehungen zu personalisieren, um mehr Vertrauen und eine offenere Kommunikation zu fördern. In Operationssälen und bei anderen Arbeitsgruppen, die stark voneinander abhängig sind, ist das eindeutig bereits geschehen" (ebd.).

Lehr- und Führungskräfte sowie Begleiter:innen von Prozessen des Erwach(s)ens sind deshalb gehalten, Beziehungsfähigkeit, Vertrauen und Offenheit in sich selbst als Kernkompetenzen gezielter zu entwickeln, um zu „Helfenden für ihre Vorgesetzten, Untergebenen und Kollegen" (ebd., S. 36) zu werden – im Bewusstsein der Tatsache,

> *„(…) dass sich professionelle Distanz sehr destruktiv auf die Teamebene aus-*
> *wirken kann. Auch sie (die Führungskräfte; R.A.) werden lernen müssen, wie*
> *man eher persönliche Beziehungen aufbaut, vor allem zu Untergebenen, damit*
> *sie die Informationen erhalten, die sie brauchen, um die Qualität und Sicher-*
> *heit der zu erledigenden Arbeit zu verbessern" (ebd.).*

Auch Pädagogen und Pädagoginnen sind Führungskräfte. „Vorurteils-
loses Beraten" setzt mithin auch für pädagogisch Handelnde eine spezifische Kommunikationsfähigkeit voraus, die gezielt geübt und entwickelt
werden will. In den Kontexten einer fachspezifischen Sozialisation hingegen geht es zumeist um Bescheidwissen („Wissen, was ist"), Rechthaben
(„Wissen, was nicht sein kann") sowie Widerlegung („Korrektur von
Fehlern") – Formen des Umgangs mit sich selbst, der Sache und anderen,
deren vertrauensauflösende Wirkungen meist übersehen werden. Eine
solchermaßen korrigierende Bildung geht oft unvermeidbar mit einem
Misstrauen gegenüber den Lernenden und deren eigenem Misstrauen in
ihre eigenen Fähigkeiten einher.

Haltung braucht ethische Maßstäbe

Die Idee der Schule als „moralischer Anstalt" wurde historisch lange Zeit
hochgehalten. Man war der Ansicht, dass Kinder und Jugendliche für
ihre Reifung einen Erlebens- und Erfahrungsraum jenseits des rauhen
Alltags und der strukturellen gesellschaftlichen Gewalt benötigten, in
dem sie ihre Persönlichkeit bzw. Haltung nach höherwertigen Prinzipien
erproben und entwickeln konnten. Diese sollten letztlich ihrer menschlichen Vervollkommnung dienen aber auch als moralische „Gegenmacht"
gegen die Dominanz kruder Interessen wirken. Es ging diesen Argumentationen somit nicht bloß um die Bildung „nützlicher Staatsbürger", sondern eigentlich um das Gute im menschlichen Zusammenleben in einem
moraltheoretisch/ethisch – damals – noch nicht ganz durchdrungenen
Sinne (weit vor Kohlberg, Habermas u. a.) Die durchwirkende Grund-
idee folgte dem kategorischen Imperativ Kants, dass man nämlich bloß
selbst beschützt und behütet leben könne, wenn man selbst tatsächlich in
der Lage sei, anderen in anderer Weise als dem eigenen *opportunistischen*

Interesse folgend zu begegnen. „Frei von Eigennutz" ergab sich als Merkmal und Ausweis einer höherstufigen Moralfähigkeit.

Bereits Heinz von Foerster hatte den erwähnten kategorischen Imperativ systemisch-konstruktivistisch weiterentwickelt und gemahnt: „Handle stets so, dass die Zahl deiner Möglichkeiten wächst!" (von Foerster 1993) Eine systempädagogische Weiterführung hingegen müsste einen Schritt weiter gehen und der Mahnung folgen:

> *„Handle stets so, dass die Kraft deiner eigenen opportunistischen Kalküle sich minimiert!"*

Überspringen wir einfach mal die ganzen Moralstufen sowie die mit ihnen einhergehenden Fragen einer möglichen moralpädagogischen Praxis in der Bildungsarbeit, so kann man das hier aufscheinende Anliegen in die einfache Hypothese kleiden, dass

… je durchsichtiger man in Begegnungen, Kooperationen und Konflikten letztlich dann doch so handelt, dass es dem eigenen Interesse dient bzw. man selbst etwas davon hat, desto geringer ausgeprägt ist das die eigene Haltung letztlich prägende Moralniveau. Schule, Studium, Lehrerbildung etc., in denen opportunistische Führungsreste wirken, verbleiben so im Rahmen einer opportunistischen Pädagogik, die sich auch gerne mit instrumenteller Vernunft verbündet, und drohen den Kern einer professionellen pädagogischen Haltung zu verfehlen.

Daraus folgt der Grundsatz: Frage dich stets, inwieweit du mit deinem Denken, Fühlen und Handeln eigenen Gewohnheiten und Interessen folgst und dafür auch bereit bist

* andere in deiner Weise zu konstruieren,
* sie nicht in ihren berechtigten Anliegen zu hören,
* dich letztlich einer für dein Interesse günstigeren Lesart anzuschießen,
* damit dein opportunistisches Handeln den Anschein einer Berechtigung gewinnt.

Wir können dann – wenn auch mit Skrupeln – so bleiben, wie wir sind bzw. gerne wären: letztlich dem eigenen Vorteil verpflichtet, nicht ethischen Prinzipien. Den opportunistischen Funktionsmechanismus dieser fluiden Moral beschrieb bereits Festinger mit seiner *kognitiven Dissonanztheorie* recht exakt (vgl. Festinger 1957). Wahr ist dann nicht bloß das, was mir gegeben zu sein scheint, sondern das, was ich auszuhalten vermag und was mir nützt. Der Konstruktivismus verkümmert dann zum durchsichtigen Opportunismus, dessen Leitmotiv lautet: „Gut ist, wenn es (mir) was nützt!". Man könnte auch sagen:

> *Ethik und Haltung verdampfen in der Opportunismusfalle!*

Für die Bildung von Führungs-, Beratungs- und Begleitkräften ergibt sich aus dieser moralpädagogischen Auslotung die Frage, wie und auf welche Weise der ethische Kern in den Akteuren selbst gestärkt werden kann, und wie dieses letztlich kontemplative Anliegen nachhaltig gefördert werde kann.

Dabei ist der Ansatz der Arbeit an moralischen Dilemmata praktikabel und wirksam, wenn diese der ganz eigenen subjektiven Lebenspraxis entstammen. Denn die Praxis einer höherstufige – nicht-opportunistischen – Moral kann bloß im eigenen Erlebensraum emotional verankert und gelernt werden, und sie muss auch geübt werden, soll sich Haltungsbildung als der eigentliche Kern einer pädagogischen Professionalität tatsächlich glaubwürdig und spürbar in den Führungspersonen und ihrem Handeln ausdrücken. Für diese ist die Fähigkeit zur höherstufigen Moral (als einer angewandten Ethik) professionell *zwingend,* kann man doch davon ausgehen, dass der- oder diejenige, die nicht so leben, wie sie lehren, bald so lehren werden, wie sie leben – mithin einen Opportunismus ausdrückend, der den eigentlichen Kern des pädagogischen Anliegens sprengt, weil er den Umgang mit dem Gegenüber nicht nach dessen Möglichkeiten bemisst und unterstützt, sondern diese letztlich seinem Eigennutz unterordnet. Diesen Eigennutz kann man in unterschiedlichsten *Selbstbevorzugungen* beobachten, wie sie sich im beruflichen und privaten Umgang mit anderen (Kunden oder Klienten oder Freunden und Kolleg:innen) der ansonsten um Professionalität bemühten Akteure beobachten lassen:

* … im *Rechthaben*: Dann wird Expertise und Wissens- und Könnensvorsprung allzu überlegen „gezeigt", statt die Expertisereifung im Gegenüber behutsam zu stärken (Motto: „Ich werde anerkannt und bin berechtigt!"),
* … in eigener *Bedürfnisbefriedigung*: Dann steht das eigene wahrgenommen werden („die gute Figur") allzu stark im Vordergrund des professionellen Tuns (Motto: „Ich bin, was ich kann!"),
* … in letztendlicher *Selbstbevorzugung*: Dann wird im Umgang mit Freunden oder in Beziehungen so lange umgedeutet, bis eigene Skrupel minimiert oder verschwunden sind (Motto: „Ich bin, was mir nützt!"), oder
* … in *Gesundbetereien*: Dann wird eigenes – moralisches – Scheitern oder Versagen so lange rationalisiert bis wir „bleiben können, wie wir sind" (vielleicht selbst bemerkend, wie opportunistisch wir in wirklich grundlegenden Fragen auch drauf sind): Wir gehen vielleicht sogar über Leichen, indem wir den Freund verraten, den Kollegen (z. B. bei Beförderungen), den Miterben (bei der Erbteilung) – mit gut, aber durchsichtig zurechtgelegten Argumenten – übergehen oder unangenehmen Situationen ausweichen – obwohl wir die moralische Verpflichtung, fair zur Stelle zu sein, brennend in uns spüren (Motto: „Er/ sie hat es nicht anders verdient, weil …!").

„Uneigennutz" als zentraler Anspruch an eine berufsethisch legitimierbarere Begegnung mit Gegenübersystemen markiert einen Maßstab, der die Professionals nicht allein für den Umgang mit Klienten verpflichtet, sondern auch mit den eigenen Beziehungspartnern, Freunden und der Gesellschaft – eine umfassende Selbstverpflichtung, die praktisch von grundlegender Relevanz ist: Führungskräfte können nicht glaubwürdig eine pädagogische Ethik leben, wenn sie zugleich in den Dilemmata ihres eigenen Lebens opportunistisch unterwegs sind und dem Eigennutz letztlich den Vorzug geben. Ihr moralischer Kompass gehört somit zwar zur allgemeinmenschlichen Grundausstattung, sie können sich jedoch ohne ihn letztlich nur zu einer aufgesetzten Professionalität, die in ihrer Persönlichkeit nicht tiefenverankert ist, durcharbeiten.

Die gute Botschaft ist: Berufsethik und moralisch begründetes Handeln können – im Sinne einer „Selbstversittlichung", wie Pestalozzi sie konzipierte – geübt werden. Dafür bietet sich eine Methodik der Führungskräftequalifizierung an, die am Selbst der Führungsperson und ihren Routinen anzusetzen vermag und von der systemischen Einsicht durchdrungen ist, dass im Außen nur sein darf, was auch im Inneren ist.

Begleitung von Erwach(s)en(d)en erleben und üben
Das Konzept der Wachstumsbegleitung wird nach unseren Erfahrungen von vier wesentlichen konzeptionellen Pfeilern getragen:

* einem neuen – wertschätzenden – Blick auf die Erwach(s) en(d)en als prinzipiell lernfähigen Subjekten, die aus „guten" Gründen so handeln, wie sie handeln und für die die bereits zitierte Einsicht der Hirnforscher gilt, dass „nur das (gelernt werden kann), was für ein Lebewesen bedeutsam ist" (Hüther 2016, S. 41),
* dem Bemühen, ihre „Lernprojekte" (sensu Holzkamp 1993) als den Ausgangs- und Ansatzpunkt ihrer – begleiteten – Suchbewegung und Kompetenzreifung ernst zu nehmen,
* der institutionalisierten Fähigkeit, Lernarrangements (mit Selbstlernunterlagen, Portfolioarbeit und Peercoaching) zu gestalten und den Ausbildungskontext als Selbstlern-Erfahrung zu konzipieren, und
* dem Bemühen, in eine echte Beziehung mit den Lernenden zu treten – keine beratende, sondern eine begleitende!

Ethisch verankerte Professionals wissen, dass „man (nur) sieht, was man glaubt" (Maturana 1985), weshalb man gut beraten ist, der sich in einem, wie von selbst versteifenden Gewissheit beständig (!) zu misstrauen – besonders dann, wenn man auf eine professionelle Expertise zurückzugreifen meint. Und sie wissen auch, dass Veränderungen nur im Einklang mit und nicht gegen die subjektiven – kognitiv-emotionalen – Tendenzen der Klienten erreicht werden können. Solchermaßen tief gebildete Personen sind deshalb auch Anschlussspezialisten bzw. Fachleute im Umgang mit Erkenntnisformen.

Es ist dieses Umschalten von den äußeren auf die inneren Blicke der Akteure sowie die Fokussierung der Frage, welche Totalität eines pädagogischen Problemzusammenhangs sie auf welche Weise von was unterschieden haben und warum sie dies so tun, welche die beobachtungstheoretische Basis des systemischen Bewusstseins sowie entsprechender Formen des Umgangs mit den Problemlagen des Klienten charakterisieren. Beobachter nutzen dabei die Möglichkeiten, ihre Beobachtung wie mit einem „Zoom-Objektiv" bewusst zu steuern. Eine solche bewusste Steuerung der Beobachtung basiert auf einem ganzheitlichen Denken in Vernetzungszusammenhängen, welches auf Integration und Zusammenfügen der vielen – überwiegend unbekannten – Einflussfaktoren gerichtet ist

Die postnewtonsche Einsicht, dass komplexe Systeme sich bloß von innen heraus wandeln oder gar verändern können – ein bisweilen langsamer, meandrierender Prozess, den Führung und Beratung allenfalls durch eine Personalisierung, d. h. durch Beziehung, unterstützen können – geht der wissenden und distanten Expertenschaft ebenso ab, wie die von Ed Schein nach einem langen Beraterleben gewonnene demütige Haltung: „Ich bin der Berater und ich habe keinen Schimmer, was ich tun soll!" (Schein 2017, S. 15).

Mich hat das Intrigante, sichtbar auf den eigenen Vorteil (z. B. Karrierechancen) gerichtete Verhalten anderer dann, wenn es mir begegnete, immer tief erschüttert. Irgendwie hatte ich nie damit gerechnet, dass meine eigene konstruktive Zuwendung gegenüber anderer keinerlei Garantie dafür sein könne, von diesen im dritten oder vierten Schritt nicht doch angefeindet, hintergangen oder gar betrogen zu werden. Meine eigene Sozialisation in einer Schwarz-Weiß-Welt disqualifizierte mich irgendwie für eine verstehende Bewegung gegenüber denen, die – aus eigenen „guten" Gründen – in Abgrenzung oder gar Gegnerschaft wechselten. Meistens ging es dabei nicht um mich, sondern um Eigennutz des Gegenübers oder einfach ein nachgereichtes Zerwürfnis, wenn man bemerkte, dass man selbst schon zu weit auf der Straße der Illoyalität vorangeschritten ist. Irgendwie gehört es wohl zum „Guten des Schlechten" (vgl. Watzlawick 2005), dass die rigide Schwarz-Weiß-Sozialisation meines religiösen Aufwachsens mir an diesem Punkt eine Eindeutigkeit vermittelte, die anderen Menschen nicht in dieser Deutlichkeit zu eigen ist.

In solchen Situationen hatte ich alle Hände voll zu tun, mich zwar abzugrenzen, aber zugleich den eigenen Grundsätzen „treu" zu bleiben. Dazu gehörte es durchaus, zurückzurudern und nochmals aufeinander zuzugehen – gleichwohl besonnen darauf achtend, dass das Gegenüber nicht nochmals in die gescheiterte Richtung agierte und selbst stets bereit, sich dann abzuwenden und zu trennen, wenn das Motiv des Gegenübers erkennbar nicht der gemeinsamen Sache, sondern einem egoistischen Anliegen diente. Auch diese Fähigkeit zur Grenzziehung und konsequenten Abwendung muss geübt werden – sie ist einem gerade dann nicht in die Wiege gelegt, wenn man selbst einem eher „weichen" Erziehungsprozess entstammt, der zwar „richtig" und „falsch" sowie „Gut" und „böse" kennt, nicht aber die breite Mittellage Kompromisses gelernt hat, vielmehr die Kompromisslosigkeit selbst als Haltung pflegte.

Es ist die vertiefte Beschäftigung mit den banalen Mechanismen des Erkennens, wie sie die biologische Erkenntnistheorie von Francisco Varela und Humberto Maturana ausgearbeitet haben. Diese verdeutlicht, dass wir das, was wir für gegeben und im konkreten Fall auch für „unzulässig" ansehen, den Funktionsmechanismen unserer eigenen Biologie – unseren Sinnen, unserem Gehirn, unserem Gefühlskörper – verdanken; unser „Eindruck" ist so gesehen etwas sehr persönliches, da sich bloß das in uns eindrücken kann, für das wir bereits die entsprechenden oder zumindest passende Formen bereitgestellt haben. Deshalb ist man immer gut beraten, gerade bei den Eindrücken, welche uns ein „unzulässiges"

Verhalten im Außen zu vermitteln scheinen, sich genauer die Form[1] anzuschauen, in die sich dieses Äußere hineingießt. Indem man so immer bei der eigenen Form ansetzt und deren Wiederbelebung genauer studiert, kann man allmählich immer besser darin werden, dem eigenen Eindruck prinzipiell zu misstrauen und sich Zeit mit der eigenen Deutung, Interpretation und Handlungsentscheidung sowie Neuformung oder gar „Formvollendung" der eigenen Wahrgebung lassen – ein wichtiger Schritt des eigenen Erwachens zu einer höheren Performance im Umgang mit den Wirklichkeiten – unseren und denen der anderen.

Menschen „erwachen" somit nicht zu einer substanziellen Selbsterkenntnis; im besten Fall werden sie sich der Formen ihres Denkens, Fühlens und Handelns bewusst, erkennen ihre Verformungen, nutzen ihre Formbarkeit und üben sich in den inneren Prozessen einer „selbsteinschließenden Reflexion" (sensu Varela). Diese beschreibt die behutsame Bewegung einer Beobachtung 2. Ordnung, deren „Beobachtungsgegenstand" die Form der Beobachtung des Beobachtens (d. h. des Beobachtens 1. Ordnung) einer beobachtenden Einheit (=Metaperspektive) ist.

Letztlich geht es, bevor man sich anderen in irgendeiner Zuständigkeit oder gar mit irgendeinem Anspruch zuwendet (z. B. als Lehr- und Führungskraft oder in einer Beratung), um eine umfassende Selbstbildung. Diese markiert keine Substanz (im Sinne eines verinnerlichten Wissenskorpus), sie gewinnt vielmehr Ausdruck in der Gewahrsamkeit des Umgangs mit sich selbst und der Welt. Gebildete Menschen – so mein eigener Eindruck nach zahllosen Begegnungen im In- und Ausland – sind Menschen, die um die Konstruktivität und bloße Repräsentation unserer Beobachtungen, Beschreibungen und Beurteilungen „wissen" und darin geübt sind, sich von anderen berühren zu lassen und sich

---

[1] Fritz B. Simon hat 2018 diesen Fokus auf die Formen im systemischen Denken aufgegriffen und damit eine endgültige Abkehr von substanzialistischen Ichkonzepten markiert (vgl. Simon 2018) – eine Bewegung, die von den substanzialistischen Subjekttheorien der Pädagogik und Erwachsenenpädagogik weitgehend ausgeblendet wurde. Demgegenüber meidet Simon Begriffe wie „Ich" oder „Identität". Er spricht von „psychischen Systemen" und definiert diese als „Bewusstsein/Bewusstseinssysteme". Er schreibt: „Wenn ein menschlicher Organismus in Interaktion mit anderen Menschen tritt (=Teilnehmer/Mitglied eines Kommunikationssystems wird) und eine gemeinsame Interaktionsgeschichte mit ihnen durchläuft, so entwickelt sich *emergent* ein neuer Phänomenbereich, ein individuelles Bewusstsein (= psychisches System), zusammengesetzt aus Ereignissen/Prozessen: Wahrnehmen, Denken, Fühlen, Entscheiden …)" (ebd., S. 60).

mit deren Wirklichkeiten zu verbinden, ohne sich selbst dabei zu verlieren, aber offen und fähig sind, sich zu verändern. Gebildete verfügen über klare Maßstäbe und Kriterien, um Nichtwissen zu erkennen – eigenes und fremdes -, Wissenszugänge zu entwickeln und Kooperationen zu nutzen. Für sie ist nicht alles gleich gültig, weshalb sie auch in ihrem Tun nicht gleichgültig sind.

Gebildete kennen ihre Werte, haben diese kontemplativ durchspürt und bringen sie täglich durch ihre Person zum Ausdruck. Sie haben diese Werte zwar übernommen, sich im späteren Leben aber auch bewusst für diese entschieden – wissend, dass diese ihnen Klarheit, Richtung und Kraft stiften. Gleichzeitig meiden Gebildete Wiederholungen und Entweder-oder-Entscheidungen; sie wissen um die Kraft des „Und" – in Situationen, in denen dieses möglich ist. Unversöhnliche Konfrontation ist ihre Sache nicht, klare Abgrenzung gegenüber denen, die dominieren, manipulieren und profitieren oder gar das Denken verbieten wollen, schon! Gebildete haben die Vorwurfssprache und die Du-Botschaften ebenso hinter sich gelassen wie die Problemsprache; sie sprechen in der Lösungssprache und sind Experten in der Eröffnung und Nutzung von Möglichkeiten: äußerer, wie eigener innerer!

In diesem Sinne gebildete Menschen meiden sie Kränkung und Verletzung sowie den Betrug anderer. „Gut" und „berechtigt" ist nicht das, was erkennbar bloß ihnen, der Erfüllung ihrer eigenen Sehnsüchte und Bedürfnisse ohne Rücksicht auf andere nutzt. Opportunismus ist im Kern das genaue Gegenteil von Bildung. Man kann sich nicht „bilden", indem man bloß den eigenen Egoismus überformt, die Fassade des eigenen Auftretens rhetorisch schmückt, aber tief im Herzen nur in der Lage ist, in erster Linie nach sich selbst zu fragen. Gelingende Bildung nimmt vielmehr Rücksicht und verbindet die Menschen. Ihr Kern ist die Empathie, d. h. die Fähigkeit die Sichtweisen und Bedürfnisse der anderen Menschen zu verstehen „und diesem Verständnis gemäß zu handeln", wie es in einer klassischen Definition von „Erwachsensein" aus den 1960er-Jahren hieß. Bildung findet somit nicht allein im Denken und Fühlen ihren Ausdruck; sie befähigt auch den einzelnen Menschen zu einem rücksichtsvollen, bezogenen und zugewandten Handeln. Ihre Basis ist eine moralische Klarheit im Handeln, die den Grundsatz „wenn es (mir) was bringt" hinter sich zu lassen vermag und auch nach den berechtigten Anliegen der anderen fragt.

Literatur

Arnold, R.: Seit wann haben Sie das? Grundlinien eines Emotionalen Konstruktivismus. 2. Auflage. Heidelberg 2019a (Carl Auer).

Arnold, R./Brater, M.: Persönlichkeitsbildung „nach" Humboldt. Berlin 2026 (Juventa).

Arnold, R./Erpenbeck, J.: Wissen ist keine Kompetenz. Dialoge zur Kompetenzreifung. Baltmannsweiler 2014 (Schneider).

Arnold, R.: Ach, die Fakten! Wider den Aufstand des schwachen Denkens. Heidelberg 2018 (Carl Auer).

Arnold, R.: How to teach without Instructing. Lanham 2015 (Rowman&Littlefield).

Arnold, R.: Selbstbildung. Oder: Wer kann ich werden und wenn ja wie? 2. Auflage. Baltmannsweiler 2013 (Schneider).

Arnold, R.: systhemia-Fieldbook. Tools zur systemischen Veränderungsbegleitung. Baltmannsweiler 2020 (Schneider).

Arnold, R.: Wie man frisch beobachtet, um neu wahrzugeben. 29 Regeln zur Achtsamkeit. Heidelberg 2023 (Carl Auer).

Arnold, R./Schön, M.: The Reflexible Person. Toward an Epistemological Learning Culture. In: Journal of Awareness Based Systems Change, 1/2, 2021, pp. 51–71.

Brater, M. u.a.: (1988): Berufsbildung und Persönlichkeitsentwicklung. München 1988 (Freies Geistesleben).

Brocher, T.: Gruppendynamik in der Erwachsenenbildung. Braunschweig 1967 (Westermann).

Dispenza, J.: Schöpfer der Wirklichkeit. Der Mensch und sein Gehirn. Wunderwerk der Evolution. 5.Auflage. Burgrain 2016 (KOHA).

Foerster, H.v.: Kybernethik. Berlin 1993 (Merve).

Holzkamp, K.: Lernen – eine subjektwissenschaftliche Grundlegung. Stuttgart 1993 (Klett-Cotta).

Hüther, G.: Mit Freude Lernen – ein Leben lang. Weshalb wir ein neues Verständnis vom Lernen brauchen. Göttingen 2016 (Vanderhoeck&Ruprecht).

Kurzweil, R.: Menschheit 2.0. Die Singularität naht. Berlin 2015 (lola books).

Maturana, H.: Erkennen: Die Organisation und Verkörperung von Wirklichkeit. Braunschweig 1985.

Moré, A.: Die unbewusste Weitergabe von Traumata und Schuldverstrickungen an nachfolgende Generationen. In: Journal für Psychologie, 21(2013), 2, S. 1–34 (=https://www.journal-fuer-psychologie.de/index.php/jfp/article/view/268/310).

Rosa, H.: Unverfügbarkeit. Frankfurt 2020 (Suhrkamp).

Roth, G.: Über den Menschen. Frankfurt 2021 (Suhrkamp).

Schein, E.: Humble Consulting – die Kunst vorurteilslosen Beratens. Heidelberg 2017 (Carl Auer).

Sennett, R.: The Corrosion of Charakter: The Personal Consequences Of Work in the New Capitalism. San Francisco 1988.

Simon, F.B.: Formen. Zur Kopplung von Organismus, Psyche und sozialen Systemen. Heidelberg 2018 (Carl Auer).

Watzlawick, P.: Vom Schlechten des Guten. München 2005 (Piper).

Willke, H.: Strategien der Intervention in autonome Systeme. In: Baecker, D. u. a. (Hrsg.): Theorie als Passion. Frankfurt 1987 (Suhrkamp), S. 333–361.